本书得到江苏高校优势学科建设工程资助项目
和江苏师范大学博士学位教师科研支持项目（20XF KX011）的资助

全球石化产业链产品价格波动的

时空传导效应研究

■ 郭　燧◎著

中国财经出版传媒集团

经济科学出版社
Economic Science Press

图书在版编目（CIP）数据

全球石化产业链产品价格波动的时空传导效应研究/
郭燚著 . --北京：经济科学出版社，2023.4

ISBN 978 - 7 - 5218 - 4670 - 6

Ⅰ.①全… Ⅱ.①郭… Ⅲ.①石油化学工业-产业链
-物价波动-经济效果-研究-世界 Ⅳ.①F416.22

中国国家版本馆 CIP 数据核字（2023）第 061553 号

责任编辑：汪武静
责任校对：杨　海
责任印制：邱　天

全球石化产业链产品价格波动的时空传导效应研究
QUANQIU SHIHUA CHANYELIAN CHANPIN JIAGE BODONG DE SHIKONG CHUANDAO XIAOYING YANJIU
郭　燚　著
经济科学出版社出版、发行　新华书店经销
社址：北京市海淀区阜成路甲 28 号　邮编：100142
总编部电话：010-88191217　发行部电话：010-88191522
网址：www.esp.com.cn
电子邮箱：esp@ esp.com.cn
天猫网店：经济科学出版社旗舰店
网址：http://jjkxcbs.tmall.com
固安华明印业有限公司印装
710 × 1000　16 开　11.25 印张　230000 字
2023 年 4 月第 1 版　2023 年 4 月第 1 次印刷
ISBN 978 - 7 - 5218 - 4670 - 6　定价：68.00 元
（图书出现印装问题，本社负责调换。电话：010 - 88191545）
（版权所有　侵权必究　打击盗版　举报热线：010 - 88191661
QQ：2242791300　营销中心电话：010 - 88191537
电子邮箱：dbts@ esp.com.cn）

前　言

　　石油是世界上最重要的工业原料之一，在一条石化产业链系统中，任一环节产品价格的波动都会在空间和时间两个维度影响产业链条上与之相联系的其他产品的供求关系，进而影响产品价格。在空间维度上，学者们对产业链上不同环节产品在不同国家和地区的价格波动空间传导问题进行了大量研究。在时间维度上，价格波动传导最复杂的地方在于刻画传导过程的多时间属性。而产品价格波动的多时间属性有两个特征：一是指不同阶段的石化产业链产品价格波动传导具有阶段性特征；二是在不同阶段的每一时刻，石化产品间的价格波动关系是动态变化的。这种阶段性与动态性交织的多时间属性的价格波动传导关系是学者们研究的重点和难点。

　　笔者以产业链价格传导理论、要素禀赋理论、原油市场"一价定律"理论和动态均衡的"蛛网模型"理论为基础，以石油化工产业链中的重要一环，即"原油—石脑油—乙烯—苯乙烯"产业链作为研究对象，选取欧洲、美国、中国、中东、东南亚、日本和韩国作为研究市场，一共选取 22 种石化产品，对不同产业链环节不同国家和地区的石化产品价格波动时空传导效应进行了研究。全书由七章构成。

　　第一章，绪论。聚焦世界石化产业链市场，阐述了石化产业链产品价格波动传导效应在时间和空间上呈现的不同属性，指出了多时间属性价格传导问题的重要性和复杂性，在此基础上提出了研究现阶段石化产业链产品价格波动传导问题的思路和框架。

　　第二章，相关理论基础。结合全球石化行业的产业特点和价格波动传导关系的经济学机理，对相关概念进行了科学界定，确保研究对象的针对性和准确性。本章深入剖析研究主题的理论渊源，从产业链价格传导理论、产业链产品价格的空间关联理论、产业链产品价格波动的时间调整理论等经济学基础理论入手，构建了本书的理论分析框架。

　　第三章，石化产业链的世界市场格局。本章阐述了本书的研究对象，即石化产业链中"原油—石脑油—乙烯—苯乙烯"这一重要的产业链条在世界主要市场的发展现状。通过翔实的数据、权威的文献报告，分析了不同产业链产品各自的特点、全球生产消费的分布状况、定价问题和各国产业发展状况。本章最后总结分析了我国石化产业链的发展现状、国内外研究现状和今后的发展目标。

第四章，石化产业链产品价格波动传导效应的多时间属性分析。本章针对石化产品的价格变化多时间属性中"阶段性"特征，采用佩伦—雅布（Perron-Yabu）检验的方法对22种石化产品价格序列划分了结构断点，整个数据集被三个结构断点分为四个阶段。随后通过计算不同阶段各个产品之间的互相关关系，并进行庞德尼克（Podobink）检验，得到了筛选后的石化产业链产品价格之间领先滞后关系的阶数。通过以上分析界定并计算了石化产业链产品价格波动传导过程中的"阶段性"和"动态性"的多时间属性。

第五章，石化产业链产品价格波动空间传导效应分析。本章构建了石化产业链产品价格波动空间传导模型和空间传导网络模型，发现并验证了单一石化产品价格波动传导在不同国家和地区间和产业链间的传导存在不平衡性。在各产品领先滞后关系阶数的基础上，利用贝克—广义自回归条件异方差（BEKK-GARCH）方法计算了四个不同阶段各个石化产品之间在空间上的价格波动传导效应。在通过贝克—广义自回归条件异方差方法分析了石化产品价格之间的一对一关系后，引入网络的分析方法构建了石化产业链产品价格波动空间传导网络模型，并通过计算网络指标来分析在不同阶段，单个产品在整个石化产业链市场中的地位和作用。通过以上分析研究了石化产业链产品价格波动在全球不同市场的空间传导效应。

第六章，不同时间段石化产业链产品价格波动的时空传导效应分析。本章构建了石化产业链产品价格波动时空传导模型以研究石化产业链产品价格波动的时空传导效应，解决了时空传导中"动态性"的问题，发现了不同石化产品价格波动在时空上的传导规律。仿真分析了22种石化产品受到冲击发生价格波动时，各个石化产品在产业链上、在不同国家和地区间以及在每一个时刻的传导效应，最终发现了石化产品价格波动时空传导过程中存在着"时序波动集聚性"。最后以样本期之后的一段数据作为验证期来进行稳健性检验。通过动态时间规整方法，选取各个石化产品与验证期数据相似程度最高的样本数据阶段作为参考，在验证期运行时空传导效应模型并对样本期和验证期的价格波动传导结果进行比照，作为稳健性检验的依据。通过以上分析计算并验证了石化产业链产品价格波动的时空传导效应。

第七章，结论与展望。根据上述的研究内容得出的结果归纳主要研究结论，从我国石化产业链产品供应安全和投资者在石油市场投资的角度提出了相应的建议。建议提出要增加我国石化原料的储备，促进石脑油炼化来源多样性，投资者应该重点关注几个产品价格波动的日期，提高对价格波动带来的风险和机会的准备。同时，针对本书存在的不足，为后续优化和补充研究提供了展望空间。

　　笔者感谢经济科学出版社编辑和评审专家为本书出版所做的工作，感谢本书的所有引文作者。

　　由于本人能力和水平有限，书中缺点或错误在所难免，恳请读者斧正并通过邮箱（guosui01@163.com）交流。

郭　燧

2022 年 8 月于江苏徐州

目　录

第一章

绪　论

第一节　研究背景、目的和意义

一、研究背景

石油是世界上最重要的工业原料之一，它的重要性体现在以石油为原料生产的产品与人们的生活是息息相关的。原油从地下岩层被勘探、开采出来，经过管道、海运或其他的运输方式被运送到世界各地的库存终端或石化炼厂，进入炼厂的原油经过蒸馏、催化重整或烷基化异构化等加工过程变为石脑油、乙烯等基础的化工原料，各类化工原料再经过加工最终制成日常生活中的口罩、纺织品、塑料、各类添加剂等，这构成了一条完整的石化产业链。在这条产业链系统中，任一环节产品价格的波动都会影响产业链条上与之相联系的其他产品的供求关系，进而影响产品价格（Asche et al.，2003；Polanco Martínez et al.，2018）。世界目前主要的基准油价为美国纽约商品交易所的西德克萨斯中质原油价格（WTI）、英国北海布伦特原油价格（Brent）和中东迪拜重质油价格（Dubai）。

现实中，2014 年第 4 季度原油价格的下跌给亚洲石化产品市场带来冲击，导致产业链下游产品价格的暴跌。如图 1 - 1 所示，图中实线表示布伦特原油现货价格，虚线表示西德克萨斯中质原油现货价格。在 2014 年第 4 季度，布伦特原油价格从 2014 年 10 月初的 94.61 美元/桶下降到 12 月底的 55 美元/桶。原油价格的暴跌导致石化产业链上游原料成本降低的同时，也使得下游的化工产品价格承压，全球市场范围内的下游石化产品价格普遍下跌。在亚洲市场，石脑油价格下降16% ~17%，乙烯价格下降17% ~18%，苯乙烯价格下跌26%。[①] 原油产品价格波动不仅传导给了下游的其他产品，而且传导给了国际市场，这种产业链、

---

① 苯乙烯：跌势"任性"停不下来 ［EB/OL］．国家石油和化工网，http：//www.cpcia.org.cn/detail/887380. 2014 -12 -09.

国家和地区的双重传导对产业链上的企业、产业链最终端的消费者和关注市场的投资者都造成了影响。

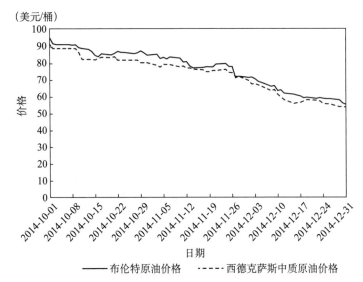

图 1 - 1　2014 年第 4 季度布伦特原油和西德克萨斯中质原油价格走势图

资料来源：Wind 数据库。

在学术上，学者们的研究发现石化产业链上各个产品之间存在着显著的价格关系（Kaufmann et al. , 2009；Masih et al. , 2010；Polanco Martínez et al. , 2018）。当石化产业链上一种产品受到地缘冲突（Bouoiyour et al. , 2019；Chen et al. , 2016）、期货市场波动（Alquist and Kilian, 2010）、政策变动（Tang et al. , 2010）以及更基础的供需情况（Brown and Yücel，2002）变化时，产业链系统中的石化产品价格波动会在空间和时间上对其他石化产品进行传导。这种价格波动传导关系的研究往往从三方面进行：产业链上不同环节产品价格波动传导关系、不同国家和地区间的产品价格波动传导关系以及不同时间的产品价格波动传导关系。三个维度上的石化产品价格波动传导增加了这个问题的复杂性，而三个维度中最难以刻画的部分是其中的时间性。在时间维度上，石化产业链产品价格波动的传导具有多时间属性。多时间属性有两种特征：一是指不同阶段的石化产业链产品价格波动传导具有"阶段性"特征；二是在不同阶段的每一时刻，石化产品间存在价格波动关系，石化产品价格波动的传导关系系数是动态变化的。这种"阶段性"与"动态性"交织的价格波动传导关系是学者们研究的难点和重点。同时，一种石化产品价格受到其他产品价格波动的影响后又会对更多的石化产品价格产生影响，这使得价格波动传导的过程更为复杂。

针对如何处理多时间属性的问题，目前依然存在着一些不足。例如，石化产业链产品价格波动在空间和时间的传导过程中，如何界定多时间属性中的阶段性和动态性并把两者结合起来？不同产品在整个石化产业链、在不同国家和地区的地位和作用是否有所差异？在时空传导过程中，哪些产品的价格波动会对市场造成严重的影响？这种影响在产业链、空间和时间三个维度上的差异是什么样的？这些问题都需要进行回答。

针对上述问题，本书引入了结构断点划分方法和互相关分析确定了石化产品价格波动传导过程中的"阶段性"和"动态性"。随后构建石化产业链产品价格波动空间传导效应和时空传导效应模型，对上述提出的问题做出解答。

二、研究意义

经过对研究背景的探讨，对石化产业链价格波动以及相关研究的梳理，采用理论分析、实证分析等多种方法对石化产业链产品价格波动的时空传导效应进行了研究。其理论意义为以下三点。

第一，分析了价格波动传导中存在多时间属性特征，将价格波动传导的"阶段性"与"动态性"两个方面结合起来，明晰了价格波动传导过程中的时间特征。在价格波动传导的问题中一个重要的维度是价格波动传导是"时变"的，即随着时间的变化而变化，本书将单一的"时变"问题分为"阶段性"和"动态性"两个角度并对此进行了清晰的刻画，使得对价格波动传导效应的研究更为清晰。

第二，将石化产业链价格波动中的三个维度结合在一起分析了石化产品价格波动的时空传导效应。通过运用结构断点检验、领先滞后关系阶数计算、波动传导关系计算等多种实证分析方法分析了石化产业链价格波动的时空传导效应。

第三，将时序网络的构建引入了经济时间序列领域，拓展了目前学者们通过滑动窗方法探究时间序列多时间属性特征的限制。

其现实意义为以下三点。

第一，石化产业链产品价格波动时空传导效应的研究对于投资者在石化产品价格波动时及时关注重点产品与时间点具有重要意义。投资者往往关注在市场受到冲击导致市场波动时的传导效应是什么样的，在哪几个时间点上调整自己的投资行为可以避开市场的冲击。

第二，对于石化企业根据价格波动信号及时做出生产经营调整决策具有重要意义，石化企业也可以通过相关产品的时空传导路径调整自己的生产与销售决策。

第三，对于政策制定部门发掘本国石化产业与其他国家和地区各个产业链环节产品之间的直接间接联系具有重要的意义。这有助于政策制定者了解石化产品价格波动在不同阶段每一时刻的传导过程，有助于它们了解石化产业链上各个产品之间的联系紧密程度，也有助于了解在市场上上游产品和下游产品在不同国家和地区不同背景下对整个市场的影响强度有何区别。

第二节　文献综述

一、石化产业链的界定

石化产业链是石油产业链中的一个环节。石油产业链是一个复杂的系统，经过勘探与开发，原油被开采出来并经过管道、油轮或其他方式运输到库存地或炼厂。被运送到炼厂的原油经过不同的炼化方式被加工成成品油或化工原料进入下一步的加工。成品油在这个阶段被运输到库存地或销售终端。而石化产品则进入下一阶段的炼厂，经过不同加工方式与不同的化合物作用最终成为种类丰富的日用品或工业品。产业链不同阶段的企业既是一个整体中相互合作的部分，又是市场上相互博弈追求各自利润最大化的经济实体。因此对石化产业链的定义将从产业和学术两个方面来探讨。

在学术领域，目前对石化产业链的划分主要依靠萨赫比沙赫马巴迪（Sahebi-shahemabadi，2013）的划分依据。该学者归纳了目前对石化产业链阶段划分的理论。其中第一种划分标准把石化产业链划分为上游和下游，其中上游包括勘探和开采阶段，下游包括冶炼和石化产品生产阶段。第二种划分标准把石化产业链划分为三个阶段，包括上游的勘探和开采阶段、中游的石化产品冶炼生产阶段和下游的石油分配阶段。第三种划分标准同样把石化产业链划分为三个阶段，上游同样是勘探和开采阶段，但是中游阶段是指原油运输到冶炼终端和储存设施的阶段，下游是冶炼阶段。利马等（Lima et al.，2016）在萨赫比沙赫马巴迪定义的基础上对石化产业链的供应优化问题进行研究并归纳了这一定义。他们认为石化产业链的上游包括石油的勘探、生产、运输，中游包括从原油到各种石油化工产品的整个冶炼过程，下游包括产品的储存以及在市场的分配过程。

在产业上，埃克森美孚公司2018年年报将石化产业链划分为上游阶段、下游阶段和化工产品阶段。其中，上游阶段包括原油的勘探与生产，下游阶段包括原油的运输与冶炼。但是埃克森美孚的年报中，下游阶段的冶炼仅指与汽油/柴油相关的能源产品的冶炼。化工产品生产阶段包括与石油相关的化工原料产品的生产，如苯乙烯等①。中石化公司的2018年年报指出其经营活动由勘探与开发、炼油、化工与销售等部分组成。勘探开发阶段包括新区域的勘探预探，以及已有

---

①　资料来源：埃克森美孚．网址：https：//corporate. exxonmobil. com/-/media/Global/Files/investor-relations/annual-meeting-materials/annual-report-summaries/2021-Annual-Report. pdf

钻井平台的开发。炼油阶段包括汽油、航空煤油等成品油的生产与运营。化工阶段包括专用化工品如乙烯、合成橡胶、合成纤维等产品的研发与生产。销售包括境内外产品的营销与零售。

聚焦到原油与化工产品联系的石化产业链上，裂解石脑油、各种轻芳香烃和烯烃产品占到了生产燃料消耗外原油使用量的一半（孙昱东，2013）。其中石脑油是基础的化工原料，世界范围内产量销量巨大，国家间贸易活动频繁，而且与下游的乙烯、丙烯、裂解 C4、苯、甲苯、二甲苯等众多化工产品相联系。在以石脑油为基础的所有化工产品中，乙烯占据了 35%，是所有以石脑油为原料生产的化工用品中占比最大的（Niaei et al.，2004）。2018 年乙烯全球产能 1.8 亿吨，消费量 1.58 亿吨。且近年来消费量一直在稳步增长（Haribal et al.，2018）。乙烯是各类塑料、橡胶等化工用品的原料，对乙烯开发利用具有很高的商业价值（Gujarathi et al.，2013），乙烯工业的发展是石化工业发展的旗帜和风向标。此外产业界把乙烯装置开工率和石脑油—乙烯价差作为反映石化行业的景气指数。苯乙烯与消费终端联系紧密，产能在世界主要工业国家分布均匀，市场竞争充分。因此笔者选择原油、石脑油、乙烯、苯乙烯产业链作为石化产业链的代表和聚焦的对象。

二、石化产业链产品价格波动传导关系界定

（一）石化产业链产品价格的形成机制

联合国贸易统计数据库显示，原油及相关的石化产品是世界上贸易额最大的商品种类。而原油及石化产业链上的石脑油、乙烯、苯乙烯产品的定价机制也随着这些商品在现代工业中占比地位提高、能源利益共同体的崛起和世界政治经济结构和现代金融业角色的变化而变化。

阶段一：竞争定价阶段。19 世纪后半叶，石油工业最先在美国宾夕法尼亚地区兴起，随后经过几十年的发展，到 20 世纪初在世界范围内形成了 7 个大型石油公司——英波石油公司（Anglo-Persian Oil Company，今天的 BP 石油公司）、海湾石油公司（现为雪佛龙石油公司）、皇家壳牌石油公司、加利福尼亚标准石油公司（现为雪佛龙石油公司）、新泽西标准石油公司（现为埃克森美孚石油公司）、纽约标准石油公司（现为埃克森美孚石油公司）和德士古石油公司（现为雪佛龙石油公司）。在这个过程中，七个主要的石油公司相互之间进行竞争并确定本公司的石油产品价格（Sampson and Shay，1975）。

阶段二：卡特尔（Cartel）垄断定价阶段。时间为 20 世纪 20 年代到 70 年代。在这一时期，国际油价主要由上述七个大型石油公司确定。1928 年，英波石油公司、皇家壳牌石油公司和新泽西标准石油公司三家在当时价格战的背景下进行谈判，最终达成了停止价格战，同时把墨西哥湾离岸的石油价格作为"基准

价"来确定整个石油市场的定价规则，即《阿奇纳卡里协定》。但是当时的协定并不包括苏联、美国本土、加拿大和中国四个市场。随后其余四家公司逐步加入协定，七个石油公司市场也逐渐覆盖全球。桑普森和谢（Sampson and Shay，1975）将这七家大型卡特尔垄断石油公司称为"石油七姐妹"，在此阶段，七个大型石油公司控制了从上游开采到下游运输、冶炼、营销的过程，并长期将原油价格压低。在此阶段，国家不参与原油的定价过程，这使得原油出口国并不能通过自身的要素禀赋来获取利润，原油价格也不能反映市场的供需状况。第二次世界大战后，第三世界国家中一些拥有丰富石油资源的国家开始投资建立本国的石油公司，"石油七姐妹"在市场中遇到的竞争也更加激烈，其市场份额（美国本土、苏联、中国除外）从 1952 年的近 90% 下降到了 1972 年的 50%（Issawi，1978）。

阶段三：石油输出国组织（OPEC）定价阶段。时间为 20 世纪 70 年代到 80 年代中期。1960 年，当时的五个产油国沙特阿拉伯、伊朗、伊拉克、科威特和委内瑞拉在伊拉克的巴格达成立了石油输出国组织（OPEC），此举旨在保护本国生产的石油价格，防止"石油七姐妹"制定的油价下降（Skeet，1991）。随着石油输出国组织成员国越来越多，组织控制的原油产量占比越来越大，到 1973 年，该组织已经控制了全球原油产量 51% 的份额（Fattouh，2011）。1973 年第四次中东战争爆发后，阿拉伯国家实行石油禁运措施使得国际油价从之前的 3.65 美元/桶飙升到 11.65 美元/桶，而该组织也因此获得了国际油价的定价权。在这一过程中，石油输出国组织的石油公司也逐渐完成了国有化，使得原油资源被掌握在政府手中。经历了早期公布价（posted price）、官方售卖价和公司买回价（buyback price）相结合的方式后，该组织后来采取了更为直观的将阿拉伯轻油作为参考价来定价的机制。

20 世纪 80 年代中期，经济衰退导致的原油需求下降以及非石油输出国组织成员产油量的增长使得该组织在国际石油市场上的影响力有所减弱，该组织生产的原油价格也不再具有竞争力，到 1985 年，该组织在世界原油产量中的份额只有 28%（Fattouh，2011）。同时，组织内部的分歧也使得沙特阿拉伯和阿联酋采用了不同于其他成员国的新的定价方式（Amuzegar，2001）。石油输出国组织的定价体系逐渐衰落。

阶段四：市场定价方式。时间为 20 世纪 80 年代中后期至今。这一时期，原油供应方增加，同时原油的替代能源种类变多，原油市场本身也包含了现货市场、期货期权市场以及其他的纸货市场。由于这一时期各国生产的原油品种多样，各类市场交易活动频繁，为了便利市场交易，基准油价被用来作为原油价格的参考，其他国家和地区性原油价格是在基准油价的基础上增加或减少一个价差得出该原油品种的价格。

作为石化产业链上原油的下游产品，石脑油价格受到原油价格的影响，同时也受到更下游乙烯产品需求的影响，乙烯产品和苯乙烯产品也是如此。石化产业链中下游产品价格形成主要受市场化因素影响。在国际市场上，买方采购石化产品的价格往往参照石化产品的期货价格或现货价格。例如，一些石脑油消耗量大、进口量高的国家往往采用期货价格方式作为采购石脑油的定价依据（王森和石刚，1998）。在国际现货市场上，新加坡、鹿特丹、休斯敦和纽约是重要的交易节点，各自辐射所在国家和地区周边区域。例如，日本现货石脑油价格即采用从新加坡出发实行成本加运费贸易条款所得到的货运价格。

（二）产品价格波动传导关系的定义

学者们在价格波动传导方面的研究很多，从研究方法看，价格传导关系包括波动溢出关系、格兰杰因果关系以及价格模态的传导（Gao et al.，2014）。

在波动溢出的传导方面，何文忠（2012）将经济市场间的波动溢出关系定义为市场之间信息的相互传递关系，即一个市场受到冲击发生价格波动时也会将信息传递到另一市场，从而影响另一市场产品价格。张嘉玲等（Chang et al.，2010）综合了三种广义自回归条件异方差（GARCH）分析模型对国际上四种基准原油价格——西德克萨斯轻质原油（WTI）、布伦特原油（Brent）、迪拜/阿曼（Dubai/Oman）和塔皮斯原油（Tapis）价格之间的波动溢出关系进行了分析，并检验了各自价格之间传导的非对称性。结果表明西德克萨斯轻质原油和布伦特原油依然是世界主要的参考基准油价，同时笔者还据此给出了投资组合的建议。加德布罗克和埃尔南德斯（Gardebroek and Hernandez，2013）利用多变量广义自回归条件异方差（MGARCH）模型研究了 1997～2011 年美国市场石油价格与玉米、乙醇之间的波动溢出关系。结果表明了玉米对乙醇价格具有波动溢出性，同时并未证实油价对玉米价格的传导。巴鲁尼克等（Baruník et al.，2015）研究了原油、汽油和燃料油之间的波动溢出关系，该文献同时指出三者之间的波动溢出形态在 2008 年金融危机期间发生过变化。2008 年全球金融危机暴发后，三者波动溢出的非对称性出现了明显的下降。

在格兰杰因果关系的研究方面，乔茨（Joets，2014）引入格兰杰因果影响关系，利用条件自回归风险值（CAViaR）模型考察了包括原油、天然气、煤炭和电力在内的能源产品在价格正常时期与极端波动时期的传导机制。结果表明在能源价格波动剧烈的时期，不同种类能源之间的联动效应是增加的，这说明了如今能源产品的金融属性是在不断增强的。考夫曼和乌尔曼（Kaufmann and Ullman，2009a）利用格兰杰因果分析的方法研究了北美地区西德克萨斯中质原油（WTI）、欧洲布伦特原油（Brent）、非洲尼日利亚伯尼轻质原油和中东迪拜原油市场中油价的变化是如何产生，以及这种变化是如何传导的。几大市场的样本数据长度不尽相同，但都采用周数据的计量标准。结果显示原油市场的价格改变最先发生在中东迪拜法塔赫（Dubai-Fateh）现货市场并传导向其他市场。同时，原油现货与期货之间的传导相对于现货彼此或期货彼此之间的传导是较弱的。李春发和周小颢（2016）也采用相同的方法研究了国际西德克萨斯轻质原油价格与国内 0 号柴油价格之间的传导关系，结果证明了两种产品价格变化趋势的一致性。该文献同时指出，西德克萨斯轻质原油价格易受到自身历史数据的影响，而国内柴油价格则显著受到国际原油价格变动的影响。此外也有学者通过阈值模型来研究价格传导问题（Chen et al.，2005）。

在其他方法方面，有学者把物理经济学的方法引入价格传导的研究中。高湘昀等（Gao et al.，2014）引入了"外汇负担"的概念来研究汇率波动过程中中国通过外汇进口原油所产生的成本。该研究通过复杂网络分析和滑动窗的方法构建了不同时间段上外汇负担模态的传导模型，识别了关键的传导模态来表征外汇波动对我国原油进口的影响。

综上所述，研究价格传导、价格波动传导的方法不一而足，但这些方法的本质都是研究一种产品的价格变化对另一种产品价格变化造成的影响，这即是价格波动传导关系的实质。

三、石化产业链产品价格波动传导效应

（一）石化产业链产品价格波动空间传导效应

石化产品的价格波动空间传导特征包括两个方面，即石化产品在产业链条不同环节之间的价格波动传导和在不同国家和地区之间的价格波动传导。

在石化产业链条上，各个生产环节相互联系。某个环节中石化产品价格的变动会影响在生产环节上与之相联系的其他产业链产品，进而导致市场对该种产品供给量与需求量的变化，并产生产品价格的变化。张嘉玲等（Chang et al.，2010）综合了三种广义自回归条件异方差（GARCH）分析模型对国际上四种基准原油价格——西德克萨斯轻质原油、布伦特、迪拜/阿曼和塔皮斯原油价格之间的波动溢出关系进行了分析，并检验了各自价格之间传导的非对称性。结果表明西德克萨斯中质原油价格和布伦特原油价格依然是世界主要的参考基准油价，同时该文献还据此给出了投资组合的建议。巴鲁尼克等（Baruník et al.，2015）研究了原油、汽油和燃料油之间的波动溢出关系。在产业链条中，除了各个产品价格波动彼此之间相互影响，考夫曼等（Kaufmann et al.，2004）通过研究石油输出国组织（OPEC）开工率、配额、经济合作与发展组织（OECD）石油库存与油价之间的关系，同样指出上游的库存因素会显著影响石油价格。

各个国家和地区之间的石化产品也存在着价格波动传导的现象。石化产业链上的整个生产分配过程往往并不在同一国家和地区完成。石油作为主要能源的性质决定了石油贸易的广泛性，因而石化产品的价格波动传导往往发生在世界不同

市场之间内。哈穆德等（Hammoudeh et al.，2008）采用阈值协整分析的方法研究了四种国家和地区性基准油价之间的动态价格关系，该研究论证了原油产品长期的均衡关系。瓦拉佐夫斯基等（Wlazlowski et al.，2009）则针对欧盟、美国、中国、日本与韩国市场的乙烯产品，研究了这些国家和地区之间乙烯产品的价格动态关系，结果发现了欧美市场与亚太市场之间乙烯产品价格动态关系的差别。欧美市场乙烯产品价格是弱内生的，而远东地区的乙烯价格在短期和长期都是外生的。

当然也有学者将整个空间传导效应中的两个方面综合起来，研究石化产品价格波动在产业链条和不同国家和地区之间的价格波动传导关系。考夫曼等（Kaufmann et al.，2009）利用向量误差修正（VECMs）模型和脉冲响应函数的方法对比分析了横向市场的原油与天然气，以及纵向产业链上的原油与汽油价格之间的传导关系。结果表明横向方面，原油价格对天然气价格产生传导；而纵向方面，产业链上游的原油价格显著影响着下游的汽油价格。这种在产业链上的纵向传导可以通过库存、炼厂开工率等指标表现出来。韩松等（Han et al.，2017）对于价格波动传导关系采取了相同的定义。同时他们结合结构向量自回归（VAR）模型、方差分解与脉冲响应的方法计算了从 2011 年 1 月到 2015 年 11 月期间国际布伦特石油价格与中国成品油市场之间的价格波动传导关系。计算结果表明，国际原油价格在造成国内成品油价波动的同时也会产生微弱的反馈效应。同时作者指出，国内油价对国际市场原油价格的波动反应存在时滞期。李春发和周小颢（2016）也采用相同的方法，研究了国际西德克萨斯中质原油价格与国内 0 号柴油价格之间的传导关系，结果证明了两种产品价格变化趋势的一致性，该研究同时指出，西德克萨斯中质原油价格易受到自身历史数据的影响，而国内柴油价格则显著受到国际原油价格变动的影响。扎瓦莱塔等（Zavaleta et al.，2015）研究了欧美市场的原油与航空煤油、燃料油在短期与长期价格之间的关系，研究发现全球贸易的发展使得原油与成品油市场的价格关系紧密，在长期价格一体化程度高，但是在局部区域的产能差别可能会导致价格差异。

此外价格波动传导过程中是否具有对称效应也是学者们关注的重点。学者们一般将价格波动传导中的对称效应分为两类：一是指产品或市场之间的价格波动传导是否是双向的，即若 A 对 B 有传导效应，则 B 对 A 是否也具有相同的传导效应。二是指石油产品价格增加时传导速度和价格减少时的传导速度不同。博伦斯坦等（Borenstein et al.，1997）发现相对于价格下降，原油价格的上涨会更快地传递给需求端。阿卜杜拉迪和塞拉（Abdelradi and Serra，2015）等利用非线性自回归分布滞后模型（NARDL）分析了原油价格和汽油、天然气之间价格波动传导的非对称效应，结果证实了油价对汽油、天然气价格波动传导的非对称性。同时也指出油价对这两种能源产品的影响机制是不同的。张树亮和刘娟（2017）

研究了中国成品油市场中汽油和柴油批发零售价格之间的非对称性。笔者采用非对称误差修正（APTECM）模型研究了 2012 年 3 月至 2016 年 9 月间中国 0 号柴油、93 号汽油批发价和零售价之间的价格波动传导关系。研究结果证实了此前提出的两种非对称效应，即两种能源产品批发价对零售价之间存在价格波动传导，但是反之零售价对批发价之间的价格波动传导并不显著。而且，在汽油柴油批发价的上涨过程对零售价格的影响要大于价格下降对零售价的影响。

（二）石化产业链产品价格波动时间传导效应

价格波动的时间传导效应包含两个方面，这种时间传导效应是具有多时间属性的：一是价格波动传导的阶段性，即石化产品价格波动在不同的阶段呈现出不同的波动传导特征；二是价格波动传导的动态性，即在每一阶段内的每一时刻，产品价格波动传导是在不断变化中的。

在价格波动传导的阶段性方面，马斯卢克和斯迈思（Maslyuk and Smyth，2009）针对原油现货与期货在不同时期的协整关系做了研究。他们利用残差基础上的协整检验检验了短期和长期内美国西德克萨斯轻质原油与英国布伦特原油现货期货价格之间的协整关系，同时他们还检验了协整关系中是否存在结构断点。结果表明不同时期内原油现货与期货的价格都是协整的，巴鲁尼克等（Baruník et al.，2015）研究了原油、汽油和燃料油之间的波动溢出关系，同时该研究作者指出三者之间的波动溢出形态在 2008 年金融危机期间发生过变化，2008 年全球金融危机发生后，三者波动溢出的非对称性出现了明显的下降。门西等（Mensi et al.，2015）研究了 6 种现货石化产品与美元/欧元汇率之间的波动传导关系是否发生了结构改变，通过使用双变量的动态条件相关—指数广义自回归条件异方差（DCC-EGARCH）模型并结合结构断点分析，发现存在结构断点的序列导致了变量波动程度的降低。

在对石化产品动态价格关系的研究中，滑动窗分析方法、时变参数分析方法是目前普遍被采用的分析方法。波兰科·马丁内斯等（Polanco Martínez et al.，2018）将滑动窗和小波分析中小波局部多重相关的方法结合起来，研究原油和 6 种产业链下游石化产品之间的多时间尺度关系以及它们是如何动态变化的。结果表明在 2013～2015 年美国页岩致密油的开采和这一时期全球原油需求量的减少导致了这一时期石化产品之间时间序列关系的减弱。同时该研究也指出了在产业链上燃料油、柴油和煤油价格是最依赖原油定价系统的。此外，也有学者利用滑动窗分析方法研究了石化产品与其他市场之间的动态传导关系，例如，新能源市场（Su et al.，2019）与股票市场（Sensoy and Tabak，2014；Song et al.，2019），或是研究资产组合关系（Onnela et al.，2003）。高湘昀等（Gao et al.，2014）利用粗粒化和滑动窗分析的方法，将一定时间段上原油价格的波动关系模态抽象为网络中的点，而波动模态随滑动窗变化的传导关系为网络中的边。它们通过模态传导模型研究了原油价格波动给原油进口国造成的汇率负担。

四、石油产品的跨市场价格传导联系

石油市场与其他市场之间也存在着紧密的联系，例如期货市场、宏观经济市场、股票市场和农产品市场等。

（一）石油市场现货产品与期货产品的联系

考夫曼（2009b）利用格兰杰因果分析的方法研究了北美、欧洲、非洲和中东原油现货与期货市场中油价的变化是如何产生的，以及这种变化是如何传导的。几大市场的样本数据长度不同，但都采用周数据的计量标准。结果显示原油市场的价格改变最先发生在中东迪拜现货市场并传导向其他市场。同时，原油现货与期货之间的传导相对于现货彼此或期货彼此之间的传导是较弱的。马斯卢克等（Maslyuk et al.，2009）则针对原油现货与期货在不同时期的协整关系做了研究。他们利用残差基础上的协整检验检验了短期和长期内美国西德克萨斯轻质油与英国布伦特原油现货、期货价格之间的协整关系。同时他们还检验了协整关系中是否存在结构断点。结果表明不同时期内原油现货与期货的价格都是协整的。苏志伟等（Su et al.，2019）认为原油现货价格与期货价格之间存在异质性的因果关系。他们利用分位数回归的方法捕捉到了不同的分位数阶段油价现货价格与期货价格之间的因果传导关系是不同的，从而呈现出异质性的效应。丁浩员等（Ding et al.，2014）利用三种不同类型的格兰杰检验方法，即古典格兰杰非因果检验、鲁棒格兰杰非因果检验和分位数格兰杰非因果检验分析了原油期货市场的净头寸是否会影响现货价格。

（二）石油市场与宏观经济市场的联系

石油市场与宏观经济市场的联系可以根据研究范围的不同划分为与国内宏观经济市场的联系、与国外宏观经济市场的联系。一般情况下，宏观经济的表现通过经济增长变化、物价水平波动和失业情况反映出来。

魏一鸣等（2008）早在2008年就针对当时高油价态势分析了油价长期处于高位运行对中国经济通货膨胀、经济增长与金融市场的影响。同时，魏一鸣和廖华（Wei and Liao，2016）也认为近年来国内工业产出水平每增加1%会导致石油需求增加93.669吨。杜等（Du et al.，2010）利用多变量向量自回归（multivariate vector autoregressive，MVAR）方法研究了1995年1月到2008年12月期间世界油价与中国宏观经济之间的传导关系。结果发现中国宏观经济与世界油价之间存在着单向的传导关系：世界石油价格显著影响着中国的经济增长和通货膨胀率。但是反过来，由于中国市场不具有相应的影响力，中国的经济活动并不能影响油价变动。张大永和曹红（2014）进一步地考虑了时间的因素，他们认为油价

对中国经济的这种单向影响只存在于短期内，在长期，该研究引入了非对称协整检验的方法，对长期关系进行检验。结果表明在长期国际油价与中国的经济发展之间存在同升同降的关系。更为突出的是，国际油价增加对中国经济的影响要显著大于国际油价减少对中国经济的影响。也有学者研究了油价与不同经济产业部门之间的联系，焦建玲等（Jiao et al.，2012）学者利用结构向量自回归（structural vector autoregressive，SVAR）研究了石油冲击对石油天然气开采行业、冶炼行业、煤炭行业、化工原料业和非金属矿产制造行业的冲击影响。结果表明油价的增加会导致石油开采行业的利润增加进而导致对该行业的投资水平增加，同时导致煤炭行业的利润和投资水平减少。化工原料业和非金属矿产制造业受到油价冲击的反应会比能源行业更小，但是冲击的传递时间也更短。

石油价格对物价水平影响的研究中，任泽平（2012）将成本传导能力模型与投入产出潜在价格影响模型相结合，研究能源价格波动对物价水平的实际影响。研究结果说明原油价格上涨10%将导致消费者物价指数和生产者物价指数分别上涨0.31%和0.83%。成品油价格上涨10%将导致消费者物价指数和生产者物价指数分别上涨0.43%和0.91%。欧变玲等（Ou et al.，2012）通过结构动态因素模型对这种价格传导进行了更细致的研究。他们发现国际油价对中国本土石油价格/中国进口价格指数/生产者价格指数/零售价格指数和消费者价格指数的影响程度是依次递减的，这也符合原油产业链延伸的步骤。

有学者在研究油价对中国宏观经济冲击时从造成油价波动的原因角度来分析。龚和林（Gong and Lin，2018）从石油市场的角度，将石油市场对经济的冲击分解为石油供给冲击和需求冲击。该研究通过结构向量自回归（structural vectortor autoregressive，SVAR）的方法研究了石油供给端和需求端因素对中国经济的影响，他们发现这些因素在短期和长期内会对中国经济产生不同的影响。更进一步地，魏和郭（Wei and Guo，2016）通过研究1996年第1季度~2014年第4季度中国宏观经济和西德克萨斯轻质原油现货石油价格之间的传导关系，指出油价冲击对中国宏观经济的影响是通过作用于出口来实现的。

有学者比较了石油和其他能源产品对中国经济的影响，林伯强和牟敦国（2008）采用一般均衡分析比较了煤炭和石油价格上涨对国内物价水平的影响，结果指出能源价格的上涨对经济产出水平造成影响的同时可能会产生通货膨胀。但是目前"滞胀"的风险被中国城市化、工业化的进程抵消了。同时，石油价格上涨对中国经济的影响不及煤炭价格上涨。

石油产品与国外宏观经济市场的联系中，菲芬尼（Fofana，2009）考虑了国际油价对南非宏观经济的影响，同样证明了国际石油价格对本国宏观经济的负面影响。蒙福特（Monfort，2019）等利用贝叶斯公式和结构向量自回归（structural vector autoregressive，SVAR）模型相结合的方法，以西班牙为例研究了国际油价变动对石油进口国失业率的影响。结果表明在 2008 年金融危机前后油价对失业率影响呈现了差别。在金融危机之前，油价冲击会造成西班牙失业率的下降，而在金融危机之后，油价冲击则造成了失业率的上升。同样的，库纳多等（Cunado et al.，2005）研究了亚洲主要石油进口国的宏观经济是如何受到油价冲击影响的。油价供给冲击对这些国家宏观经济的影响作用是有限的，而由全球经济活动变化导致的需求冲击对日本、韩国、印度和印度尼西亚四个亚洲国家产生了显著的影响。但是该学者的研究并没有像龚和林（Gong and Lin，2018）那样考虑油价对宏观经济冲击的时变影响。纳赛尔（Nusair，2019）利用线性和非线性自回归分布滞后模型（autoregressive distributed lags model，ARDL）和面板分析相结合的方法，分析了海湾阿拉伯国家合作委员会中涵盖的六个国家（阿联酋、沙特阿拉伯、卡塔尔、阿曼、巴林和科威特）的石油价格与通货膨胀率之间的关系。结果表明油价的升高会导致通货膨胀率的升高，但是油价的降低却不一定导致通货膨胀率的降低。与魏彦峰和郭晓英（2016）类似，菲利斯（Filis，2010）同样通过多变量向量自回归的方法检验了 1996 年 1 月~2008 年 6 月希腊消费者价格指数、工业生产、股市表现与油价之间的关系，发现油价的增长对股市收益和消费者价格指数都存在显著的负相关关系。

（三）石油市场与股票市场的联系

石油市场与股票市场的传导是研究石油价格的一个关键领域，是学者们研究的重点。国内学者对石油与中国股市的关系做了大量研究。有学者从宏观层面进行了研究，也有学者研究了更加微观的关系。结果表明除了制造业之外的大部分股票指数并不会与石油价格变动有显著的关系。同时，中国实际石油价格会对股票收益产生显著的影响。此外，石油价格波动的增加不会影响股票收益，但是会增加对石化和采矿相关行业的监管，从而推高这些行业的股票价格（Cong，2008）。微观层面上，程安和常清（2016）研究了 2011~2015 年国际市场原油价格对国内股市石油领域 22 家上市公司股价的传导关系。他所构建的向量自回归（vector autoregressive，VAR）模型，通过格兰杰因果分析、脉冲响应函数和方差分解的方法研究了国际油价对我国石油上市公司的动态价格传导过程。结果发现国际油价仅仅对中石油系统下的两家上市公司有显著影响作用。两个市场整体间的价格传导关系并不顺畅。

研究石油价格与国际股市的关系方面，基连（Kilian，2009）采用结构向量自回归（structural vector autoregressive，SVAR）模型的方法，以 1973 年 1 月~2006 年 12 月美国平均股票收益和居民消费价格指数中的油价指标为对象进行研究，发现了影响油价波动的不同因素同样会影响股票收益。相比于供给冲击，需求冲击对油价造成的影响会更加明显地影响股票收益。在需求冲击对股票收益造成的影响中，政治事件影响的需求变动往往会造成油价的蹿升和股价的暴跌，而经济形势向好所带来的需求升高会对油价和股票收益产生双重的积极影响。黄书培等（2018）在传统向量自回归模型的基础上，结合了小波分析的方法，研究了不同尺度的石油价格变化与股市之间的传导关系。同时，他们还识别了供给冲击与需求冲击两种油价波动形态，结果表明供给型石油价格冲击和需求型石油价格冲击在短期、中期和长期都会对全球综合股指产生影响，但是在超短期（2~4个月）和超长期（64~128个月）内，需求驱动的石油价格变动并不会导致股票市场的波动。潘（Phan, 2015）对比了原油价格变动对石油消费者和生产者股票收益的区别，发现无论价格增加或者减少，油价变动都会对原油生产方的股票产生正向影响。而油价变动往往并不影响石油需求方的股票收益。高希（Ghosh, 2016）研究了国际油价与印度股票市场之间的价格传导关系，将样本期 2003~2011 年利用阈值协整的方法分为三段，2003 年 1 月 2 日~2007 年 7 月 1 日为第一段，2007 年 7 月 2 日~2008 年 12 月 29 日为第二段，2008 年 12 月 30 日~2011 年 7 月 29 日为第三段。结果表明只有在第二段和第三段的时间范围内存在石油价格对股票市场的传导关系，但是反过来股票市场并没有对石油价格产生影响。

（四）石油市场与大宗产品市场的联系

由于近年来生物燃料和乙醇等燃料的应用范围越来越广，也有学者开始关心农作物生产的能源和石油等传统能源价格之间的关系。恰安（Ciaian, 2011）研究了世界范围内的农产品价格和石油价格之间的相互传导关系，同时把这种关系分为直接的和间接的。直接的传导关系是指石油通过乙醇等燃料与农产品之间的价格传导，间接的传导关系是指石油价格作用于化肥、交通成本，而与农产品产生价格传导。学者最终发现，原油价格每桶增加 1 美元会导致农产品价格增加0.1 美元/吨到 1.8 美元/吨不等。同时，结果表明间接的价格传导关系是不显著的。付莲莲等（2014）利用通径分析的方法同样研究了国际原油价格对农产品价格的直接与间接传导关系。他们认为这种传导关系中起主要作用的是间接作用，而间接作用是通过货币供应和农业成本体现到最终的农产品价格上的。加德布鲁克（Gardebroek, 2013）同样检验了原油、玉米与乙醇价格之间的传导关系，不过将研究视角放在了美国，通过多变量广义自回归条件异方差（multivariate generalized autoregressive conditional heteroscedasticity, MGARCH）模型的方法发现了玉米价格对乙醇价格显著的波动溢出关系，但这种溢出关系是单向的，同时近年来这种溢出关系更加剧烈。该研究并没有发现能源市场对玉米市场价格的影响。徐媛媛等（2017）通过引入滚动协整法动态比较了中国市场的大豆、玉米、水稻、小麦和大庆原油现货价格之间的价格传导关系。结果发现四种农作物中，大豆与原油之间的价格传导关系最强，而小麦价格对于石油价格的反应并不明显。同时原油价格与粮食市场之间的传导效应在原油价格高企时更为明显。

同样的，作为可相互替代的能源产品，石油产品与煤炭产品之间也有着密切的价格联系。何琬和卢小舒（2011）研究了国内煤炭产品与石油产品之间的波动溢出关系，结果表明了两者之间波动溢出关系的非对称性。当石油价格上升时，无论短期与长期，油价都会导致煤炭价格的上升。而反过来煤炭价格对石油的影响只存在于短期，长期的价格影响并不显著。刘玥和曾庆婷（2014）结合向量自回归（vector autoregressive，VAR）模型和脉冲响应函数对国际国内的煤炭和石油产品四个价格序列进行研究，结果发现不同能源产品之间的价格传导路径，如国际油价通过影响国际煤价而影响国内煤炭价格。同时，国内石油价格在受到国际石油价格的影响后也会对国内煤炭价格产生影响。但是这种影响要小于通过国际煤炭价格传导带来的影响。

五、文献评述

通过对石化产业链产品价格波动传导关系的研究发现，目前的研究主要集中在三个方面：一是研究石化产业链本身以及其产品价格的波动传导；二是研究石化产品价格波动的空间传导关系。其中或是研究跨国家和地区个别石化产品之间的价格传导关系，或是研究石化产业链不同环节各产品价格波动传导关系，或是将空间上的石化产品跨国家和地区与跨产业链环节的价格波动传导研究相结合；三是研究石化产品价格波动的时间传导关系，其中或是从通过引入结构断点的方法来看不同时期石化产品价格传导关系的变化，或是通过滑动窗的方法来展示这种价格关系的动态变化。但是在目前的研究中，还存在着一些不足，这种不足主要体现在时间传导效应方面。

第一，在石化产业链及其产品的价格波动传导关系相关研究中，对产业链上游产品的研究占据了大量的篇幅，而对下游众多石化产品的关注较少。增加对石化产业链下游产品的研究有助于从产业链的角度了解石化产品的价格波动关系。

第二，目前对时间传导关系的研究关注的是价格波动传导关系多时间属性的某一个方面，而在价格波动传导的问题中存在多时间属性。产品价格波动传导中的多时间属性，一是指价格波动传导的阶段性，即石化产品价格波动在不同的阶段呈现出不同的波动传导特征；二是在不同阶段的每一时刻，石化产品间是否存在价格波动关系是在动态变化的，石化产品价格波动的传导关系系数也是动态变化的。同时，一个石化产品价格受到其他产品价格波动的影响后又会对更多的石化产品产生影响。

第三，目前采用滑动窗的分析方法来刻画的产品价格波动传导的动态性是通过将时间序列的平移展示每一段时间序列的价格传导特征，该方法面临窗口长度选择和滑动步长选择的难题。现有的选择方法需要在数据噪音与过度简化之间做出取舍（Marti et al.，2017；Onnela et al.，2003）。目前滑动窗口的选择或是通过敏感性分析（Liu et al.，2018），或是通过判断稳定性（Marti et al.，2015），并不存在统一的方法。

针对以上问题，利用佩伦—雅布检验、互相关分析、庞德尼克检验、贝克—广义自回归条件异方差模型、时序网络等方法来对多个国家和地区石化产业链条上原油、石脑油、乙烯、苯乙烯产品价格的波动传导以及这个传导过程中的多时间属性进行分析。石化产业链条上的各个产品之间是相互联系、互相影响的。通过产业链条将不同的石化产品串联起来，分析产业链条上一个产品变动对其他产品的影响，可以有效地解决目前研究只能从小范围研究石化产品价格传导的问题。

第三节　科学问题、研究内容和创新点

一、科学问题

通过对石化产业链产品价格波动关系文献的梳理，本书旨在解决的科学问题是：石化产业链产品价格波动的时空传导效应。该科学问题可以分为以下三个子问题。

第一，如何精确刻画石化产业链产品价格波动时空传导过程中的多时间属性，即阶段性和动态性。多时间属性首先包括产品价格波动的阶段性特征，即一段时间内市场表现出类似的价格变化趋势，而阶段特征不同会对能源价格的波动传导产生显著的影响（Gong and Lin，2018）。因此如何在价格波动过程中划分阶段是首先要解决的问题。多时间属性的另一个层面包括价格波动传导的动态性。石化产业链市场的瞬息万变使得静态地考察石化产业链产品价格波动关系并不能够准确地反映每一个时刻市场微观以及整体的变化态势，因此需要去刻画石化产品价格关系的动态变化特征。

第二，石化产业链产品价格波动的空间传导效应是什么样的？在刻画空间传导效应的过程中，不仅要考察石化产业链产品在不同国家和地区和产业链条不同环节上的一对一波动传导效应，如何考察一种产品在整个石化产业链系统中的地位和作用也是重要的。

第三，石化产业链产品价格波动的时空传导效应是什么样的？石化产品价格波动的传导过程不是一次完成的。随着时间的推移，受到价格波动影响的产品发生了价格变化，这又对其他的石化产品价格产生了影响，整个价格波动传导过程将在时间和空间上持续进行下去。在这个过程中，一个石化产品受到冲击发生价格波动是如何在时空中进行传导的？各个石化产品价格发生波动时向整个市场传导的过程有何差异？它们在不同阶段、不同时刻的传导效应是否有所区别？这些问题都亟待解决。

二、研究内容

研究内容为石化产业链产品价格波动在空间与时间上进行传导的效应。分析建立在产业链价格传导理论、要素禀赋理论、石油市场"一价定律"理论以及动态均衡的"蛛网模型"理论基础上。产业链价格传导理论提供了整个研究的分析基础，并从产业链上下游、供需变化的角度去看待价格波动的传导。要素禀赋理论和石油市场"一价定律"理论提供了不同国家和地区之间石化产品价格相联系、相互影响的基础。产品价格波动的动态均衡理论提供了商品价格受到冲击时随着时间调整的变化过程分析。这些理论构成的分析框架是整个研究的基础。

（一）石化产业链产品价格波动传导的多时间属性分析

石化产业链产品价格波动传导的多时间属性分析包括确定价格波动传导过程"阶段性"和"动态性"两个子内容。笔者选取了石化产业链条不同阶段的 4 类石化产品（原油、石脑油、乙烯、苯乙烯）作为代表，从欧洲、美国、中东、中国、东南亚、韩国和日本一共选取 22 种石化产品作为研究对象。样本数据涵盖了 2011～2019 年的石化产品价格数据。针对石化产品的价格变化多时间属性中"阶段性"特征，采用佩伦—雅布检验的方法对 22 种石化产品价格序列划分了结构断点（Perron and Yabu，2009a），整个数据集被三个结构断点分为四个阶段。随后对四个阶段的基础特征进行了统计性描述。

随后通过计算不同阶段各个产品之间的互相关关系，得到了石化产业链产品价格之间领先滞后关系的阶数。随后对领先滞后关系阶数结果进行检验（Podobnik et al.，2009），筛选出了通过检验的领先滞后关系的阶数作为多时间属性中"动态性"的阶数。

（二）石化产业链产品价格波动空间传导效应分析

石化产业链产品价格波动空间传导效应分析包括空间传导系数确定和空间传导网络分析两个子内容。在各产品领先滞后关系阶数的基础上，利用贝克—广义自回归条件异方差（BEKK-GARCH）模型计算了四个不同阶段各个石化产品之间的价格波动空间传导关系，并根据领先滞后关系阶数的结果对其进行了筛选。考虑到在石化产业链的生产活动中，石化产品往往只与它们生产活动最相关的辅料有密切的联系，因此只考虑了跨一层的产业链不同阶段产品时序价格波动传导关系，即只考虑原油—石脑油、石脑油—乙烯、乙烯—苯乙烯之间的时序价格波动传导关系。

在通过贝克—广义自回归条件异方差模型分析了石化产品价格之间一对一关系后，引入网络的分析方法构建了石化产业链产品价格波动空间传导网络模型，并通过计算网络指标来分析在不同阶段，单个产品在整个产业链市场中的地位和作用。

（三）石化产业链产品价格波动传导时空效应分析

石化产业链产品价格波动时空传导效应分析包括时序网络仿真分析和结果稳健性检验两方面的子内容。在石化产业链产品价格波动空间传导效应模型基础上利用时序网络分析方法，构建了时空传导模型去研究石化产业链产品价格波动的时空传导效应。价格波动发生后的每一时刻，各产品间是否存在价格波动关系是在不断变化的，价格波动传导关系的系数大小也在不断变化。同时，一个产品受到其他产品价格波动的冲击而发生价格波动后又会对其他产品价格造成影响。而石化产业链产品价格时空传导模型可以很好地刻画上述传导效应。通过仿真方法可以分析 22 种石化产业链产品受到冲击发生的价格波动是如何在整个市场进行空间和时间动态传导的，以及产品价格波动在每一时刻是如何动态变化的。最后以样本期之后的一段数据作为验证期来进行稳健性检验。本书通过动态时间规整方法，判断在样本期与验证期不同产品价格的相似度，并根据相似度对样本期和验证期的价格波动传导结果进行比照，作为稳健性检验的依据。

三、创新点

本书的创新点有以下三个方面。

第一，针对目前价格波动传导时间属性的片面性问题，提出了产品价格波动传导的"多时间属性"概念，分别从"阶段性"和"动态性"两个方面界定产品价格波动传导关系的时间属性，扩展了现有价格波动传导研究的时间属性。通过定义并计算石化产业链产品价格波动传导过程中多时间属性的"阶段性"和"动态性"。通过佩伦—雅布检验的方法划分各个石化产品价格变化的结构断点，从而将整体的价格序列分为不同的阶段。之后再利用互相关分析的方法确定了石化产品价格波动领先滞后关系的阶数，并对阶数进行庞德尼克检验，从而定义并刻画了产品价格波动的"多时间属性"。

第二，构建了石化产业链产品价格波动空间传导模型，通过计量分析与网络分析相结合的方法，发现并验证了单一石化产品价格波动传导在不同国家和地区间、不同产业链间的传导存在不平衡性规律。将贝克—广义自回归条件异方差模型的传统计量经济方法与网络分析方法结合起来，在分析石化产品一对一传导关系的基础上又引入网络分析方法，分析了单一石化产品在整个市场价格波动传导过程中的地位和作用，发现了不同石化产品价格波动的规律性特征。最终发现产业链上下游之间、亚太市场与欧美市场之间石化产品价格波动传导过程中的不平衡性。

　　第三，基于时序网络理论，构建了时空维度上的非线性石化产业链产品价格波动传导模型，分析了石化产品价格波动在整个市场的动态传导过程，解决了时空传导中"动态性"的问题，发现了不同石化产品价格波动在时空上的传导规律。尤其在时间维度上，时空传导模型可以研究不同石化产品价格波动传导过程在每一个时刻的传导效应。最终发现了石化产品价格波动时空传导过程中存在着"时序波动集聚性"。

第四节　研究方法与技术路线

一、研究方法

　　本书研究方法结合了定性研究与定量研究，通过研究理论、梳理文献，选取适合的定量方法针对石化产业链产品价格波动在空间与时间上进行传导的问题开展研究。研究所用方法都是建立在产业链价格传导理论、要素禀赋理论、石油市场"一价定律"理论以及动态均衡的"蛛网模型"理论基础上。这些理论基础构成的分析框架是整个研究的分析基础。各个方法相互之间形成了一个有机的整体，其中佩伦—雅布检验结构断点分析法、互相关分析法和庞德尼克检验是为了确定石化产业链产品价格波动过程的"多时间属性"，贝克—广义自回归条件异方差模型和单层网络分析结合的方法不仅计算了石化产品价格一对一波动传导关系，也论证了单一产品在整个网络中的地位和作用。最后在单层网络分析方法的基础上引入时序网络分析方法，动态地分析石化产品价格波动传导的时空效应。各个方法围绕着研究问题被有机地结合在了一起。

　　在以上理论基础上采用以下六种分析方法进行研究。

（一）佩伦—雅布检验

　　通过引入划分时间序列结构断点的佩伦—雅布检验（Perron and Yabu，2009a；Perron and Yabu，2009b），将石油价格变化结构断点与石油市场发生的事件结合起来，划分了众多的石化产品价格变化阶段。佩伦—雅布（2009b）在之前研究的基础上提出了一种新的对单变量时间序列进行结构断点检验的方法，新的方法可以使时间序列结构断点未知，噪声序列属于 I（0）还是 I（1）也未知的情况下对时间序列结构断点进行检验。

（二）互相关分析与庞德尼克检验

　　划分了石化产品的结构断点之后，计算了每一阶段石化产品之间的领先滞后关系（互相关关系），得到了产品之间领先与滞后的阶数，并对互相关关系进行了检验。互相关分析方法是检验两个时间序列在不同时间点上相关性的一种分析方法。和不具有时间阶数性质的皮尔逊相关系数一样，互相关系数的计算需要通过显著性检验。由于互相关分析比皮尔逊相关系数多了时间维度，因此在计算时间序列之间互相关系数的显著性水平时要把时间的因素考虑进来。庞德尼克（2009）提出了一种互相关关系，尤其是对长期互相关关系进行显著性检验的方法。他们在 LB-Q 检验的基础上设计了新的统计量，并对统计量进行不同阶数上的卡方检验。通过将不同阶数上互相关关系的统计量与显著性水平下的卡方分布值相比较，可以判断对应阶数上互相关关系的系数是否通过了显著性检验。

（三）贝克—广义自回归条件异方差模型

在经济时间序列尤其是金融时间序列中存在着广泛的异方差性质，即时间序列的方差不是平稳的，是随着时间的变化而变化的。恩格尔（Engle，1982）提出了自回归条件异方差模型来刻画模型残差中的方差变化。他认为模型随机扰动项的方差变化取决于上一时期的扰动项，因此随机扰动项的方差不取决于某一自变量，而是一个与时间有关的函数。随后，学者们扩展了上述模型，提出了广义自回归条件异方差方法来将自回归条件异方差模型扩展到高阶的形式（Bollerslev，1986）。

恩格尔和科罗纳（Engle and Kroner，1995）在广义自回归条件异方差（GARCH）模型的基础上建立了贝克模型来处理多变量波动传导的问题。在多变量的广义自回归条件异方差模型中，学者将模型的参数和变量用矩阵表示出来。

（四）单层网络分析方法

复杂网络分析方法是一种研究个体与个体间相互作用的研究方法（吴金闪和狄增如，2004），该方法最早由瓦茨和斯特罗加茨（Watts and Strogatz，1998）以及巴拉巴西和阿尔伯特（Barabasi and Albert，1999）发展而来，它可以将现实世界中实体之间的关系抽象为交互网络中的点和边（李华姣，2016）。同时，通过计算网络中结构指标的方法，分析网络中的点和边在整个网络中的作用，可以反映出个体在现实系统中的地位和作用。在网络分析中把石化产业链上的各个产品当作网络中的点，产品价格波动传导关系当作网络中的边，波动传导关系的系数当作边的权重，构建了石化产业链产品价格波动空间传导网络模型，选取传导范围、传导强度、受传导范围、敏感程度、传导中心性、受传导中心性、传导媒介性等指标来刻画静态的石化产业链价格波动空间传导网络。

（五）时序网络分析方法

现实中个体与个体之间的交互关系是具有时间属性的，这一时刻两个变量之间的关系可能会在下一时刻发生变化。时序网络的分析方法是从不同的角度出发，将每一具体时刻中网络的状态刻画出来。

福尔摩（Holme，2005）最早研究了现实世界中节点之间联系的动态性。他以交友网站之间客户的联系、邮件之间的沟通以及学生与大学之间的联系作为数据集并把这种联系视作信息的传递。通过研究传递的时序距离、时序速度等情况指出在信息传递过程中的时间阶数（order）是最重要的影响因素。随后，福尔摩和萨拉姆基（Holme and Saramäki，2012）系统性地研究并定义了时序网络的含义，并指出时序网络的方法将界定"信息"何时在网络中进行传递以及传递发生时潜在的网络结构是如何变化的。

通过互相关分析方法对石化产业链产品价格波动传导关系进行定阶，从而获得了不同时刻上各类产业链产品的价格波动传导关系。在分析了价格波动空间传导效应以及网络指标后，将产业链产品彼此之间价格波动传导的阶数考虑进来，将时间阶数作为石化产业链产品价格波动传导过程中的时间点，并以此时刻作为事件发生的时间来构建价格波动传导的时空传导模型。此外，由于在产业链中不同市场不同石化产品之间的联系复杂而又多样，无法确定在时序网络中哪一时序价格波动传导是最先发生的。为了解决此问题，设置了不同的情景，分别以产业链中不同市场的 22 种石化产品为时序价格波动传导的起点，进而来研究在不同的阶段，不同的市场和石化产业链上各个产品的价格波动是如何在整个市场中进行传导的。

（六）动态时间规整方法

利用动态时间规整的方法筛选与样本期相似度最高的验证期数据进行稳健性检验（Itakura and Umezaki，1987）。动态时间规整（dynamic time warping）是一种计算不同维度的序列相似性的一种算法。其主要思想是将一段时间序列的波形按照一定的规则进行规整（Warping），从而使得该时间序列与参考序列之间的空间距离最短，即两段时间序列的波形尽可能地重合。当两段时间序列被拉伸到相同的长度后，就可以比较两段时间序列的相似性。该算法最初被学者用来计算一段音频信号与参考音频信号的空间距离，即两端不同长度信号之间的相似性（Itakura and Umezaki，1987）。后来这种方法被普遍应用到时间序列的处理中（Berndt and Clifford，1994；Giorgino，2009；Tomasi et al.，2004）。

二、技术路线

在对石化产业链产品价格波动传导问题的背景、科学问题进行了梳理后，在产业链价格传导、产业链产品价格空间关联和产业产品价格随时间调整三个维度的理论基础上，梳理了当今石化产业链市场的世界格局。本书的技术路线如图 1 - 2 所示，针对三个研究子问题，即产业链产品价格波动传导的多时间属性问题、产业链产品价格空间传导效应问题和时空传导效应问题进行了研究，分析了石化产业链产品价格波动传导过程中的"阶段性"与"动态性"，分析了产业链产品在不同时间段、不同国家和地区的空间传导效应以及动态的时空传导效应，最后进行了稳健性检验。

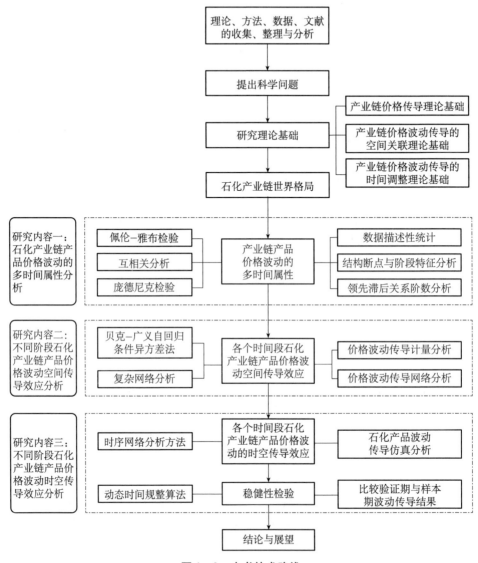

图 1-2 本书技术路线

资料来源：笔者绘制。

第二章

相关理论基础

第一节 整体理论框架

本书理论基础从产业链价格传导、产品价格的空间关联、产品价格波动的时间调整三方面入手。在产品供需角度基础上重点分析了产业链价格传导的成因、石化产业链中原油产品价格波动冲击的特殊性、不同国家和地区进行贸易分工的基础、石化产业链中原油市场的不同的国家和地区间均衡，以及产品价格波动的动态均衡调整过程。

石化产业链时空传导效应的维度涵盖产业链、空间和时间三个维度，因此笔者在这三个维度的基础上对相关理论进行了梳理，整理了本书的理论框架。随后在理论框架的基础上，从"产业链的价格传导理论""产业链产品价格的空间关联理论"和"产业链产品价格的时间调整理论"三方面对相关理论进行了介绍。

在图 2-1 中，梳理了石化产业链产品价格波动传导三个维度中涵盖的经济学理论。在"产业链的价格传导理论"维度，学者们往往从产业链上下游之间生产者价格指数（PPI）与消费者价格指数（CPI）相互拉动的角度来分析产业链上下游产品之间价格的影响关系。在"产业链产品价格的空间关联理论"维度，国际贸易中各个生产者根据自身要素禀赋的差异而生产不同的商品，要素禀赋的差别决定了专业化分工进而决定了贸易结构（鞠建东等，2004）。在"产业链产品价格波动的时间调整理论"维度，"蛛网模型"理论阐述了随着时间变化商品市场在动态中或趋向或偏离均衡的过程。该理论广泛最初应用于农产品市场的分析中，后来也有学者将"蛛网模型"理论应用到了金属市场（铜），解释了金属价格波动与供应量调整关系（Gloeser-Chahoud et al.，2016）。闻少博（2019）阐述了"蛛网模型"理论在原油市场中的理论基础作用。

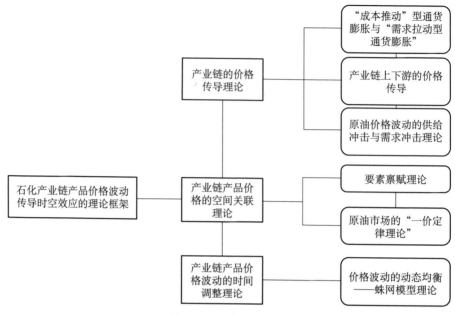

图 2 - 1　本书理论框架

资料来源：笔者绘制。

在理论框架的基础上，分析价格波动传导的机制是从供给与需求的基础分析角度入手，在此基础上梳理出了石化产业链产品价格波动传导背后的供需机理。如图 2 - 2 所示，这也是后续分析的基础和参照系。

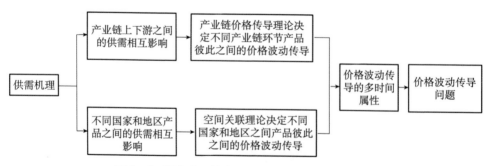

图 2 - 2　石化产业链产品价格波动背后的供需机理

资料来源：笔者绘制。

在图 2 - 2 中，产业链上下游产品之间的供需关系变化影响了上下游产品价格之间的关系，不同国家和地区产品之间供需关系的变化影响了不同国家和地区之间产品价格关系的变化。而这两种价格关系的变化过程是有多时间属性的。在相关理论的基础上，从供需的角度去分析研究问题，供需上的变动决定了石化产业链产品价格波动时空传导的基础。

第二节 产业链的价格传导理论基础

凯恩斯主义经济理论在解释通货膨胀时认为在不存在超额需求的情况下，供给方面成本的提高会导致市场上一般价格水平的提高。而在成本推动导致的通货膨胀中，原材料价格的上涨是一个很重要的因素。在需求端，总需求超过总供给导致社会一般价格水平的上升被称为需求拉动的通货膨胀。

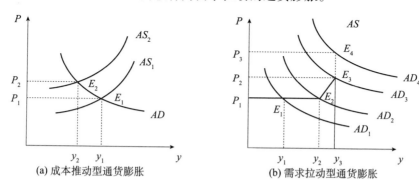

(a) 成本推动型通货膨胀　　　　(b) 需求拉动型通货膨胀

图 2 - 3　成本推动型通货膨胀与需求拉动型通货膨胀

资料来源：笔者绘制。

在图 2 - 3 （a）展示了当社会总供给减少时，总供给曲线由 AS_1 向左平移到 AS_2 的过程，此时社会总需求不变，供需均衡点由 E_1 变为 E_2，社会均衡价格由 P_1 变为 P_2。图 2 - 3 （b）展示了社会总需求的增加对社会均衡价格的影响。在社会总需求扩大导致总产量水平由 y_2 向 y_3 移动时，均衡点由 E_2 变动为 E_3，均衡价格由 P_1 增加到 P_2。图 2 - 3 （a）与图 2 - 3 （b）分别介绍了成本推动型通货膨胀与需求拉动型通货膨胀的形成机理，也是社会总供给与总需求变化对社会一般价格水平的影响过程。成本推动与需求拉动导致的社会一般价格水平提高往往通过产业链条上"初级品—中间品—最终品"的生产过程实现（杨子晖等，2013）。这是社会一般价格水平在产业链条上的传导过程。

席尔瓦和华莱士（Silver and Wallace，1980）最早从供应成本的角度论证了成本推动型通货膨胀在产业链中的传导。随后克拉克（Clark，1995）在前人研究的基础上进一步分析了价格水平沿产业链的传导过程，说明产业链上游的生产者价格指数（PPI）向下游的消费者价格指数（CPI）的传导是很弱的，现实中其他生产要素价格对下游产品价格波动的重要性要先于产业链上游产品价格，而在经济萧条期与繁荣时期这种价格传递的幅度也是不同的。随后学者们逐渐开始讨论产业链价格传导过程中上游与下游驱动机制重要性的差异（Caporale et al.，

2002；贺力平等，2008；夏斌和高善文，2004；张成思，2010）。

理论方面，杨子晖等（2013）阐述了生产链条价格传导理论与两种通货膨胀成因理论之间的关系。在全产业链中，生产者物价指数（PPI）表明了产业链上游代表成本的原材料价格，而消费者物价指数（CPI）表明了产业链下游代表最终产品的消费品价格。产业链条上的上游产品的价格波动传导过程会传导到下游。反过来，产业链下游产品价格的提高也会倒逼上游，推动上游产品价格的提高。产业链上游原材料构成下游产品的成本，其价格提高导致供给成本增加进而导致整个产业链产品价格提高，这是由上游成本推动导致的。人们对产业链下游一般消费品需求的增加导致下游产品价格增高进而导致整个产业链产品价格增高，这是由下游产品需求拉动导致的。孙坚强等（2016）阐述了在产业链的价格波动传导过程中价格预期的作用，当产业链上发生"成本推动"或"需求拉动"导致的产品价格增加时，人们的价格预期也会发生变化，这种预期的变化作用于人们的生产消费决策进而进一步影响产品供求关系。这种产业链预期价格作用机制也分为作用于上游产品的"成本预期"和作用于下游产品的"需求预期"。需要指出的是，全球金融市场联系不断紧密的背景下，国际投资渠道和国际市场的汇率、油价冲击也会对本国一般价格水平产生影响（陈淼和李王欣欣，2015；欧阳志刚和潜力，2015；张斌和徐建炜，2010）。

在产业链条上，石化产业链作为整体产业链条的一个部分，该产业链条上下游产品价格波动的传导与整体产业链是一致的。石化产业链上游的原油产品是基础的生产生活原料，下游的苯乙烯与一般消费品直接相连。石化产业链中也存在上游与下游产品谁带动谁的问题，二者的价格波动会对产业链产品的供需产生影响，从而影响产业链条上其他产品的供给与需求。

由于石化产品的特殊性，它的价格波动除了受到供需影响之外（Brown and Yücel，2002；Li et al.，2017），还受到石油市场中的黑天鹅异常事件（Li et al.，2017）、金融因素，如石化产品期货（Alquist and Kilian，2010）、地缘政治（Bouoiyour et al.，2019；Chen et al.，2016）、政策导致的油价波动（Tang et al.，2010）、天气因素（Creti and Duc Khuong，2015；Ederington et al.，2019）等因素的影响。现有学者对石化产品价格冲击理论研究时认为这些因素都可以纳入供需变动的框架中，把这些因素的变动归类为供给冲击与需求冲击（Brown and Yücel，2002；Li et al.，2017）。

第三节　产业链产品价格的空间关联理论基础

产业链产品上下游之间受到产品供给与需求变化的影响而发生价格波动传

导，而在国际市场中，国家与国家、地区与地区之间因为自身比较优势和贸易禀赋的差异而进行贸易活动，导致了现货市场价格的差异（Brown and Yücel，2002）。

一、经济地理学

克鲁格曼（Krugman，1991）在现代贸易理论和新增长理论基础上建立了新经济地理模型，发展出了新经济地理学，其核心理论是"核心—边缘模型"。该模型描述了两个区域由互不关联变成彼此相互联系却发展不平衡，再由发展不平衡变为相互平衡发展的过程。该模型很好解释了经济全球化背景下全球经济联系加深与不平衡加剧的过程。

核心—边缘模型中存在三种重要的效应，分别如下。

（一）本地市场效应

在垄断竞争市场中，厂商往往选择市场规模大的国家和地区进行生产活动，选择规模较小的国家和地区进行产品销售活动。

（二）生活成本效应

企业的地理集聚会对当地居民生活成本产生影响。在企业相对集中的国家和地区，外地输入的各类产品数量小，品种少。而本地产品数量大，品种多。因此本地销售产品的平均运输成本低，因而物价水平低，当地居民的实际收入水平高。

（三）市场拥挤效应

在垄断竞争市场中，厂商倾向于选择竞争者较少的国家和地区进行生产活动。

研究最终证明持久的冲击会导致区域部门生产的专业化程度增加，并进而产生部门之间的差异化。对于不同的贸易运输成本，厂商会做出不同的决策。当区域间贸易成本较高时，规模经济几乎不存在，制造业商品消费份额低，不利于产业之间发生聚集。因此，制造业会倾向于布局在靠近消费市场的国家和地区，彼此之间分布较为分散，这就是本地市场效应。当企业的贸易运输成本处于中等时，厂商会形成一定强度的前后关联，因而更倾向于选择集聚的区位布局。而特定国家和地区的市场需求量越大，制造业的份额也会越大，商品价格水平也就较低，消费者从而获得更高的福利。这将增加对劳动力的吸引，国家和地区市场容量进一步加大，这就是生活成本效应。最终，在此种作用下，市场上两个区域将演变成核心—边缘的经济结构。在全球石化产业链市场中，不同国家和地区不同产业链产品在价格影响关系中具有不同的影响力。如欧美市场布伦特原油和西德克萨斯中质原油价格往往被其他国家和地区原油产品作为基准油价，欧美市场原油价格的波动对世界各个国家和地区油价波动都会产生明显的影响，呈现出新经济地理学中描述的"核心—边缘"结构。

二、要素禀赋理论

新古典贸易理论中的赫克歇尔—俄林定理认为，假设各国劳动生产率一致的情况下，生产要素禀赋的不同和不同生产要素组合的结构决定了各国生产产品的成本，而各国会优先生产并出口本国要素禀赋充裕、生产成本低的产品。各国生产产品成本不同，产品价格之间存在差异也决定了它们在国际贸易中分工的不同，这是现代贸易产生的基石（Ohlin，1935）。

要素禀赋理论认为，生产要素的数量在国家之间的分配由该国的禀赋天然决定，受到自然条件、地理位置、历史原因和经济发展水平的影响。对要素禀赋的衡量可以通过人均资本存量来体现。除了各国劳动生产率一致的假定外，要素禀赋模型中还假设贸易双方消费者偏好基本相同，各商品市场、要素市场完全竞争且要素可以自由流动，不存在运输成本等条件。简化的要素禀赋理论中将各国的要素分为资本要素 K 和劳动力要素 L。国与国之间通过要素禀赋的相对比例 K/L 来决定国际分工与彼此的贸易关系。如果一国资本要素丰富、价格便宜，而劳动力要素相对稀缺、昂贵，该国适宜生产并出口资本密集型产品，进口劳动密集型产品；另一国劳动力要素相对丰富、价格便宜，资本要素相对稀缺、昂贵，则该国适宜生产并出口劳动密集型产品，进口资本密集型产品。国际贸易过程中，贸易双方达到平衡，各自实现福利最大化。

随后要素禀赋理论也逐渐发展，有学者在要素禀赋理论基础上提出了要素价格均等化理论。短期内，在国际贸易中出口产品所在行业其出口产品价格会升高，生产该产品所有的生产要素福利会增加。而进口产品所在行业其生产要素福利会降低。在长期，各种生产要素福利的变化导致要素供求状况发生变化，最终导致各类要素价格一致，国家间要素价格的流动导致了世界范围内生产要素价格的均等化（Samuelson，1948）。鞠建东等（2004）在对国际贸易理论总结时对决定国家间贸易结构的因素进行分析并认为国家间要素禀赋的差别决定了专业化分工进而决定了贸易结构。

要素禀赋的不同决定了各国家和地区之间在国际贸易体系中分工的不同，决定了各国生产不同的产品并彼此进行国际贸易，而细化到石油产业中，各国因为本身要素禀赋的不同而生产不同的石化产品并在国家与国家、地区与地区之间进行贸易。例如，中东地区利用自身原油资源丰富、开采便利、成本低廉的特点生产并出口原油产品，而东亚地区的中国、日本和韩国则生产资本要素更为密集的乙烯产品。在国际贸易中，要素禀赋不同决定的贸易关系也对石化产业链产品价格波动传导施加着影响。

三、原油市场的"一价定律"理论

有效市场假说（efficient market hypothesis）由法玛（Fama 1991，1965，

1970）提出，他认为在资本市场中，价格可以充分地反映市场上可获得的信息，因而价格可以为资源配置提供充分的信号。在这种情况下，市场就是有效的（efficient）。同时，将有效市场假说进行了扩展，提出了三种不同的有效市场假说的形式。

（一）弱式有效市场

在弱式有效市场中，市场上的信息仅仅是历史资本价格。这是因为资本历史价格的获得对于市场投资者极为便利。历史价格的信息可以在一瞬间传递到整个市场，因此市场是有效的。弱式有效假说是在研究中应用最广泛的假说。

（二）半强式有效市场

在半强式有效市场中，资本价格充分地反映了所有市场上的公开信息。以股票价格为例，上市公司的股价波动、股票的成交量等信息都是在市场上公开的，此外还包括历史价格信息和竞争对手、行业以及整体经济的公开信息。市场参与者试图通过对公开信息进行分析是无法取得超额收益的。在石油市场中，投资者和从业者可以通过石化产品价格获知未来需求的增减。

（三）强式有效市场

强势有效市场假说认为，资本价格不仅反映了公开信息，也可以反映出少部分内部人士拥有的垄断信息。在这种极端情况下，任何分析都是无效的，投资者只能追求市场平均收益。

根据有效市场假说，理性的市场参与者会立刻对价格变化做出反应，以至于资本价格会迅速达到均衡，市场参与者不存在获得超额利润的机会。

那么石油市场是否是有效的呢？学者们在此基础上做了大量研究，结果表明原油市场的弱有效性（Charles and Darne，2009；Maslyuk and Smyth，2009；Tabak and Cajueiro，2007）。克里斯托菲克（Kristoufek，2019）在前人研究（Tabak and Cajueiro，2007）的基础上扩充了数据集并指出 2008 年的金融危机期间原油价格波动中断了原油市场长期以来有效的情形，但是在随后的 2012～2015 年，原油市场又重新恢复成为了有效市场，即原油市场价格变化可以反映市场信息。

既然原油价格可以反映市场信息，那么世界市场上不同国家和地区之间的不同原油品种价格是否是一体的呢？由于石化产业链上不同产品在不同国家和地区之间生产能力和需求状况的差别，各国国内、国与国之间的不同石化产品产生了价格上的联系，其中，一种石化产品价格的变化会显著影响产业链条上与之相联系的另一种或几种产品，而这一种或几种产品价格的变化又会影响到产业链条上的其他产品，或者其他国家和地区的相关产品。这使得世界石油市场成为了一个相互联系的系统，这个系统中一个环节的变化会影响到系统中的其他部分。多位学者阐述了世界石油市场是一个整体的理论，指出世界不同国家和地区原油价格符合"一价定律（law of one price）"。同时也有学者指出石油价格的国家和地区性是明显的。

　　韦纳（Weiner，1991）指出世界原油价格的区域性特征是很明显的，这是由于贸易过程中石油卖家们的价格歧视。但是随着当今世界各国之间经济的联系日益加强，以及信息技术的进步使得石油交易更加便捷，世界市场的原油价格联系正在逐步加深。阿德尔曼（Adelman，1992）针对韦纳的文章进行了评论并认为世界原油市场是一体的。而有学者认为市场的套利机会最终导致市场整体的一致性，最终使得原油价格在不同国家和地区间的差异减少甚至消失（Gulen，1999）。随后众多学者都对此问题发表了自己的看法。其中，有学者认为投机者对石油价格上涨的期望导致了油价在2008年以前的长期增长，而世界市场的油价在这个过程中整体性不断增强（Kaufmann and Ullman，2009a）。有学者发现了欧美市场的四种产品（原油、汽油、燃料油和航空煤油）之间的价格变化的一致性。而且原油价格在欧美市场一致性水平要强于汽油、燃料油和航空煤油等成品油产品（Zavaleta et al.，2015）。也有学者验证了西德克萨斯中质原油和布伦特原油现货和期货价格市场都存在的协整关系（Maslyuk and Smyth，2009）。

　　对于新兴市场的石油价格而言，哈穆德等（Hammoudeh et al.，2008）发现了迪拜原油价格、米纳斯原油价格与欧美市场基准油价西德克萨斯中质原油和布伦特原油的长期均衡关系。随后法图（Fattouh，2010）也对这四种产品的价格差异进行了研究，该学者的结果也证明了不同原油市场之间价格的一致性。也有学者对中国原油价格进行研究并发现了在短期布伦特原油价格对中国大庆原油价格的影响作用最明显，而在中长期，米纳斯原油价格则对中国大庆原油价格的拉动作用最明显（Jia et al.，2015）。通过以上的分析和研究可知世界原油市场的联系是紧密的，其中原油价格的区域性与各个价格之间联动的一致性交织在一起，原油价格的区域间一体化程度较高。

第四节　产业链产品价格波动的时间调整理论基础

　　本节描述了价格波动的动态均衡——蛛网模型理论。由于石油市场中不同市场、产业链不同产品之间的信息不对称性，不同石化产品的价格变化并不是同时发生的。蛛网模型（Cobweb model）描述了一个生产周期较长的产品在价格偏离市场均衡点后的动态调整的过程。该模型有一个基本假设，即商品的本期供给量 Q_S 取决于前一期价格 P_{t-1}，商品的本期需求量 Q_D 取决于本期价格 P_t，当商品价格受到冲击而偏离原先的市场均衡点后，其价格与产量的关系将随着时间的推移不断地进行动态调整，这种非均衡情况也会随之发生改变。受到产品供给价格弹性与需求价格弹性差异的影响，这种非均衡状况的持续时间也是不同的，蛛网模型还可以分为收敛型蛛网模型、发散型蛛网模型和封闭型蛛网模型（Ezekiel，1938）。

在蛛网模型动态调整的过程中，市场供给曲线函数为：

$$Q_t^S = -\alpha + \beta P_t \tag{2-1}$$

其中，Q_t^S 表示 t 时刻的市场供给曲线，P_t 代表产品在 t 时刻的价格，α 和 β 表示供给曲线的截距和斜率。

市场的需求曲线函数为：

$$Q_t^D = \gamma - \delta P_t \tag{2-2}$$

其中，Q_t^D 表示 t 时刻的市场需求曲线，P_t 代表产品在 t 时刻的价格，γ 和 δ 表示需求曲线的截距和斜率。

市场均衡条件为供给与需求相等，如式（2-3）所示：

$$Q_t^S = Q_t^D \tag{2-3}$$

收敛型蛛网是指随着时间的推移，产品的实际价格和实际产量围绕均衡价格上下波动的幅度逐步减弱，价格波动逐渐收敛，最终达到市场均衡。收敛型蛛网的情景发生在商品供给价格弹性大于需求价格弹性的情况下。具体的收敛型蛛网模型示意图如图 2-4 所示。

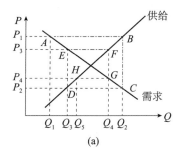
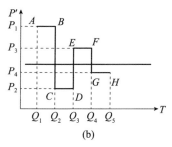

(a)　　　　　　　　　　　(b)

图 2-4　收敛型蛛网模型示意图

注：其中各点坐标为：A（Q_1，P_1），B（Q_2，P_1），C（Q_2，P_2），D（Q_3，P_2），E（Q_3，P_3），F（Q_4，P_3），G（Q_4，P_4），H（Q_5，P_4）。

资料来源：根据以西结（Ezekiel，1938）整理。

在图 2-4 中，产品受到冲击后偏离均衡价格而到达点 A 处。初始 t_1 时期产品处于 A 点，此时产品价格产量为 Q_1，由于产量较小，此时对应的产品需求价格为 P_1。在时刻 t_2，由于前一期产品的高需求价格，生产者决定扩大产量，使 t_2 的产品市场供给量达到 Q_2。但是在 Q_2 产量条件下，消费者的支付意愿仅为 P_2，生产者不得已降低市场价格到 P_2，此时市场供求关系由 B 点变化到 C 点。在 t_3 时期，生产者根据上一期的价格 P_2 调整自己的供应量，使得此时的供给量达到 Q_3。市场供应量减少使得本期的产品价格按照需求曲线增长到了 P_3。随着时间的推移，市场处于不断的调整过程中，但是由于产品供给曲线的弹性小于需求价格弹性（或相对于价格轴，供给曲线斜率的绝对值小于需求曲线斜率的绝对值），市场价格波动的幅度逐渐减小，而且最终将回到市场均衡点。

　　发散型蛛网模型是指随着时间的推移，产品价格波动的幅度越来越大，距离市场均衡点越来越远，价格波动呈现不断发散的趋势。当商品的供给价格弹性大于需求价格弹性时（或相对于价格轴供给曲线斜率的绝对值大于需求曲线斜率的绝对值时），就会出现市场价格距离均衡点越来越远的情况。具体的发散型蛛网示意图如图 2 - 5 所示。

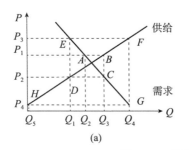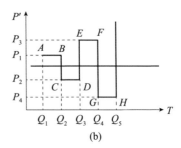

图 2 - 5　发散型蛛网模型示意图

　　注：其中各点坐标为：A（Q_1，P_1），B（Q_2，P_1），C（Q_2，P_2），D（Q_3，P_2），E（Q_3，P_3），F（Q_4，P_3），G（Q_4，P_4），H（Q_5，P_4）。

　　资料来源：根据以西结（Ezekiel，1938）整理。

　　在图 2 - 5 中，产品受到外部冲击导致需求下降，从均衡点偏移到点 A。此时的 t_1 时期，产品的价格为 P_1，对应的产品需求量为 Q_1。在下一时刻 t_2，生产方才能提供上一时刻的价格水平所对应的产量，此时产品的供给量达到 Q_2。

　　过高的供给量使得产品价格在本期降低到了 P_2 水平上，此时市场均衡状况到达 C 点。在 t_3 时刻，生产者根据 P_2 的价格水平供应了 Q_3 水平的产品。此时市场的均衡情况到达 D 点。在发散型蛛网模型中，虽然市场偏离均衡后进行波动的逻辑与收敛型蛛网模型相同，但是由于相对于需求量的供给曲线斜率小于需求曲线，即产品的需求价格弹性大于供给价格弹性，因而市场上的价格距离均衡点对应的价格水平越来越远，价格波动的幅度越来越大。

　　封闭型蛛网模型的情况与上述两个蛛网模型类似，此时市场上产品的供给价格弹性与需求价格弹性相同，当产品受到外部冲击而偏离了均衡价格后，它的价格与产量互动关系一直处于一致的水平上，既不会不断向市场均衡靠近，也不会不断偏离市场均衡点，而是一直处于一定的水平上。

　　在图 2 - 6 中，产品受到冲击后偏离均衡价格而到达点 A 处。初始 t_1 时期产品处于 A 点，此时产品价格产量为 Q_1，由于产量较小，此时对应的产品需求价格为 P_1。随后在时刻 t_2，由于前一期产品的高需求价格，生产者决定扩大产量，

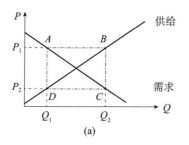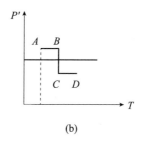

图 2 - 6　封闭型蛛网模型示意图

注：其中各点坐标为：A（Q_1，P_1），B（Q_2，P_1），C（Q_2，P_2），D（Q_3，P_2）。

资料来源：根据以西结（Ezekiel，1938）整理。

使 t_2 的产品市场供给量达到 Q_2。由于在 Q_2 产量条件下，消费者的需求价格弹性等于产品的供给价格弹性，生产者的供给价格仍为 P_1，此时市场供求关系由 B 点变化到 C 点。在 t_3 期，生产者根据上一期的价格 P_1 调整自己的供应量，由于封闭型蛛网模型中供给价格弹性与需求价格弹性的绝对值相同，使得此时的供给量回到 Q_1。市场供应量减少使得本期的产品价格按照需求曲线增长到了 P_2。随着时间的推移，市场处于不断调整的过程中，但是由于产品供给曲线的弹性等于需求价格弹性（或相对于价格轴，供给曲线斜率的绝对值小于需求曲线斜率的绝对值），市场价格波动的幅度一致，既不会逐渐偏离也不会逐渐收敛于市场均衡点。

在石油市场中，对石油产品的供给价格弹性和需求价格弹性进行判断可以有效地判定石油市场受到冲击时的价格波动是收敛、发散还是封闭的。有学者测算了原油的供给弹性和需求弹性，在他的研究中设置了不同情景对原油的供给价格弹性和需求价格弹性并进行了测算。表 2 - 1 显示，8 种情境下原油平均供给弹性为 0.11，需求弹性为 - 0.71（Caldara et al.，2019）。

表 2 -1　　　　　　　不同情境下原油产品供给弹性与需求弹性

情境	样本期（年）	供给价格弹性	需求价格弹性
基础模型	1985～2015	0.10	- 0.14
考虑供给价格弹性为 0 时的基础模型	1985～2015	0	- 1.14
考虑石油库存的情境	1985～2015	0.09	- 0.13
考虑石油库存的情境	1985～2015	0.09	- 0.13
考虑金属价格的情境	1985～2015	0.10	- 0.15
考虑航运费率的情境	1985～2015	0.10	- 0.15
将短期供给弹性设为 0 的情境	1973～2015	0	- 3.48
对模型进行改进	1973～2015	0.18	- 0.36

资料来源：卡尔达拉（Caldara et al.，2019）。

　　在表 2 - 1 中，卡尔达拉（2019）根据数据集设置了 8 种不同的场景测算了不同场景条件下原油产品的供给价格弹性与需求价格弹性的值，8 种场景分别为基础模型场景、供给价格弹性为 0 时的场景，将库存因素纳入考量的两种场景，将金属产品价格纳入考量的场景，将运费费率纳入考量的场景，将短期价格弹性设定为 0 时的场景以及笔者对模型进行改进后的场景。通过笔者对模型进行改进后的场景所计算的原油产品供给价格弹性与需求价格弹性，可知原油产品的供给价格弹性绝对值小于需求价格弹性绝对值，根据"蛛网模型"理论，原油产品价格波动幅度会随着时间的推移而进行收敛。受限于目前的研究限制，石化产业链中其他产品的供给价格弹性与需求价格弹性的测算并不明确。

第三章
石化产业链的世界市场格局

　　根据文献综述部分对石化产业链的定义，选择原油、石脑油、乙烯和苯乙烯产业链作为研究对象，对世界主要石化产品市场——欧洲、美国、中东、中国、东南亚、日本和韩国进行石化产业的梳理。通过对石化产业链中不同产品、不同国家和地区市场格局的梳理，有助于了解石化产业链产品间、不同国家和地区间基于产业链产品贸易形成的联系，为分析石化产业链价格波动的空间传导效应和时空传导效应奠定基础。

　　石脑油是最基础的化工原料，与石化产业链下游乙烯、丙烯、丁烯、苯等产品的生产息息相关。而乙烯产品占据了石脑油产品衍生化工产品的35%，是以石脑油为基础生产的各类化工品中比重最大的（Niaei et al.，2004）。而"石脑油—乙烯裂解价差"也是反映石化工业景气指数的先行指标，受到行业的普遍关注。苯乙烯产品与塑料、人工橡胶等终端消费品联系紧密，且苯乙烯产能在世界主要工业国家中均有分布，市场竞争充分。因此本书选取"原油—石脑油—乙烯—苯乙烯"这条石化产业链作为研究对象。

第一节　原油产品的世界市场格局

　　原油是现代工业的血液，它因其应用的广泛性、资源本身的不可再生性以及分布的不均性成为了一种超脱于能源属性的能源产品。在地缘政治上，产油国的政治事件会影响石油价格并对整个经济系统产生影响，最典型的例子即1973年的第四次中东战争期间，阿拉伯产油国家集体决定减少石油产量并提高石油价格，这对西方国家的经济产生了恶劣的影响（Hamilton，2011），以美国为例，城镇居民和乡村居民的汽油加油成本分别增加了12%和24%。到1974年3月，二者的汽油加油成本分别上升了50%和84%（FrechⅢ and Lee，1987）。

　　国际市场上一般根据API重度（或叫比重指数）来对原油进行分类。API重度是美国石油学会提出的一种对原油产品进行分类的方法（Demirbas et al.，

2015），其计算公式如式（3 - 1）所示：

$$API = \frac{141.5}{SG_{reference}^{sample}} - 131.5 \qquad (3-1)$$

其中，$SG_{reference}^{sample}$指特定重度或相对密度，是指一定条件下的原油相对于一定条件下的某种介质的密度，这种介质通常是水。$SG_{reference}^{sample}$中的上下标是原油与参考介质的条件，我国一般采用 20℃ 条件下的原油对比 4℃ 条件下的水的密度来计算 SG 的数值。欧美国家通常采用英标即 15.56℃ 条件下的原油相对 15.56℃ 条件下的水的密度来取 SG 的数值。根据重度指标 API，重度大于 31.1 的被称为轻质原油，介于 22.3 ~ 31.1 的被称为中质原油，介于 10 ~ 22.3 的被称为重质原油，小于 10 的被称为特重原油（孙昱东，2013）。尽管存在着对目前石油定价系统的质疑声音，但是石油行业从业者们——包括炼厂在内的石油企业、下游的消费者、石油贸易人员以及金融市场的交易员都将基准油价（benchmark price）作为能够有效反映石油供需的直观指标。世界各地原油产品的定价大都参考基准油价，石油企业和贸易商用基准油价来对现货市场货物定价，期货市场对相关金融合约的定价也往往参考基准油价。由于世界各地存在不同的原油生产地，存在着大量的买家和卖家。因此，具备统一的基准油价有助于交易双方更好地了解世界范围内的石油价格。同时，各类石化产品——包括成品油和石油化工产品价格也通过产业链的生产过程与基准油价相联系。不同基准油价与世界市场中石化产业链产品的相互联系也有区别，一般认为基准油价反映的石油价格具有明显的区域性。三大基准油价中，布伦特原油为轻质低硫油，其 API 重度约为 38.06，相对密度为 0.835。其价格是由北海的布伦特、福蒂斯（Forties）以及挪威奥赛贝格（Oseberg）和埃科菲斯克（Ekofisk）油田即 BFOE 作为一篮子的石油价格共同构成了伦敦商品交易所的布伦特原油价格。欧洲、中东和非洲出口到欧洲的原油都以布伦特原油价格作为参考依据。

西德克萨斯中质原油（WTI）为轻质低硫原油，其 API 重度约为 39.6，相对密度为 0.827，是一种比布伦特更轻，含硫量更少的原油品种。则反映北美地区的原油价格。由于 2010 年以后美国页岩油革命的爆发导致美国原油产量大增，北美地区原油供应量的增加导致这一时期的西德克萨斯中质原油价格与布伦特原油价格的差值扩大。到现在为止，布伦特原油价格依然要略高于 WTI 原油价格。而布伦特与西德克萨斯中质原油的价格关系遵从式（3 - 2）（Fattouh，2010）：

$$P_{WTI,t} = P_{Brent,t} + C_{BR} + D \qquad (3-2)$$

其中，$P_{WTI,t}$ 与 $P_{Brent,t}$ 代表 t 时刻的西德克萨斯中质原油与布伦特原油现货价格，C_{BR} 表示运输布伦特所必需的交通成本、保险费用和通关成本等费用，D 表示二者质量差异的折现。法图（Fattouh，2010）指出世界不同市场原油价格具有一致性的，同时也指出，不同国家和地区间油价的差异与原油的品种以及原油产品是否有活跃的期货市场有关。

　　迪拜中质原油的 API 重度为 31，但是迪拜原油的含硫量很高，为 2%。在 20 世纪 80 年代之前中东地区采用欧佩克管理定价机制，原油价格由主要的欧佩克国家控制。20 世纪 80 年代中期，随着非欧佩克国家产油量的上升和世界经济下滑带来的原油需求下降，欧佩克管理定价机制逐渐失效（Fattouh，2011）。迪拜原油价格在这时成为了波斯湾地区产油国的主要参考标的，因为迪拜原油是当时中东地区少数的可以在现货市场上交易的原油品种。在迪拜原油定价初期，迪拜基准油价仅仅是迪拜地区油田产油的价格，但随着该地产油量逐渐减少，价格报告机构普氏（Platts）在 2001 年把阿曼原油纳入了迪拜原油价格的考量中，这在后来被发展为"分部定价（partials mechanism）"。后来上扎库姆地区的原油也被加入迪拜原油的一篮子定价机制中。现在的迪拜原油价格多指一篮子原油定价的综合指数。由于中东地区石油产量占据着世界石油产量的 33.9%（BP，2019），其在世界石油市场中的重要地位决定了迪拜原油价格也是三大基准原油价格之一，而且亚太地区的新兴经济体多从中东地区进口原油。

　　米纳斯原油位于印度尼西亚苏门答腊岛杜买（Dumai），因此也叫苏门答腊轻质油。它是印度尼西亚最悠久同时也是规模最大的油田，它的 API 重度为 33.4，含硫量为 0.1%。值得一提的是，在普氏公司编制的亚洲原油价格指数（ACX）中，东南亚的米纳斯原油价格被纳入一篮子原油产品中，因此它是一个很好的代表东南亚地区原油现货价格的产品。

　　中国的原油现货价格有三种，分别为大庆原油现货、胜利原油现货和南海原油现货。其中大庆原油位于黑龙江，其 API 重度为 31.93%，含硫量为 0.13%；胜利原油位于山东东营，其 API 重度为 24.2，含硫量为 0.84%；南海轻质原油位于广东惠州，其 API 重度为 39.5%，含硫量为 0.06%[①]。中国是世界上最大的原油进口国，本国原油现货价格的变化是中国石油市场供需变化的直接体现。同时，根据 2018 年中国石油化工集团公司经济技术研究院的研究，由于中国的原油对外依存度在 2017 年已经升至 68.5%，国外原油价格的变化也会极大地影响到国内原油价格。虽然国内的成品油定价机制遵循 10 个工作日一调节，国际油价变动达到 50 元/吨才调价的方式极大地削弱了国际油价变化对国内的冲击，但是成品油只是原油产品的一部分。国内有大量企业从海外直接进口原油用于化工产品的炼化。所以国际油价变化对国内市场的冲击是显而易见的。国内原油进口大部分来自中东地区，以 2018 年 8 月为例，中国当月从沙特阿拉伯进口原油 413.4 万吨，仅次于俄罗斯。而当月向中国出口量最大的 10 个国家中，有 5 个国

---

　　① 资料来源：普氏（Platts）公司，网址：https://www.spglobal.com/platts/plattscontent/_assets/_files/en/our-methodology/methodology-specifications/apag-crude-methodology.pdf.

家来自中东地区（沙特阿拉伯、伊拉克、伊朗、阿曼、科威特）[1]。因此实际上，中国的原油价格会受到其他主要原油生产国的影响。

第二节　石脑油产品的世界市场格局

石脑油是重要的石油化工产品，它由原油产品蒸馏或其他方式加工到相应的馏分区间而来。直馏石脑油的馏分区间在 0~100℃时生产出的石脑油为轻质石脑油，100~200℃馏分区间内取得的馏分油为重质石脑油，其中轻质石油脑是生产乙烯的主要原料。除了原油直接蒸馏出的直馏石脑油外，石脑油来源包括煤化工石脑油、焦化加氢石脑油、柴油加氢石脑油等（许江等，2019）。

炼油产业在世界主要工业国家的经济中都占有重要地位。同时，各个国家和地区炼油成本的差异也导致了化工产品价格的差异，因此石油化工产品在全球范围内也具有高度的流动性。北美、中东和远东地区是世界上石脑油生产的主要区域，主要的石脑油需求区域为远东地区，而印度和东南亚地区的石脑油需求也在快速增加。

2008 年金融危机暴发给全球石化行业的发展造成了巨大影响，总需求的降低使得石脑油产能增长明显放缓。随着全球经济逐渐恢复，石化行业发展速度也逐渐复苏。亚太地区对石化产品的需求在石化行业的复苏中起了重要作用，在 2018 年亚洲石化产品需求的 70% 来自于对石脑油的需求（OPEC，2019）。

随着炼化一体化技术的发展和页岩气页岩油资源的开发，原本处于石脑油产业链条上的乙烯逐渐倾向于用其他成本更低的乙烷等产品来替代石脑油作为生产原料。这极大地影响了欧美市场和中东市场的石脑油生产结构，减少了这些地区石脑油的生产成本。石脑油在全部乙烯原料中的占比从 2000 年的 61% 下滑到了 2017 年的 43.8%。乙烷、丙烷和丁烷等原料在乙烯生产中对石脑油的替代比例逐渐增加。此外，亚洲尤其是中国市场乙烯相关的项目仍在推进当中，进而推高了对石脑油的需求。石脑油在各个国家和地区间有价差，这促进了国家和地区间的贸易活动。而在中国，韩国是中国进口石脑油的第一大来源国。其次是俄罗斯和沙特阿拉伯，分居中国进口石脑油来源地的第二和第三。2017 年中国从韩国进口石脑油 220 万吨，从俄罗斯进口 150 万吨，从中东地区的进口量也有所增加。

值得一提的是，虽然石脑油在下游乙烯生产原料中的比重不断减少，但是以石脑油裂解乙烯也有着其他产品所不可替代的优势——石脑油裂解乙烯的过程中可以生产出丰富的附加产品（许江等，2019）。因此虽然石脑油生产乙烯的成本

---

① 资料来源：中华人民共和国海关总署. 网址：https://www.eia.gov/energyexplained/oil-and-petroleum-products/where-our-oil-comes-from. php.

要高于乙烷、丙烷等其他产品，但是在短期内石脑油在作为化工原料的重要地位不会改变。

第三节　乙烯产品的世界市场格局

乙烯是石化工业的一种重要有机原料，乙烯的产量也是衡量一个国家石化工业发展水平的标志（陈晓昀，2019）。而且乙烯牵扯的下游工业涵盖项目甚广，包括各类日化原料、纺织用品、塑料橡胶等。在目前的生产过程中，石脑油依旧是乙烯生产的主要来源，即便目前乙烷等资源正在替代石脑油作为生产乙烯的原料。

乙烯产品及其下游衍生化工产品占到了整个石化产业整体规模的一半以上，同时，经济发展和技术水平的进步也带动了石化产业的发展，促进化工材料新应用领域的拓展和材料之间的替代，这为乙烯工业的发展提供了巨大空间。全球乙烯市场在 2008 年金融危机后受到打击，随后开始逐渐恢复，2010 ~ 2015 年全球乙烯产能新增 1 514 万吨，乙烯消费量每年增长不到 3%，是 2005 ~ 2010 年产能增量的 53%。2015 年后，得益于需求的快速增长和石化行业投资速度加快，全球石化行业恢复速度增加。2015 ~ 2017 年产能每年新增近 700 万吨，消费量增速平均为 4.2%。这个过程中乙烯产业的发展主要来自亚太和北美地区的需求增加以及进而带来的产能推动，2016 年，亚太地区占到了全球乙烯总产能的 35.7%。2017 ~ 2018 年的全球乙烯新增产能中，亚太地区占到了新增产能的 45%。而在北美地区，页岩气资源的开发带来了丰富的乙烷为乙烯生产提供了更为便宜的原料。原料成本的降低也推动了北美地区乙烯产业的产能增加。2020 年美国乙烯产能占全球的比重达到了 21%。截至 2017 年底，全球乙烯产能达到 1.71 亿吨/年，2016 ~ 2018 年年均增量近 700 亿吨/年，且增幅趋势逐渐扩大。①

目前，美国、中国和沙特阿拉伯是全球前三大的乙烯生产国②，而北美、亚太、中东和西欧也是世界主要的乙烯生产地。在这些国家和地区中，亚太地区（主要是东亚）地区的乙烯产品多为本地区内需求，而北美和中东地区生产的乙烯产品大多用于出口（王红秋等，2014）。此外这些国家和地区中，由于中东和美国多用乙烷生产乙烯，因此其成本最低。随着水压裂技术在页岩油气勘探开发中的发展带动了北美地区页岩气开采量的增加，相应乙烷气产品成本有所下降，而东亚地区多采用成本更高的石脑油作为乙烯原料，且该地区乙烯需求量巨大，因而生

---

① 石油蓝皮书：中国石油产业发展报告（2018）[M]. 北京：社会科学文献出版社，2018.
② 资料来源：中华人民共和国商务部. 网址：https://www.chinca.org/sjtcoc/info/55131.

产成本最高。

第四节 苯乙烯产品的世界市场格局

苯乙烯产品是一种重要的化工原料，它的上游产品为纯苯和乙烯，而下游和终端则涉及日常的塑料和橡胶产品。中国进口苯乙烯的数量巨大，2017 年中国苯乙烯净进口 342 万吨。除了中国之外，韩国，还有欧洲部分国家和地区、美国也是苯乙烯的主要生产地。而世界上主要的苯乙烯消费地主要集中在亚太地区和北美地区。

除了乙烯之外，纯苯作为乙烯产业链上游的一环，也对苯乙烯价格有重要的影响。东亚和美国，以及亚太的其他国家和地区是纯苯的主要生产地，而中国和北美地区是主要的纯苯进口地。2018 年，中华人民共和国商务部公布了对原产于韩国、美国以及中国台湾地区的进口苯乙烯反倾销调查最终裁定，并对上述三个国家和地区运往中国大陆的苯乙烯产品征收反倾销税，这使得上述国家和地区运往中国大陆的苯乙烯数量减少。而沙特阿拉伯成为中国进口苯乙烯的第一大来源地。

第五节 石化产业链的世界市场整体格局

美国是世界上最大的原油生产国，根据美国能源信息署（EIA）的数据，2018 年美国原油产油量为世界第一，日平均产量 1 095 万桶，高于第二名俄罗斯的 1 076 万桶和沙特阿拉伯的 1 043 万桶。[①] 同时，2018 年美国原油消费量仅有11% 来自进口，随着石油输出国组织在 2019 年大力推进减产以及美国原油产量的稳步增加，美国原油产量将继续占据着世界最大原油生产国的地位。而随着美国页岩气、页岩油产量的增长，目前美国市场以乙烷等轻质原料替代石脑油作为乙烯裂解原料的趋势越来越明显。而且，乙烯裂解原料的轻质化带来的成本降低使乙烯的产能迅速扩张，这不仅使得美国本土的乙烯生产格局发生了变化，也影响到了与美国石化产业联系紧密的西欧市场。2017 年世界乙烯新增产能 770 万吨，其中一半的增长来自美国，这主要来自新建立的乙烷裂解乙烯装置[②]。美国乙烯产能的增长也给本国乙烯价格带来了压力，这使得美国乙烯出口量在最近几

---

① 资料来源：美国能源情报署．网址：https://www.eia.gov/energyexplained/oil-and-petroleum-products/where-our-oil-comes-from.php.

② 资料来源：中国石油新闻中心．网址：http://news.cnpc.com.cn/system/2019/08/05/001739706.shtml.

年大量增加。2013 年之前，美国乙烯出口量为 0，随后美国乙烯出口量急剧增加。北美是世界上第二大苯乙烯生产地，2018 年产量 587.2 万吨，占全球苯乙烯总产量的 17.17%（孙欲晓等，2019）。石油输出国组织当时预计 2019～2021 年美国乙烯产能还会新增大约 700 万吨（OPEC，2019）

　　中国是世界上最大的原油进口国。中国庞大的经济体量和稳步增长的经济发展水平使得中国的石油需求量巨大。在积极拓展原油进口来源的同时，中国也在大力发展石油炼化产业。2014 年国家发展改革委印发了《石化产业规划布局方案》，明确了七大石油炼化基地。这不仅是为了丰富产业链产品提高石油企业利润，也是为了满足国内庞大的石化产品需求量。石油炼化装置的落地使得石化产品的产量也迅速增加，2012 年我国乙烯产量为 1 486.8 万吨[①]，2018 年我国则达到 1 861.8 万吨[②]。大型石油国企、地方民企和外资炼化项目的同时扩张推动了这轮乙烯产能的增长。除了中石化、中石油和中海油外，恒力石化的大连长兴岛项目、美孚的广东惠州炼化等项目的推进也极大地促进了中国乙烯产能的增加。中国的乙烯裂解原料成本较高，多来自石脑油。除了原油直馏石脑油外，煤制石脑油也是石脑油的重要来源。虽然目前技术的发展与推广使得原油直接炼化、使用轻质化原料裂解乙烯的比重逐渐增大，但根据 2018 年中国石油化工集团公司经济技术研究院的数据显示，在 2017 年，乙烯生产的原料来源中依然有 43.8% 的份额来自石脑油。乙烯行业的扩张也带来了苯乙烯行业的发展，但苯乙烯在产能扩张的同时依然面临着不小的需求缺口。

　　根据《BP 能源统计公报 2019》，2017 年中东地区占据着世界石油产量的 33.90%，已探明储量的 48.3%。中东地区石油产量的波动对原油价格以及其他石化产品的价格有重要的影响。而中东地区的炼化产业影响力并不如原油产品。即便如此，丰富与便宜的原油资源使得中东地区的炼化产业依然占据着世界石化产业的重要地位。与美国类似，中东地区也往往使用轻质油品或天然气生产石脑油，这使得中东地区生产的轻质石脑油是全世界石脑油生产成本最低的地区。石油输出国组织预计到 2024 年，中东地区炼化产能的 50% 会是石脑油产品，这些新增产能主要来自伊朗、科威特和阿曼（OPEC，2019）。而且中东地区炼化的石脑油大量出口亚太地区，使得亚太地区对中东石脑油价格变化十分敏感。在乙烯生产中，便宜的生产原料使得中东地区的乙烯产能不断地扩大，沙特阿拉伯成为了世界上第三大乙烯生产国[③]。同时中东地区也是世界上第四大苯乙烯生产地区，2018 年苯乙烯产量为 314 万吨，占世界总产量的 9.18%，中东地区的苯乙

---

　　① 资料来源：国家统计局．网址：http：//www.stats.gov.cn/tjsj/tjgb/ndtjgb/qgndtjgb/201302/t20130221_ 30027.html.

　　② 国家统计局．网址：http：//www.stats.gov.cn/tjsj/zxfb/201911/t20191119_ 1710336.html.

　　③ 资料来源：中华人民共和国商务部．网址：https：//www.chinca.org/sjtcoc/info/55131.

烯炼制企业主要集中在沙特阿拉伯、伊朗和科威特。中东地区炼化产业的一大特点就是该地区生产的各类石化产品只在本地区消化一部分，大部分石化产品向其他国家和地区，尤其是亚太地区出口。

日本与韩国受到自身资源禀赋的局限性，石油资源依赖于进口。根据美国EIA 的统计，在 2016 年日本是世界上第四大石油消费国与第三大石油净进口国，[①] 韩国是世界上第八大石油消费国和第五大石油进口国。2017 年韩国进口的石油中 82% 来自中东地区，其中 29% 来自沙特阿拉伯。[②] 近年来韩国也在丰富自己的石油进口来源地，增加从美国和俄罗斯等国家和地区的进口。韩国拥有发达的炼油产业，是亚洲最大的石化产品出口国，世界上最大的 10 家炼油企业中 3家位于韩国。[③] 随着本国以及亚太地区对乙烯等产品的需求增加，韩国的石脑油需求也在增加。根据韩国国家统计局的数据 2018 年韩国石脑油产量为 4 914.33万立方米，其中出口 1 049.38 万立方米，而在 2013 年这两个数字分别为1 180.66 万立方米和 687.04 万立方米。可以看出韩国对石脑油的本国需求在迅速扩大的同时出口量也在不断增加，但出口的增速慢于本国产量增加的速度。相对于石脑油，韩国乙烯的产量变化比较平缓，2013～2018 年每年都稳定在 800 万吨以上，但是出口量从 2013 年的 96.51 万吨下降到 2018 年的 57.63 万吨。同时韩国也是苯乙烯生产大国，2018 年苯乙烯单体产量为 315.01 万吨。日本是世界上第四大的炼油国，日本的炼油产业也依赖于石脑油的进口，进口主要来源是中东和韩国等地。但是随着下游的乙烯产品产能逐渐被其他的亚洲国家取代，日本对石脑油的需求量在不断减少，乙烯的产能在近两年也不断下降。根据日本石油产业协会的数据，2013 年日本乙烯产量 670 万吨，2018 年已经下降为 616 万吨。[④] 根据日本经济产业省的数据，2018 年日本苯乙烯单体年产量 200.75 万吨，其中本国消费仅有 8.46 万吨，其余大都出口到其他国家。

第六节　我国石化产业链的发展现状

伴随着我国经济体量的增大，为了进一步推动经济高质量发展，一方面需要

①　资料来源：美国能源信息署. 国别分析执行摘要：网址：https：//www. eia. gov/beta/international/analysis. php？iso = JPN.

②　资料来源：美国能源信息署. 网址：https：//www. eia. gov/beta/international/analysis. php？iso = KOR.

③　资料来源：韩国国家统计局. 网址：http：//kostat. go. kr/portal/eng/news/3/index. board？bmode = read&aSeq = 372131.

④　资料来源：日本石油产业协会. 网址：https：//www. jpca. or. jp/english/04ethylen_ product/index. htm.

保证经济发展所需要的基本能源；另一方面也需要保证石油化工产品市场的生产稳定高质。2017 年我国原油一次加工能力超过 8 亿吨，占全球的 17%，同年中国石油表观消费量超过 6 亿吨。[①] 现在我国是世界上第一大原油进口国和第二大原油消费国。

目前我国石油对外依存度极高，2019 年原油对外依存度达到 70.8%。且原油进口渠道集中，43% 的原油进口来自中东地区，约 20% 的原油进口来自非洲地区，这部分原油进口航道都会经过马六甲海峡，这加大了我国能源安全的不确定性，也对依靠原油作为原料的各类化工产品供应链安全提出了挑战。"十四五"规划提出要"多元拓展油气进口来源，维护战略通道和关键节点安全"。

2018 年我国乙烯产量达到 1 550 万吨，且消费量和投产量还在迅速增长。下游石化原料的需求也带动了上游乙烯原材料发展。虽然乙烯原料来源多样化的趋势逐渐明显，气制乙烯、煤制乙烯等技术得到不断发展，但石脑油仍然是石化行业最基础的原料，目前石脑油及乙烷、丙烷、丁烷合计占乙烯原料的比重高达96%。芳烃原料全部来自炼油产品，石化产业的可持续发展将成为助推石油消费增长的重要因素之一。

我国积极建设大型炼化一体化项目，炼化能力从 2010 年的 61 000 万吨增加到 2018 年的 86 000 万吨，现位居世界第二位，仅次于美国。同时，我国炼化企业顺应中东国家拓展本国石化产业链的趋势，积极建设海外国家和地区炼化项目。截至 2020 年，我国已经投产近 30 个千万吨级炼油基地，除中石油、中石化等国内石油行业巨头外，民营企业、外资企业也积极布局炼化项目。2020 年新冠疫情以及国际油价低迷使得全球炼厂开工率从 2019 年的 81% 下降到 2020 年的72%，我国炼厂开工率为 75% 与上一年持平。[②] 同时，由于我国较快从疫情中恢复，全年新增炼化能力 2 100 万吨。[③] 根据目前的炼厂投产计划，2021 年亚洲地区还会继续投产一大批炼化项目。此外，中东地区产油国为了提高自身石油炼化能力、延长石化产业链也积极向产业链下游的炼化项目布局，全球炼化中心向亚太地区转移的趋势更加明显。

我国的炼化企业中，除了中石油和中石化占据了主要的炼化产能外，近年来民营炼化企业和外资炼化企业也在国内炼化市场中占据了重要位置。根据《2018国内外油气行业发展报告》，2018 年我国新增炼化产能 3 390 万吨，其中民营炼

①　资料来源：中国石油新闻中心 . 乙烯行业：高速发展全球贸易再平衡 [EB/OL]. http://news. cnpc. com. cn/system/2019/08/05/001739706. shtml. [2019 - 08 - 05].

②　资料来源：国家统计局 .2012 年国民经济和社会发展统计公报 [EB/OL]. http://www. stats. gov. cn/tjsj/tjgb/ndtjgb/qgndtjgb/201302/t20130221_ 30027. html. [2013 - 02 - 22].

③　资料来源：国家统计局 . 第四次全国经济普查公报（第三号）[EB/OL]. http://www. stats. gov. cn/tjsj/zxfb/201911/t20191119_ 1710336. html. [2019 - 11 - 20].

化企业恒力石化新增2 000万吨。2020年4月22日，埃克森美孚在广东省惠州市开工建设总投资100亿美元的乙烯炼化项目，项目投产后会减少我国对高性能聚烯烃产品的进口依赖。而在这些新建的炼化产能中，新型炼化一体化项目正成为当下和未来建设的方向。相对于以往以生产成品为主、大宗石化原料为辅的炼化一体化，新型一体化项目着力延长石化产业链，生产高附加值石化产品。2017年中国单厂炼化规模超千万吨的炼厂共有25家，其中17家炼厂实现了炼化一体化，炼化一体化产能占到了全国总炼化产能的31%。[①]

我国一方面大力建设新的炼化项目的同时也在加快淘汰落后炼化产能，提升产业集中度，2018年我国淘汰炼化产能1 165万吨，这些产能主要集中在地方性小规模炼化企业，落后产能的淘汰使得中国炼厂平均规模逐年增加[②]。

图3-1展示了从2000~2017年国内炼厂的平均单厂炼化规模，可以看到近年来随着大型炼化项目的投产和淘汰落后产能加速，炼厂平均炼化规模越来越大。2017年中国单厂炼化规模超千万吨的炼厂共有25家，在2019年5月恒力石化在大连长兴岛建成了我国首家2 000万吨级的炼油企业，该项目采用柴油加氢、混合脱氢、正异构分离等新技术，将低附加值原料炼化成高附加值产品，是具有代表性的炼化一体化项目。炼化企业产业园区的建设也推动了产业集群的建成和规模效应的发挥。2014年的《石化产业规划布局方案》中提出要重点建设七大化工园区，包括大连长兴岛、上海漕泾、广东惠州、福建古雷、河北曹妃甸、江苏连云港和浙江宁波。炼化产业集群化、园区化将有力解决我国炼油行业分散、安全环保压力大、产品物流成本高、资源利用效率低等问题，有利于充分发挥规模效应。

"十四五"规划中提出推动制造业优化升级，其中提到"改造提升传统产业，推动石化、钢铁、有色、建材等材料产业布局优化和结构调整，扩大轻工、纺织等优质产品供给，加快化工、造纸等重点行业企业改造升级，完善绿色制造体系。"推动经济高质量发展也对石化行业的绿色高效可持续发展提出了更高要求。目前我国化工生产需要的很多高端产品仍然需要进口，高端化工产品自给率不足，严重依赖国外进口。此外，石化行业和传统化石能源的清洁利用和绿色改造是其中重要一环。石化产业链加快发展与产业升级的另一个重要趋势就是炼化智能化。随着大数据、人工智能、5G通信、云计算和物联网等技术的发展与成熟，石化企业也将相关技术引入产业链过程中。例如，辽阳石化在关键设备上安装智能传感器，自动采集设备运行信息，分析设备运行状态，对项目运行状况进

---

① 资料来源：中国石油化工集团公司经济技术研究院. 石油蓝皮书——中国石油产业发展报告［J］. 2018.

② 资料来源：中国石油新闻中心. 国内成品油过剩将继续加剧［EB/OL］. http：// news. cnpc. com. cn/system/2019/04/18/001727252. shtml.［2019-04-18］.

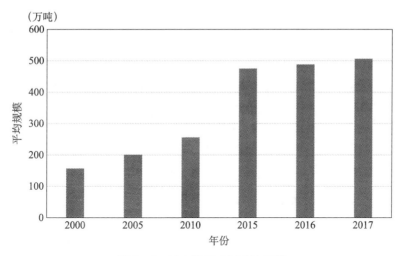

图3-1　国内炼厂单厂平均规模

资料来源：中国石油化工集团经济技术研究院。

行实时监测，这极大提高了生产效率和安全运行水平。[①]

　　随着我国石化行业的不断发展使得国内石脑油、乙烯等产品产量不断增加，我国化工原料的进口量也逐渐减少。2017年我国石脑油进口量出现了7年内的首次下滑。一直以来，韩国始终是我国石脑油的第一大进口来源国，而我国石化产能的增加使得中国从韩国进口增速逐渐放缓，从俄罗斯、中东地区的石脑油进口量却逐渐增加，石化原料进口来源多样化的趋势也逐渐形成。同时，随着我国炼化产能的增加，我国石化产品的出口量也实现了逐步增长。

①　中国石油新闻中心．辽阳石化构建智能炼化企业新模式［EB/OL］．2021-07-19［2022-05-13］．http：//news. cnpc. com. cn/system/2021/07/19/030038768. shtml

第四章

石化产业链产品价格波动传导效应的
多时间属性分析

数据选取了石化产业链条不同阶段的 4 类石化产品，即原油、石脑油、乙烯、苯乙烯作为代表，从欧洲、美国、中东、中国、东南亚、韩国和日本选取一共 22 种石化产品作为研究对象。样本数据涵盖了 2011～2019 年的石化产品价格数据。针对石化产品的价格变化多时间属性中"阶段性"特征，首先采用佩伦—雅布检验的方法对 22 种石化产品价格序列划分了结构断点（Perron and Ya-bu，2009a），整个数据集被三个结构断点分为四个阶段。随后对四个阶段的基础特征进行了统计性描述。

通过计算不同阶段各个产品之间的互相关关系，得到了石化产业链产品价格之间领先滞后关系的阶数，并对领先滞后关系阶数结果进行检验（Podobnik et al.，2009）。

第一节　基于佩伦—雅布检验的
产品价格波动结构断点划分

一、数据选择与模型处理

数据集中包含的石化产品价格以现货价格为主，具体的价格信息如表 4－1 所示。该表描述了本书所选取的石化产业链产品价格数据，包括 22 种石化产品，涵盖原油、石脑油、乙烯和苯乙烯产品，选取的时间段为 2013 年 4 月 1 日到 2019 年 10 月 15 日。

表 4－1　　　　　　石化产业链产品数据介绍

国家和地区	原油	石脑油	乙烯	苯乙烯
欧洲	英国布伦特现货价（美元/桶）	鹿特丹现货价（中间价）：FOB（美元/吨）	西北欧现货价（中间价）：CIF（美元/吨）	鹿特丹现货价（中间价）：FOB（美元/吨）

续表

国家和地区	原油	石脑油	乙烯	苯乙烯
美国	美国西德克萨斯中质原油（WTI）现货价（美元/桶）		美国海湾现货价（中间价）：FD（美分/磅）	美国海湾现货价（中间价）：FOB（美元/吨）
中东	阿联酋迪拜现货价（美元/桶）	阿拉伯湾现货价：FOB（美元/吨）		
中国	中国大庆/中国南海/中国胜利现货价均价（美元/桶）	晨曦石化/江苏新海/汇丰石化/清源石化/盘锦宏业/北方沥青/安邦石化出厂价均价（元/吨）	东北亚现货价（中间价）：CFR（美元/吨）	中国主港现货价（中间价）：CFR（美元/吨）
东南亚	印尼米纳斯现货价（美元/桶）	新加坡现货价（中间价）：FOB（美元/桶）	东南亚现货价（中间价）：CFR（美元/吨）	东南亚到岸现货价（中间价）：（美元/吨）
日本		日本现货价（中间价）：CFR（美元/吨）	日本离岸现货价（中间价）：（美元/吨）	
韩国		韩国现货价：CFR（美元/吨）	韩国离岸现货价（中间价）：（美元/吨）	韩国现货价（中间价）：FOB（美元/吨）

选取现货价格作为研究对象。这是因为一方面现货价格是现实中市场参与者进行石化产品贸易的依据，石化产品的供求变化反映在石化产品现货价格上，因此，选择石化产品现货价格作为研究对象；另一方面，石油产品具有金融属性，但不同于一般的金融资产，它的金融属性是以实体属性为基础的。虽然现实的石油贸易中，买方与卖方会考虑运输时长因素而选择远期合约，但是这没有超出现货交易的范畴。

表4-1展示了本书中所用到的石化产业链各个产品的选取标准和价格表现形式。其中，中国原油现货价格取大庆原油、南海原油和胜利原油现货价格的平均值。中国石脑油价格取晨曦石化、江苏新海、汇丰石化、清源石化、盘锦宏业、北方沥青和安邦石化石脑油出厂价的平均价格，单位为"元/吨"，中国乙烯价格取东北亚乙烯现货中间价格，单位为"美元/吨"。表4-1中FOB表示离岸价格，CFR价格表示成本加上运费价格，CIF价格表示成本加上运费加上保险费用价格，FD表示码头交货价格。受到多种因素的影响，石化产业链产品价格是在不断的变化中的。与其他经济时间序列类似，石化产业链上产品价格波动在不同的时期也有不同的变化特征。萨利苏和奥洛克（Salisu and Oloko，2015）在其研究中将2002～2014年的原油价格波动划分为5个阶段，分别为2002年1月2日至2003年3月12日、2003年3月13日至2007年1月23日、2007年1月

24 日至 2009 年 2 月 10 日、2009 年 2 月 11 日至 2011 年 4 月 15 日、2011 年 4 月 16 日至 2014 年 4 月 4 日。高湘昀等（Gao et al., 2014）也根据自己对石油市场的理解和分析划分了石油价格变化的阶段。上述研究是学者根据对石油市场的理解划分了石油产品价格波动的趋势。但是石油市场纷繁复杂，价格影响因素众多，仅通过观察事件来对石油价格变化趋势进行划分是不充分的。

随后为了划分时间序列结构断点，引入了佩伦—雅布检验（Perron and Yabu, 2009a；Perron and Yabu, 2009b），将石油价格变化结构断点与石油市场发生的事件结合起来，帮助划分众多的石化产品价格变化阶段。佩伦和雅布（2009b）在之前研究的基础上提出了一种新的对单变量时间序列进行结构断点检验的方法，新的方法可以允许时间序列结构断点未知，噪声序列属于 I (0) 还是 I (1) 也未知的情况下对时间序列结构断点进行检验。该方法认为对于一个 AR (1) 过程具体如式（4-1）和式（4-2）所示。

$$y_t = x_t'\Psi + u_t \tag{4-1}$$

$$u_t = \alpha u_{t-1} + e_t \tag{4-2}$$

其中，$t \in [1, T]$ 表示样本日期范围，$e_t \sim i.i.d.(0, \sigma^2)$，其中，$x_t$ 是一个 r 行 1 列的已知向量，Ψ 是 r 行 1 列的未知参数向量。残差序列中 u_0 是一个常量，而 $\alpha \in (-1, 1]$。该方法设计了三个模型分别表示时间序列 y_t 在截距、斜率以及截距和斜率上都发生结构改变的情况。而结构断点日期由 T_1 表示，$T_1 = \lambda_1 T$，（$\lambda_1 \in (0.1)$）。

模型一：表示时间序列结构改变发生在截距上：

$$y_t = \mu_0 + \mu_1 \times DU_t + \beta_0 \times t + u_t \tag{4-3}$$

其中，$x_t = (1, DU_t, t)'$，$\Psi = (\mu_0, \beta_0)'$，$DU_t = 1(t > T_1)$。模型一表示截距上发生一次改变，模型原假设为 $\mu_1 = 0$。

模型二：表示时间序列结构改变发生在斜率上：

$$y_t = \mu_0 + \beta_1 \times DT_t + \beta_0 \times t + u_t \tag{4-4}$$

其中，$x_t = (1, t, DT_t)'$，$\Psi = (\mu_0, \beta_0, \beta_1)'$，$DT_t = 1(t > T_1)(t - T_1)$。模型二表示斜率上发生一次改变，模型原假设为 $\beta_1 = 0$。

模型三：表示时间序列结构改变发生在截距和斜率上：

$$y_t = \mu_0 + \mu_1 \times DU_t + \beta_1 \times DT_t + \beta_0 \times t + u_t \tag{4-5}$$

其中，$x_t = (1, DU_t, t, DT_t)'$，$\Psi = (\mu_0, \mu_1, \beta_0, \beta_1)'$，$DU_t = 1(t > T_1)$，$DT_t = 1(t > T_1)(t - T_1)$。模型三表示在斜率和截距上同时发生改变，此时模型原假设为 $\mu_1 = \beta_1 = 0$。

最终选择模型三，即时间序列在截距和斜率上都发生改变的情况来确定的价格断点。在选定模型三后，佩伦和雅布构建了瓦尔德（Wald）统计量的指数形式（Perron and Yabu, 2009b）：

$$ExpW = \log\Big[T^{-1} \sum_{\Lambda} \exp\Big(\frac{1}{2} W(\lambda) \Big) \Big] \tag{4-6}$$

其中,$\Lambda = \{\lambda; \varepsilon \le \lambda \le 1-\varepsilon\}, \varepsilon > 0$,在结构断点未知的情况下,模型对所有可能的结构断点日期进行估计,代入相应的 λ 值并构造统计量。通过计算统计量的值并对其中参数进行检验,可以得到一条时间序列的结构断点。

二、石化产业链产品价格波动结构断点的划分

在佩伦—雅布检验模型做出选择并计算后,得到了各个产品价格波动序列的 $ExpW$ 统计量,表 4-2 表示了 22 种石化产业链产品的价格序列结构断点的结果,包括石化产品的名称、数据样本时期以及每个产品发生结构断点的日期。最后是佩伦—雅布检验的统计量的值。

表 4-2 第四列的统计量为统计量的值,在模型中,显著性水平 0.1、0.05 和 0.01 分别对应的统计量的值为 2.48、3.12 和 4.47。具体 22 种石化产品各自的结构断点检验图见附录 A。

表 4-2　　　　　　　　　产业链产品结构断点检验结果

编号	石化产品名称	样本时期	结构断点日期	模型统计量
1	布伦特原油	2013 年 4 月 1—2019 年 10 月 15 日	2014 年 11 月 26 日	11.2883 ***
2	西德克萨斯中质原油	2013 年 4 月 1—2019 年 10 月 15 日	2014 年 12 月 1 日	5.5589 ***
3	中国原油	2013 年 4 月 1—2019 年 10 月 15 日	2014 年 11 月 27 日	11.0564 ***
4	迪拜原油	2013 年 4 月 1—2019 年 10 月 15 日	2014 年 11 月 27 日	4.4711 ***
5	米纳斯原油	2013 年 4 月 1—2019 年 10 月 15 日	2014 年 11 月 27 日	5.5042 ***
6	新加坡石脑油	2013 年 4 月 1—2019 年 10 月 15 日	2014 年 11 月 10 日	3.5425 **
7	欧洲石脑油	2013 年 4 月 1—2019 年 10 月 15 日	2014 年 11 月 5 日	6.5927 ***
8	中东石脑油	2013 年 4 月 1—2019 年 10 月 15 日	2014 年 11 月 10 日	3.4078 **
9	日本石脑油	2013 年 4 月 1—2019 年 10 月 15 日	2014 年 11 月 10 日	3.4596 **
10	韩国石脑油	2013 年 4 月 1—2019 年 10 月 15 日	2014 年 11 月 5 日	3.4364 **
11	中国石脑油	2013 年 4 月 1—2019 年 10 月 15 日	2016 年 12 月 1 日	120.7483 ***
12	欧洲乙烯	2013 年 4 月 1—2019 年 10 月 15 日	2017 年 2 月 17 日	38.0654 ***
13	美国乙烯	2013 年 4 月 1—2019 年 10 月 15 日	2014 年 12 月 2 日	25.9400 ***
14	中国乙烯	2013 年 4 月 1—2019 年 10 月 15 日	2017 年 8 月 15 日	22.7782 ***
15	东南亚乙烯	2013 年 4 月 1—2019 年 10 月 15 日	2017 年 8 月 30 日	30.3607 ***
16	韩国乙烯	2013 年 4 月 1—2019 年 10 月 15 日	2017 年 9 月 7 日	30.6991 ***

续表

编号	石化产品名称	样本时期	结构断点日期	模型统计量
17	日本乙烯	2013 年 4 月 1—2019 年 10 月 15 日	2017 年 9 月 1 日	48.2060 ***
18	韩国苯乙烯	2013 年 4 月 1—2019 年 10 月 15 日	2014 年 11 月 7 日	19.4209 ***
19	欧洲苯乙烯	2013 年 4 月 1—2019 年 10 月 15 日	2016 年 11 月 28 日	20.4493 ***
20	美国苯乙烯	2013 年 4 月 1—2019 年 10 月 15 日	2016 年 11 月 2 日	82.1592 ***
21	中国苯乙烯	2013 年 4 月 1—2019 年 10 月 15 日	2014 年 11 月 7 日	19.3583 ***
22	东南亚苯乙烯	2013 年 4 月 1—2019 年 10 月 15 日	2014 年 11 月 3 日	53.0065 ***

注：*** 表示在 1% 的水平上显著，** 表示在 5% 的水平上显著。

表 4-2 的 22 种石化产品中，虽然不同产品具体的结构断点日期不尽相同，但是它们的结构断点主要集中在三个时间点上，第一个时间点涵盖了布伦特原油、西德克萨斯中质原油、中国原油、迪拜原油、米纳斯原油等原油产品，以及新加坡石脑油、欧洲石脑油、中东石脑油、日本石脑油和韩国石脑油，还有美国乙烯和欧洲苯乙烯等化工产品。它们的结构断点靠前，结构断点区间从 2014 年 10 月 10 日（新加坡石脑油和韩国石脑油）至 2014 年 12 月 2 日（美国乙烯）。第二个时间点涵盖了中国石脑油、欧洲乙烯、欧洲苯乙烯、美国苯乙烯和东南亚苯乙烯等产品，它们的结构断点区间为 2016 年 11 月 2 日到 2017 年 2 月 17 日。第三个时间点涵盖了中国乙烯、东南亚乙烯、韩国乙烯和日本乙烯等产品，它们的结构断点区间为 2017 年 8 月 15 日到 2017 年 9 月 7 日。三个结构断点区间将整个样本期划分为了四个阶段。其中，第一阶段的各个石化产品价格前期变化趋势较为平缓，后期在原油价格的拉动下各个产品价格开始下滑。仅有美国乙烯产品逆趋势而动，价格变化趋势为从平稳到上升。在该阶段，国际经济形势较为平缓，原油产量稳步增加。随着 2014 年下半年全球经济基本面下行使得原油需求下降，但是国际原油产量依然维持在高水平，因此这一时期原油价格开始下降，进而拉动石化产业链产品产量的下降。

在第二阶段，2014 年末和 2015 年初，国际原油市场的供需不平衡状况未见改善，国际原油价格继续下降。随后由于利比亚国内局势恶化影响该国原油出口，美国国内页岩油生产放缓等因素，产业链上各个市场的石化产品价格先是大幅下降，随后震荡上升。随着美元指数走高，《关于伊朗核计划的全面协议》的签订、美国原油库存增加以及基本面上全球原油整体供应情况导致原油价格一路下跌并跌破 30 美元/桶。随后原油价格小幅反弹并稳定在一定区间。

在第三阶段，2016 年 11 月石油输出国组织减产协议的达成以及美国原油库存下降使得原油价格上涨。但是随着石油输出国组织成员国减产协议执行情况并不理想，以及美国原油库存继续增加，原油价格继续下降。

在第四阶段，石油输出国组织原油减产的效果开始凸显，此外由于美国原油库存的减少，这一时期国际原油及石化产品价格开始上涨。但是在 2018 年下半年，主要产油国开始增产，以及中美贸易摩擦导致市场对原油需求低迷的预期等因素叠加，石化产品价格在 2018 年第四季度大幅下跌。在 2019 年，石油输出国组织开始新一轮的减产协议，以及美国对伊朗和委内瑞拉的制裁使得国际市场原油供应收紧，石化产品价格又开始上涨。到 2019 年中美贸易谈判局势扑朔迷离，又使得国际石化产品价格出现了小幅的震荡。随着中美贸易谈判第一阶段逐步达成共识，石化产品价格在区间内逐渐稳定下来。

利用结构断点来划分石化产业链价格波动的"阶段性"特征是后续分析的基础，因此分析中结合佩伦—雅布检验的结构断点划分方法以及现实中石化产业链市场的波动趋势，将三个结构断点分为 2014 年 11 月 17 日、2016 年 11 月 16 日和 2017 年 8 月 29 日。通过三个结构断点，将整个石化产品价格变动划分为四个阶段。

三、石化产业链产品价格波动阶段性分析

统计性描述是对产业链上的石化产品在不同阶段的统计特征进行描述以揭示各石化产业链初步的统计特点和变化趋势。表 4-3 描述了在第一阶段石化产业链产品价格的基础统计特征。在产业链上的各个产品中，中国石脑油的波动是最小的。而美国乙烯产品的价格波动幅度最大。其余产业链产品的价格波动幅度适中。

偏度和峰度表征了产品价格序列的分布特征。偏度结果中只有欧洲乙烯、美国乙烯和欧洲苯乙烯产品价格分布呈现右偏的特征，其他产品价格分布往往左偏。峰度结果中原油产品、石脑油产品和苯乙烯产品的峰度值高于正态分布所对应的 3，呈现"尖峰厚尾"的特征。在乙烯产品中，除美国乙烯外的各个国家和地区乙烯峰度值都低于 3，"尖峰厚尾"的特征不明显。结合第一阶段石化产业链产品价格变化特征，在整体上本阶段呈现"平稳趋降"的局面。

雅克—贝拉检验衡量了序列正态分布的特征是否明显，是否具有典型的正态分布所对应的偏度与峰度。结果显示各个产品价格序列均拒绝了正态分布的原假设，表明各个序列均不服从正态分布。

LB-Q（Ljung-Box）检验是检验序列是否存在滞后相关性，包括对价格序列在滞后 5 阶、10 阶和 20 阶的水平上检验序列相关性。结果显示各个产业链产品

表4-3　"平稳趋降"阶段石化产业链产品价格描述性统计

项目	布伦特原油	西德克萨斯中质原油	中国原油	迪拜原油	米纳斯原油	新加坡石脑油	欧洲石脑油	中东石脑油	日本石脑油	韩国石脑油	中国石脑油
均值	105.28	97.99	100.92	102.66	104.07	99.09	878.88	870.03	904.43	911.29	7 151.95
中位数	107.83	98.25	103.17	104.41	105.15	101.35	903.00	891.08	924.50	930.61	7 138.33
极大值	117.12	110.49	110.97	112.91	118.81	109.74	975.50	961.74	995.25	1 007.23	7 564.29
极小值	76.75	75.56	70.84	73.39	73.23	68.32	609.00	599.09	638.63	629.61	6 062.67
标准差	7.28	6.78	7.31	6.60	8.41	8.02	73.22	69.28	67.46	73.22	159.69
标准差/均值	0.07	0.07	0.07	0.06	0.08	0.08	0.08	0.08	0.07	0.08	0.02
偏度	-1.71	-0.96	-1.91	-2.07	-1.30	-1.65	-1.65	-1.74	-1.72	-1.71	-1.21
峰度	5.96	4.15	6.73	7.66	4.97	5.87	5.82	6.18	6.14	6.09	11.03
雅克一贝拉统计量	377.47	92.31	528.66	717.31	197.65	353.67	349.56	410.51	400.86	393.14	1 302.63
P值	0.00	0.00	0.00	0.00	0.00	0.00	0.00	0.00	0.00	0.00	0.00
LBQ (5)	1 893.24	1 922.66	1 897.51	1 847.11	1 898.56	1 949.04	1 947.54	1 933.05	1 930.17	1 945.63	1 625.52
P值	0.00	0.00	0.00	0.00	0.00	0.00	0.00	0.00	0.00	0.00	0.00
LBQ (10)	3 378.91	3 401.68	3 374.80	3 235.12	3 350.69	3 488.71	3 452.60	3 441.51	3 432.51	3 479.84	2 607.15
P值	0.00	0.00	0.00	0.00	0.00	0.00	0.00	0.00	0.00	0.00	0.00
LBQ (20)	5 487.65	5 278.34	5 429.09	5 082.11	5 332.36	5 603.21	5 474.44	5 484.30	5 460.84	5 589.63	3 582.90
P值	0.00	0.00	0.00	0.00	0.00	0.00	0.00	0.00	0.00	0.00	0.00
ARCH (5)	430.89	424.37	429.74	430.19	427.69	428.57	431.31	428.53	427.89	429.41	397.87
P值	0.00	0.00	0.00	0.00	0.00	0.00	0.00	0.00	0.00	0.00	0.00
ARCH (10)	426.39	420.38	425.12	425.44	422.93	424.33	426.84	424.18	423.63	425.01	409.38
P值	0.00	0.00	0.00	0.00	0.00	0.00	0.00	0.00	0.00	0.00	0.00
ARCH (20)	417.93	412.18	416.12	416.69	413.89	415.45	418.43	415.35	414.92	416.11	410.31
P值	0.00	0.00	0.00	0.00	0.00	0.00	0.00	0.00	0.00	0.00	0.00

续表

项目	欧洲乙烯	美国乙烯	中国乙烯	东南亚乙烯	韩国乙烯	日本乙烯	韩国苯乙烯	欧洲苯乙烯	美国苯乙烯	中国苯乙烯	东南亚苯乙烯
均值	1 258.61	56.70	1 391.31	1 394.30	1 332.86	1 394.03	1 616.95	1 644.77	1 597.24	1 643.95	1 654.81
中位数	1 255.00	55.25	1 420.00	1 425.00	1 370.00	1 425.00	1 622.25	1 635.00	1 596.93	1 650.50	1 657.00
极大值	1 482.50	76.25	1 570.00	1 515.00	1 520.00	1 515.00	1 805.50	1 944.00	1 760.00	1 833.50	1 842.50
极小值	1 072.50	43.25	1 155.00	1 205.00	1 080.00	1 210.00	1 206.50	1 383.00	1 254.00	1 233.50	1 250.50
标准差	83.49	6.08	119.86	89.00	118.04	89.46	99.53	81.99	72.56	100.00	94.96
标准差/均值	0.07	0.11	0.09	0.06	0.09	0.06	0.06	0.05	0.05	0.06	0.06
偏度	0.38	0.92	-0.35	-0.70	-0.33	-0.69	-0.95	0.59	-0.73	-0.93	-0.67
峰度	2.80	3.93	1.85	2.15	2.15	2.11	5.19	4.00	4.70	5.12	4.66
雅克—贝拉统计量	11.53	78.84	33.65	49.72	21.09	49.91	156.28	44.20	92.70	147.18	83.81
P值	0.00	0.00	0.00	0.00	0.00	0.00	0.00	0.00	0.00	0.00	0.00
LBQ（5）	1 906.82	2 000.03	2 150.10	2 098.68	2 133.51	2 089.12	1 916.44	1 802.32	1 768.28	1 919.62	1 920.45
P值	0.00	0.00	0.00	0.00	0.00	0.00	0.00	0.00	0.00	0.00	0.00
LBQ（10）	3 424.34	3 667.38	4 104.59	3 870.40	4 087.69	3 868.08	3 409.98	3 044.93	3 107.58	3 419.69	3 477.78
P值	0.00	0.00	0.00	0.00	0.00	0.00	0.00	0.00	0.00	0.00	0.00
LBQ（20）	5 241.17	6 113.51	7 291.67	6 292.20	7 355.82	6 329.97	5 706.71	4 448.14	4 750.51	5 740.69	5 943.17
P值	0.00	0.00	0.00	0.00	0.00	0.00	0.00	0.00	0.00	0.00	0.00
ARCH（5）	397.26	415.03	430.30	424.48	423.78	415.38	426.78	397.56	404.10	426.70	412.17
P值	0.00	0.00	0.00	0.00	0.00	0.00	0.00	0.00	0.00	0.00	0.00
ARCH（10）	394.43	411.18	425.75	419.84	420.77	412.03	423.07	394.25	400.48	422.94	415.92
P值	0.00	0.00	0.00	0.00	0.00	0.00	0.00	0.00	0.00	0.00	0.00
ARCH（20）	386.31	403.91	416.53	410.05	412.85	404.57	415.53	386.61	394.07	415.24	407.36
P值	0.00	0.00	0.00	0.00	0.00	0.00	0.00	0.00	0.00	0.00	0.00

价格都在1%的显著性水平上拒绝了无序列自相关的原假设,序列存在相关性。

为了在后续的研究中计算各个产品价格序列之间的波动溢出关系,对序列价格是否具有自回归条件异方差效应(ARCH效应)进行了检验。结果显示序列在滞后5阶、10阶和20阶的水平上拒绝了没有自回归条件异方差效应的原假设,表示序列存在自回归条件异方差效应。

通过表4-4可以了解第二阶段产品价格的基础性描述统计特征。在这一阶段,各个产品价格水平比前一阶段有所下降,但是价格波动的幅度却比前一阶段大很多。在这一阶段反映各个产品价格波动水平的"标准差/均值"平均为0.17,而在"平稳趋降"阶段这个值仅为0.07,结合第二阶段石化产业链产品价格变化特征,在整体上本阶段呈现"震荡下降"的局面。

从反映价格分布特征的峰度、偏度指标上看,本阶段的各个国家和地区各产业链产品都呈现正偏态,且大部分产品并没有呈现出"尖峰厚尾"的分布态势。雅克—贝拉检验的结果表明只有迪拜原油产品具有较小的雅克—贝拉统计量并接受了服从正态分布的原假设,而布伦特原油和米纳斯原油价格在5%的显著性水平上拒绝服从正态分布的原假设,其他的产品价格都在1%的显著性水平上拒绝了原假设,说明这些产品在相应的显著性水平上不服从正态分布。

LB-Q序列自相关检验和自回归条件异方差效应检验的结果与上一阶段相同,表明产业链上各个产品在本阶段具有序列相关性和条件方差性,即序列具有自回归条件异方差效应,可以进行下一步贝克—广义自回归条件异方差模型波动溢出关系的计算。

表4-5展示了第三阶段产业链产品价格的描述性统计结果。在这一阶段各个国家和地区石化产业链上各个产品的价格水平与上一阶段"震荡下降"阶段相同,只有苯乙烯产品价格略高于"震荡下降"阶段的苯乙烯产品价格。同时各个产品的价格与初始的"平稳趋降"阶段相比依旧处于较低水平。在价格波动程度上,原油和石脑油产品的"标准差/均值"较小,平均水平为0.07,与"平稳趋降"阶段二者的波动水平相同,但是小于"震荡下降"阶段的0.19。表明这一阶段的原油与石脑油产品价格波动较小。但是下游的乙烯和苯乙烯产品价格波动幅度较大,其"标准差/均值"的平均水平为0.11,高于初始阶段"平稳趋降"阶段的0.07,但是小于"震荡下降"阶段的0.15。

综合第三阶段各个产品价格水平和波动趋势,并结合第三阶段产品价格变化特征,将第三阶段命名为"先增后减"阶段。

"先增后减"阶段石化产业链产品价格的分布特征也表现在了表4-5的结果中。偏度计算的结果表明本阶段原油和石脑油产品都呈现负偏态,苯乙烯产品则

表4-4　"震荡下降"石化产业链产品价格描述性统计

项目	布伦特原油	西德克萨斯中质原油	中国原油	迪拜原油	米纳斯原油	新加坡石脑油	欧洲石脑油	中东石脑油	日本石脑油	韩国石脑油	中国石脑油
均值	48.98	46.72	43.70	46.94	45.59	48.18	423.98	419.65	450.20	448.16	4 452.15
中位数	47.96	46.38	41.59	45.63	44.02	46.48	410.25	408.33	435.94	432.87	4 370.93
极大值	79.34	75.85	73.13	76.80	76.38	73.24	632.50	641.43	678.75	671.73	6 052.67
极小值	25.99	26.54	22.00	22.80	22.09	29.82	254.75	259.16	283.38	278.38	3 381.20
标准差	9.65	8.49	10.38	10.35	10.74	8.44	72.21	71.27	75.84	78.50	753.75
标准差/均值	0.20	0.18	0.24	0.22	0.24	0.18	0.17	0.17	0.17	0.18	0.17
偏度	0.31	0.40	0.39	0.17	0.24	0.49	0.40	0.48	0.48	0.46	0.48
峰度	3.17	3.97	2.72	2.87	2.73	2.85	2.98	3.15	2.92	2.71	2.05
雅克—贝拉统计量	9.15	35.76	15.16	2.91	6.93	21.73	14.65	21.54	20.67	20.63	40.88
P值	0.01	0.00	0.00	0.23	0.03	0.00	0.00	0.00	0.00	0.00	0.00
LBQ（5）	2 458.02	2 424.78	2 507.50	2 501.39	2 503.62	2 443.04	2 425.83	2 417.09	2 441.75	2 461.34	2 611.26
P值	0.00	0.00	0.00	0.00	0.00	0.00	0.00	0.00	0.00	0.00	0.00
LBQ（10）	4 499.46	4 365.75	4 690.45	4 647.88	4 649.05	4 449.30	4 395.57	4 352.83	4 449.68	4 508.96	5 037.74
P值	0.00	0.00	0.00	0.00	0.00	0.00	0.00	0.00	0.00	0.00	0.00
LBQ（20）	7 608.30	7 178.67	8 259.19	8 078.76	8 010.73	7 453.29	7 349.95	7 131.03	7 505.03	7 636.25	9 263.27
P值	0.00	0.00	0.00	0.00	0.00	0.00	0.00	0.00	0.00	0.00	0.00
ARCH（5）	510.47	519.13	509.25	513.63	511.58	498.02	499.76	500.69	499.52	499.18	524.03
P值	0.00	0.00	0.00	0.00	0.00	0.00	0.00	0.00	0.00	0.00	0.00
ARCH（10）	509.75	510.40	504.84	508.51	507.39	488.32	496.61	489.41	490.31	491.10	519.71
P值	0.00	0.00	0.00	0.00	0.00	0.00	0.00	0.00	0.00	0.00	0.00
ARCH（20）	499.19	500.64	495.40	499.86	498.53	480.30	488.67	480.06	482.04	483.50	510.39
P值	0.00	0.00	0.00	0.00	0.00	0.00	0.00	0.00	0.00	0.00	0.00

续表

项目	欧洲乙烯	美国乙烯	中国乙烯	东南亚乙烯	韩国乙烯	日本乙烯	韩国苯乙烯	欧洲苯乙烯	美国苯乙烯	中国苯乙烯	东南亚苯乙烯
均值	988.02	29.57	1 093.57	1 080.69	1 067.74	1 081.40	1 036.17	1 064.30	1 006.46	1 059.71	1 078.01
中位数	979.50	28.50	1 080.00	1 060.00	1 065.00	1 060.00	1 003.25	999.75	975.70	1 027.00	1 042.00
极大值	1 404.00	56.00	1 440.00	1 465.00	1 420.00	1 465.00	1 454.50	1 517.00	1 353.00	1 478.50	1 495.50
极小值	720.00	15.75	799.00	770.00	749.00	770.00	805.00	730.00	786.50	832.00	865.50
标准差	145.01	7.71	151.03	156.33	155.13	155.89	140.66	182.27	143.78	140.83	145.47
标准差/均值	0.15	0.26	0.14	0.14	0.15	0.14	0.14	0.17	0.14	0.13	0.13
偏度	0.86	0.41	0.41	0.69	0.34	0.71	0.97	0.63	0.56	0.98	0.94
峰度	3.46	2.85	2.69	3.18	2.71	3.33	3.24	2.18	2.23	3.24	3.18
雅克—贝拉统计量	71.54	15.79	17.12	43.02	12.25	47.66	86.40	50.46	41.90	87.35	80.97
P值	0.00	0.00	0.00	0.00	0.00	0.00	0.00	0.00	0.00	0.00	0.00
LBQ（5）	2 565.84	2 459.19	2 609.34	2 610.25	2 586.62	2 584.05	2 510.31	2 556.48	2 558.74	2 509.16	2 480.54
P值	0.00	0.00	0.00	0.00	0.00	0.00	0.00	0.00	0.00	0.00	0.00
LBQ（10）	4 823.02	4 514.35	4 903.41	4 931.12	4 861.12	4 866.61	4 609.50	4 769.02	4 765.31	4 603.10	4 607.68
P值	0.00	0.00	0.00	0.00	0.00	0.00	0.00	0.00	0.00	0.00	0.00
LBQ（20）	8 225.18	7 783.45	8 104.88	8 273.29	8 028.38	8 135.80	7 943.66	8 076.14	8 046.79	7 925.53	7 898.50
P值	0.00	0.00	0.00	0.00	0.00	0.00	0.00	0.00	0.00	0.00	0.00
ARCH（5）	522.56	521.64	527.72	528.47	516.92	521.13	520.89	511.98	518.84	520.97	498.92
P值	0.00	0.00	0.00	0.00	0.00	0.00	0.00	0.00	0.00	0.00	0.00
ARCH（10）	518.70	509.93	523.03	523.90	515.64	519.68	516.71	508.55	514.81	516.81	495.90
P值	0.00	0.00	0.00	0.00	0.00	0.00	0.00	0.00	0.00	0.00	0.00
ARCH（20）	509.41	497.99	513.54	514.31	507.23	509.91	507.84	499.46	505.87	507.92	488.71
P值	0.00	0.00	0.00	0.00	0.00	0.00	0.00	0.00	0.00	0.00	0.00

都呈现正偏态，乙烯产品的偏态有正有负。而峰度计算的结果表明只有苯乙烯产品的峰度值大于3，呈现"尖峰厚尾"的分布特征。其余产品的峰度值小于3，"尖峰厚尾"的价格分布特征不明显。

雅克—贝拉统计量的结果中，美国乙烯、中国乙烯和韩国乙烯的统计量P值结果较大，说明这三个产品价格分布接受了服从正态分布的原假设。新加坡石脑油和韩国石脑油进行雅克—贝拉检验的P值为0.06，在1%的显著性水平上拒绝了服从正态分布的原假设。欧洲石脑油、中东石脑油和日本石脑油价格在5%的显著性水平上拒绝了服从正态分布的原假设。其余产品在1%的显著性水平上拒绝服从正态分布。

LB-Q序列自相关检验和自回归条件异方差效应检验的结果与上一阶段相同，表明产业链上各个产品在本阶段具有序列相关性和条件方差性，即序列具有自回归条件异方差效应，可以进行下一步贝克—广义自回归条件异方差模型波动溢出关系的计算。

表4-6是第四阶段不同国家和地区石化产业链产品价格的描述性统计。这一阶段的石化产业链中，上游的原油和石脑油产品价格水平有所回升，而下游的乙烯与苯乙烯产品价格相对于上一阶段"先增后减"阶段变化不大。从价格波动水平来看，本阶段的石化产业链产品价格波动水平仍然较高，其中原油和石脑油产品的"标准差/均值"可以达到0.12，低于波动水平最高的"震荡下降"阶段但是高于其他两阶段，而下游的乙烯和苯乙烯产品的标准差与均值之比达到了0.18，是四个阶段中波动水平最大的。各个产品整体的价格波动水平介于"先增后减"阶段和"震荡下降"阶段之间。结合本阶段产品价格变化趋势，将这一阶段命名为"震荡趋稳"阶段。

表4-6中表示了"震荡趋稳"阶段的石化产业链产品价格分布特征。在偏度指标中，原油、石脑油和除韩国苯乙烯外的苯乙烯产品都呈现正偏态，而乙烯产品中只有美国乙烯产品呈现了正偏态，其余乙烯产品呈现负偏态的特征。在峰度指标中，只有中国原油产品的峰度值大于3，呈现出"尖峰厚尾"的分布特征，其余产品并未呈现出此特征。

在雅克—贝拉统计量的检验中，各个产品都在1%的显著性水平上拒绝了服从正态分布的原假设，表示各个石化产品在1%的显著性水平上并不服从正态分布。LB-Q序列自相关检验和自回归条件异方差效应检验的结果与"震荡下降"阶段相同，表明产业链上各个产品在本阶段具有序列相关性和自回归条件异方差效应，可以进行下一步波动溢出关系的计算。

表4-5 "先增后减"阶段石化产业链产品价格描述性统计

项目	布伦特原油	西德克萨斯中质原油	中国原油	迪拜原油	米纳斯原油	新加坡石脑油	欧洲石脑油	中东石脑油	日本石脑油	韩国石脑油	中国石脑油
均值	51.41	49.60	47.63	50.66	48.52	50.43	450.70	444.91	465.52	467.08	4 547.04
中位数	51.85	49.48	47.20	50.70	48.15	50.24	450.25	443.89	464.63	465.30	4 546.40
极大值	56.30	54.45	53.27	55.41	54.09	57.98	509.00	508.33	528.63	536.11	4 888.67
极小值	44.30	42.53	40.34	42.78	41.20	42.56	382.00	375.95	394.88	395.36	3 913.67
标准差	3.11	3.01	3.30	3.07	3.23	3.91	32.71	33.82	34.52	36.22	204.68
标准差/均值	0.06	0.06	0.07	0.06	0.07	0.08	0.07	0.08	0.07	0.08	0.05
偏度	-0.44	-0.22	-0.09	-0.48	-0.16	0.04	-0.13	-0.02	-0.05	0.05	-0.85
峰度	2.16	2.00	1.87	2.38	1.93	2.20	2.14	2.14	2.10	2.19	4.11
雅克-贝拉统计量	12.95	10.42	11.23	11.39	10.86	5.60	7.04	6.37	7.15	5.77	35.48
P值	0.00	0.01	0.00	0.00	0.00	0.06	0.03	0.04	0.03	0.06	0.00
LBQ (5)	781.12	817.52	817.77	761.72	802.98	933.88	913.29	926.94	931.64	941.27	802.79
P值	0.00	0.00	0.00	0.00	0.00	0.00	0.00	0.00	0.00	0.00	0.00
LBQ (10)	1 209.55	1 301.06	1 363.02	1 177.72	1 322.73	1 682.46	1 626.72	1 660.63	1 676.19	1 696.44	1 252.40
P值	0.00	0.00	0.00	0.00	0.00	0.00	0.00	0.00	0.00	0.00	0.00
LBQ (20)	1 508.69	1 696.16	1 908.09	1 469.31	1 819.36	2 567.98	2 485.98	2 522.49	2 562.38	2 573.28	1 560.59
P值	0.00	0.00	0.00	0.00	0.00	0.00	0.00	0.00	0.00	0.00	0.00
ARCH (5)	154.50	158.24	151.22	149.59	149.87	180.86	174.06	179.07	178.38	182.34	193.13
P值	0.00	0.00	0.00	0.00	0.00	0.00	0.00	0.00	0.00	0.00	0.00
ARCH (10)	159.81	160.33	151.52	146.60	150.73	178.25	173.03	176.01	175.61	179.39	181.06
P值	0.00	0.00	0.00	0.00	0.00	0.00	0.00	0.00	0.00	0.00	0.00
ARCH (20)	155.28	154.97	153.73	156.02	153.86	171.40	164.98	169.61	169.61	172.35	166.65
P值	0.00	0.00	0.00	0.00	0.00	0.00	0.00	0.00	0.00	0.00	0.00

续表

项目	欧洲乙烯	美国乙烯	中国乙烯	东南亚乙烯	韩国乙烯	日本乙烯	韩国苯乙烯	欧洲苯乙烯	美国苯乙烯	中国苯乙烯	东南亚苯乙烯
均值	1 056.90	27.03	1 127.03	1 002.14	1 077.58	998.61	1 194.32	1 232.24	1 212.50	1 219.83	1 255.15
中位数	1 101.75	27.00	1 140.00	1 015.00	1 100.00	1 015.00	1 165.00	1 170.00	1 133.00	1 189.50	1 219.50
极大值	1 219.00	37.75	1 390.00	1 150.00	1 300.00	1 150.00	1 549.50	1 655.00	1 780.90	1 574.50	1 589.00
极小值	773.50	17.25	930.00	850.00	880.00	850.00	982.00	1 005.00	962.50	1 009.00	1 057.00
标准差	128.12	4.31	118.87	87.20	115.51	85.84	121.72	155.21	209.43	120.82	121.97
标准差/均值	0.12	0.16	0.11	0.09	0.11	0.09	0.10	0.13	0.17	0.10	0.10
偏度	-0.71	0.22	0.11	-0.15	-0.04	-0.14	0.99	1.10	1.52	0.99	0.96
峰度	2.32	2.93	2.35	1.84	2.32	1.93	3.42	3.21	4.23	3.43	3.46
雅克—贝拉统计量	21.46	1.74	4.09	12.40	4.07	10.53	35.82	42.01	92.74	35.59	33.89
P值	0.00	0.42	0.13	0.00	0.13	0.01	0.00	0.00	0.00	0.00	0.00
LBQ (5)	947.90	940.30	940.02	943.69	909.38	933.92	941.30	929.08	970.10	940.04	932.75
P值	0.00	0.00	0.00	0.00	0.00	0.00	0.00	0.00	0.00	0.00	0.00
LBQ (10)	1 719.76	1 670.49	1 607.52	1 631.19	1 542.41	1 595.03	1 702.41	1 658.47	1 751.28	1 699.71	1 695.40
P值	0.00	0.00	0.00	0.00	0.00	0.00	0.00	0.00	0.00	0.00	0.00
LBQ (20)	2 772.19	2 457.79	2 145.26	2 208.35	2 043.21	2 138.75	2 677.82	2 535.40	2 625.95	2 676.90	2 748.93
P值	0.00	0.00	0.00	0.00	0.00	0.00	0.00	0.00	0.00	0.00	0.00
ARCH (5)	194.26	184.93	192.29	192.48	187.48	188.26	193.60	196.11	197.28	192.26	181.44
P值	0.00	0.00	0.00	0.00	0.00	0.00	0.00	0.00	0.00	0.00	0.00
ARCH (10)	189.15	181.77	188.27	188.69	185.18	185.58	189.31	192.10	192.87	188.21	179.21
P值	0.00	0.00	0.00	0.00	0.00	0.00	0.00	0.00	0.00	0.00	0.00
ARCH (20)	175.78	173.68	179.83	179.96	175.97	177.33	180.24	182.84	183.48	179.02	170.39
P值	0.00	0.00	0.00	0.00	0.00	0.00	0.00	0.00	0.00	0.00	0.00

表4-6　"震荡趋稳"阶段石化产业链产品价格描述性统计

项目	布伦特原油	西德克萨斯中质原油	中国原油	迪拜原油	米纳斯原油	新加坡石脑油	欧洲石脑油	中东石脑油	日本石脑油	韩国石脑油	中国石脑油
均值	66.85	60.16	63.67	63.39	62.24	61.90	550.47	542.68	569.05	573.29	5 615.16
中位数	65.92	59.36	63.15	62.12	61.20	61.53	550.50	540.39	566.31	569.88	5 676.29
极大值	87.28	76.41	85.64	81.76	80.53	81.39	716.50	715.08	742.13	744.23	7 175.00
极小值	50.34	42.53	46.72	44.65	43.80	46.86	414.75	399.15	441.00	445.40	4 577.33
标准差	7.32	7.08	6.79	7.62	7.33	8.10	72.22	72.61	70.14	72.17	560.94
标准差/均值	0.11	0.12	0.11	0.12	0.12	0.13	0.13	0.13	0.12	0.13	0.10
偏度	0.27	0.10	0.28	0.27	0.32	0.22	0.20	0.19	0.27	0.20	0.34
峰度	2.59	2.16	3.28	2.23	2.58	2.11	2.09	2.11	2.16	2.08	2.93
雅克-贝拉统计量	10.67	17.42	9.18	20.60	13.60	23.28	23.09	21.70	23.10	23.30	10.59
P值	0.00	0.00	0.01	0.00	0.00	0.00	0.00	0.00	0.00	0.00	0.01
LBQ（5）	2 527.94	2 559.16	2 478.41	2 585.89	2 550.66	2 618.57	2 631.33	2 619.00	2 609.65	2 609.76	2 578.82
P值	0.00	0.00	0.00	0.00	0.00	0.00	0.00	0.00	0.00	0.00	0.00
LBQ（10）	4 604.97	4 717.10	4 454.67	4 830.39	4 715.53	4 920.24	4 963.85	4 923.62	4 893.04	4 892.78	4 841.78
P值	0.00	0.00	0.00	0.00	0.00	0.00	0.00	0.00	0.00	0.00	0.00
LBQ（20）	7 643.07	8 002.04	7 221.70	8 407.77	7 999.12	8 546.89	8 717.88	8 569.61	8 499.10	8 473.81	8 497.12
P值	0.00	0.00	0.00	0.00	0.00	0.00	0.00	0.00	0.00	0.00	0.00
ARCH（5）	507.82	504.09	517.11	506.38	508.27	520.37	509.51	519.32	519.48	518.24	503.70
P值	0.00	0.00	0.00	0.00	0.00	0.00	0.00	0.00	0.00	0.00	0.00
ARCH（10）	503.19	499.58	512.26	502.36	504.39	516.25	505.60	515.12	515.40	514.20	498.80
P值	0.00	0.00	0.00	0.00	0.00	0.00	0.00	0.00	0.00	0.00	0.00
ARCH（20）	495.90	491.28	503.15	494.56	496.69	507.75	497.41	506.49	506.96	505.70	489.82
P值	0.00	0.00	0.00	0.00	0.00	0.00	0.00	0.00	0.00	0.00	0.00

项目	欧洲乙烯	美国乙烯	中国乙烯	东南亚乙烯	韩国乙烯	日本苯乙烯	韩国苯乙烯	欧洲苯乙烯	美国苯乙烯	中国苯乙烯	东南亚苯乙烯
均值	1 097.64	19.31	1 146.70	1 049.13	1 104.83	1 048.17	1 188.45	1 183.72	1 143.36	1 226.71	1 218.83
中位数	1 132.25	18.13	1 240.00	1 140.00	1 190.00	1 140.00	1 224.25	1 205.75	1 167.10	1 251.25	1 246.50
极大值	1 316.50	32.25	1 420.00	1 310.00	1 400.00	1 295.00	1 469.00	1 561.50	1 626.90	1 507.00	1 495.00
极小值	840.00	11.76	741.00	681.00	690.00	680.00	913.00	914.50	858.00	953.00	955.50
标准差	132.81	5.58	207.24	194.20	218.40	194.00	171.93	191.03	202.94	169.22	173.24
标准差/均值	0.12	0.29	0.18	0.19	0.20	0.19	0.14	0.16	0.18	0.14	0.14
偏度	-0.28	0.64	-0.37	-0.34	-0.29	-0.34	-0.01	0.09	0.38	0.00	0.02
峰度	1.81	2.15	1.60	1.58	1.56	1.58	1.34	1.63	2.24	1.34	1.36
雅克—贝拉统计量	40.02	54.88	58.24	57.64	55.75	57.97	64.19	44.51	26.56	64.09	62.56
P值	0.00	0.00	0.00	0.00	0.00	0.00	0.00	0.00	0.00	0.00	0.00
LBQ（5）	2 687.38	2 637.05	2 691.60	2 730.16	2 672.47	2 730.07	2 694.31	2 671.81	2 712.81	2 693.58	2 695.64
P值	0.00	0.00	0.00	0.00	0.00	0.00	0.00	0.00	0.00	0.00	0.00
LBQ（10）	5 190.19	5 005.91	5 158.37	5 281.39	5 114.61	5 286.40	5 210.25	5 121.92	5 229.72	5 210.84	5 224.57
P值	0.00	0.00	0.00	0.00	0.00	0.00	0.00	0.00	0.00	0.00	0.00
LBQ（20）	9 619.29	9 002.89	9 497.47	9 842.02	9 359.55	9 858.06	9 671.91	9 392.22	9 540.73	9 686.88	9 741.89
P值	0.00	0.00	0.00	0.00	0.00	0.00	0.00	0.00	0.00	0.00	0.00
ARCH（5）	537.29	526.63	539.55	540.64	515.90	537.73	515.14	526.26	542.67	513.64	505.12
P值	0.00	0.00	0.00	0.00	0.00	0.00	0.00	0.00	0.00	0.00	0.00
ARCH（10）	532.76	521.05	534.77	535.79	514.20	532.96	512.27	522.41	538.10	510.83	501.53
P值	0.00	0.00	0.00	0.00	0.00	0.00	0.00	0.00	0.00	0.00	0.00
ARCH（20）	523.51	503.79	525.39	526.13	508.36	523.45	505.04	514.24	528.75	503.37	493.63
P值	0.00	0.00	0.00	0.00	0.00	0.00	0.00	0.00	0.00	0.00	0.00

第二节　基于互相关方法的产品价格领先滞后阶数分析

一、互相关模型的建模与检验

在划分了石化产品的结构断点之后，计算了每一阶段石化产品之间的领先滞后关系（互相关关系），得到了产品之间领先与滞后的阶数，并对互相关关系进行了检验。互相关分析方法是检验两个时间序列在不同时间点上相关性的一种分析方法。

对于含有 n 个元素的时间序列 $\{x_t\}$ 和 $\{y_t\}$，其中 $t = 1，2，\cdots，n$。其互相关关系标准化公式（Liu，2014；Podobnik et al.，2009）如式（4-7）所示：

$$ccr_{xy} = \frac{\sum_{t=k+1}^{n} x_t y_{t-k}}{\sqrt{\sum_{t=1}^{n} x_t^2 \sum_{t=1}^{n} y_t^2}} \tag{4-7}$$

该式计算了随着时间阶数 k 的变化，时间序列 $\{x_t\}$ 和 $\{y_t\}$ 之间的相关关系。其中 t 表示时间序列 $\{x_t\}$ 和 $\{y_t\}$ 中的第 t 个元素，k 表示时间序列 $\{x_t\}$ 和 $\{y_t\}$ 之间互相关关系的阶数，k 的变化范围是 $[-(n-1)，(n-1)]$。这表示对于分别有 n 个元素的时间序列 $\{x_t\}$ 和 $\{y_t\}$，它们在 $[-(n-1)，(n-1)]$ 的阶数水平上共有 $2n-1$ 个互相关系数。在互相关系数结果中，把整个阶数序列中最大的互相关系数以及该系数所对应的阶作为两个产品之间的领先滞后关系系数和阶数。之所以选择领先滞后关系序列的最大值是由互相关系数的性质决定的。两条时间序列 $\{x_t\}$ 和 $\{y_t\}$ 之间的互相关关系表示它们在不同时间阶数上的相关性。在互相关系数被用来计算两个信号序列时，一般选取相关系数最大的系数以及与此时对应的阶数作为两条信号序列之间的时间间隔，此时先发生的序列领先于后发生的序列。式（4-8）为互相关关系公式的标准化表达。具体互相关公式的推导过程如下（Bracewell，1965）：

对于连续的随机变量 $\{x_t\}$ 和 $\{y_t\}$，它们的互相关公式见式（4-8）：

$$\varphi_{xy}(k) = \int_{-\infty}^{+\infty} x_{t-k} y_t \mathrm{d}t \tag{4-8}$$

式（4-8）也可以推导出式（4-9）：

$$\varphi_{xy}(k) = \int_{-\infty}^{+\infty} x_t \times y_{t+k} \mathrm{d}t \tag{4-9}$$

可知互相关公式为式（4-10）：

$$\varphi_{xy}(k) = x(-k) \times y(k) = \int_{-\infty}^{+\infty} x_{t-k} y_t \mathrm{d}t \qquad (4-10)$$

对式（4-10）中 $x(-k)$ 做傅里叶变化，如式（4-11）所示：

$$FT[x(-k)] = \int_{-\infty}^{+\infty} x(-k) \, e^{-i2\pi fk} \mathrm{d}k \qquad (4-11)$$

令式（4-11）中 $-k = k'$，则可得式（4-12）：

$$FT[x(-k)] = \int_{-\infty}^{+\infty} -x(k') \, e^{-i2\pi fk'} \mathrm{d}k = X^*(f) \qquad (4-12)$$

可知时间阶数 k 的反转与频域的复共轭相同，因此有式（4-13）：

$$\Phi_{xy} = FT[\varphi(k)] = X^*(f)Y(f) \qquad (4-13)$$

由此可推理得到式（4-14）：

$$\varphi_{xy}(k) = \varphi_{yx}(-k) \qquad (4-14)$$

这证明了互相关关系的一个重要性质，即 x 变量领先于 y 变量 k 个阶数，和 y 变量落后于 x 变量 k 个阶数是等价的。因此在求多变量的互相关关系时，并不需要求各个变量两两之间的互相关系数，只需要求得 x_t 和 y_{t-k} 之间的互相关系数即可，其中 $t \in [k+1, n]$，$k \in [1, n]$。

和不具有时间阶数性质的皮尔逊相关系数一样，互相关系数的计算需要通过显著性检验。由于互相关分析比皮尔逊相关系数多了时间维度，因此在计算时间序列之间互相关系数的显著性水平时要把时间的因素考虑进来。庞德尼克等（2009）提出了一种互相关关系，尤其是对长期互相关关系进行显著性检验的方法。他们在 LB-Q 检验的基础上设计了新的统计量，并对统计量进行不同阶数上的卡方检验。通过将不同阶数上互相关关系的统计量与显著性水平下的卡方分布值相比较，可以判断对应阶数上互相关关系的系数是否通过了显著性检验。

已知 LB-Q 检验中统计量的值为（Ljung and Box, 1978）：

$$Q(m) = n(n+2) \sum_{k=1}^{m} \frac{\widehat{\rho_k(x_k^2)}}{n-k} \qquad (4-15)$$

其中，统计量服从自由度为 m 的卡方分布，$\widehat{\rho_k}$ 表示随机变量 x_k^2 滞后 k 阶的自相关系数，n 表示随机变量 x_k 的长度。庞德尼克等（2009）在此基础上构造了统计量 $Q_{xy}(m)$。

$$Q_{xy}(m) = n^2 \sum_{k=1}^{m} \frac{ccr_{x(k)y(k)}^2}{n-k} \qquad (4-16)$$

其中，ccr_{xy} 表示随机变量 $\{x_t\}$ 和 $\{y_t\}$ 的互相关关系，k 表示互相关关系所对应的阶数，m 表示自由度，n 表示随机变量 $\{x_t\}$ 和 $\{y_t\}$ 的长度。当阶数 n 的值特别大时，可知 $n^2 \approx n(n+2)$。式（4-16）近似于自由度为 m 的卡方分布 $\chi^2(m)$。对于互相关关系，利用式（4-16）计算了互相关关系的统计量的值并与 5% 显著性水平上的卡方分布 $\chi^2(m)$ 的值相比较，如果统计量在阶数 m 上的统计量的值大于 5% 显著性水平上卡方分布 $\chi^2(m)$ 的值，则在滞后阶数 m 上互相关关系的值是显著的。

　　LB-Q 检验常常被用来检验序列残差和残差平方的自相关性作为判断序列是否为白噪声序列的依据，但是也有学者将式（4-16）用于检验收益率序列的互相关系数（Tseng et al.，2008）。

　　产品价格领先滞后关系是指一种产品价格在 t_0 时刻的变化与另一种产品价格在 t_1 变化具有相关性。如果 A 产品的价格变化先于 B 产品发生，则说 A 产品价格领先于 B 产品。如果 A 产品的价格变化后于 B 产品价格变化而发生，则说 A 产品价格滞后于 B 产品。产品价格的传导关系则是指 A 产品的价格变化导致了 B 产品的价格变化，即 A 产品价格波动传导到了 B 产品。领先滞后关系与价格波动传导关系的区别在于领先滞后关系是一种价格变化上的相关性，而价格波动传导关系则是具有价格变化上的因果性。

二、不同阶段石化产业链产品价格波动领先滞后关系阶数分析

（一）"平稳趋降"阶段石化产业链产品价格波动领先滞后阶数计算与检验

　　对"平稳趋降"阶段 22 种产品价格进行平稳性检验（ADF 检验和 PP 检验），检验 22 个产品序列的显著性水平如表 4-7 所示。表 4-7 描述了"平稳趋降"各个石化产业链产品价格原始序列以及一阶差分序列 ADF 检验和 PP 检验的 P 值。

表 4-7　　　　　　　"平稳趋降"阶段石化产业链产品价格平稳性检验

序号	产品名称	ADF 检验 P 值	PP 检验 P 值	ADF 检验 P 值（一阶差分）	PP 检验 P 值（一阶差分）
1	布伦特原油	0.940	0.990	4.50E-40	0.01
2	西德克萨斯中质原油	0.630	0.979	1.28E-35	0.01
3	中国原油	0.501	0.990	2.26E-44	0.01
4	迪拜原油	0.495	0.990	1.09E-50	0.01
5	米纳斯原油	0.681	0.989	1.42E-39	0.01
6	新加坡石脑油	0.430	0.990	4.04E-44	0.01
7	欧洲石脑油	0.485	0.990	1.28E-39	0.01
8	中东石脑油	0.528	0.990	8.61E-46	0.01
9	日本石脑油	0.452	0.990	1.28E-44	0.01
10	韩国石脑油	0.496	0.990	2.80E-41	0.01
11	中国石脑油	0.000	0.990	8.73E-12	0.01
12	欧洲乙烯	0.017	0.317	1.77E-58	0.01
13	美国乙烯	0.008	0.356	1.91E-37	0.01
14	中国乙烯	0.160	0.990	4.90E-28	0.01

续表

序号	产品名称	ADF 检验 P 值	PP 检验 P 值	ADF 检验 P 值（一阶差分）	PP 检验 P 值（一阶差分）
15	东南亚乙烯	0.773	0.990	3.20E－30	0.01
16	韩国乙烯	0.430	0.990	1.19E－40	0.01
17	日本乙烯	0.994	0.990	6.64E－39	0.01
18	韩国苯乙烯	0.998	0.990	1.41E－31	0.01
19	欧洲苯乙烯	0.028	0.339	7.92E－33	0.01
20	美国苯乙烯	0.693	0.988	3.92E－31	0.01
21	中国苯乙烯	0.957	0.988	3.60E－32	0.01
22	东南亚苯乙烯	0.917	0.990	3.46E－41	0.01

表 4－7 的结果中，显示在对原始价格序列的检验中，ADF 检验只显示中国石脑油产品，美国乙烯和欧洲苯乙烯产品是平稳的，而 PP 检验显示所有产品价格序列都不平稳。因此对未通过平稳性检验的产品价格序列进行一阶差分。经过一阶差分后各个产品的平稳性检验结果展示在表 4－7 的第 5 列和第 6 列。对各序列做一阶差分后，各产品价格序列平稳性检验的 P 值均小于 0.05，通过了两种平稳性检验。随后以对数化后的一阶差分序列为样本序列，计算了跨产业链阶段产品之间的互相关关系。考虑在石化产业链的生产活动中，石化产品往往只与它们生产活动最相关的辅料有密切的联系，因此分析中只考虑了跨一层的产业链不同阶段产品价格互相关关系，即只考虑原油—石脑油、石脑油—乙烯、乙烯—苯乙烯之间的价格互相关关系，得到它们领先滞后的阶数。

随后利用庞德尼克检验对计算得出的领先滞后关系进行检验（Podobnik et al.，2009）。图 4－1 以"平稳趋降"阶段布伦特原油与西德克萨斯中质原油之间领先滞后关系为例对该关系的领先滞后阶数进行检验。

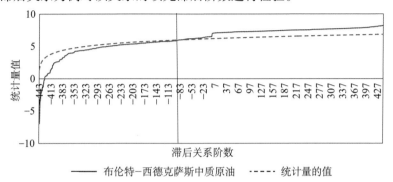

图 4－1 "平稳趋降"阶段布伦特原油领先滞后关系检验

资料来源：在 Wind 数据库基础上根据模型计算，结果由 Office Excel 软件绘制而成。

图4－1中纵轴是领先滞后关系在各个阶数上的统计量的值,横轴是布伦特原油与西德克萨斯中质原油领先滞后关系阶数,采取双对数坐标。图4－1中实线表示布伦特原油与西德克萨斯中质原油领先滞后关系在各个阶数上的统计量的值,虚线表示显著性水平5%时各个阶数上统计量的值。将布伦特原油与西德克萨斯中质原油领先滞后关系在各个阶数上统计量的值与显著性水平5%时各个阶数上统计量的值相比较,如果计算出来的每对领先滞后关系系数的最值,在5%的水平上显著就保留这对领先滞后关系,反之就认为该领先滞后关系并未通过显著性检验。在图4－1中,在－83阶之后产品领先滞后关系的统计量的值开始大于标准值,而互相关分析计算出的布伦特原油对西德克萨斯中质原油的领先滞后关系阶数为0,因此这对关系是显著的。在各个阶数水平上对应的统计量的值最终显著性检验结果如图4－2所示。

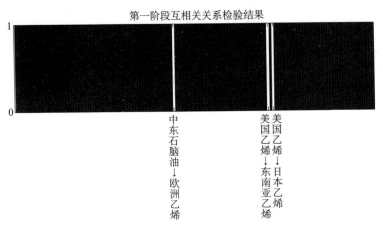

图4－2　"平稳趋降"阶段领先滞后关系检验结果

资料来源:在 Wind 数据库基础上根据模型计算,结果由 Matlab 软件绘制而成。

图4－2展示了"平稳趋降"阶段各领先滞后关系阶数庞德尼克检验的结果,由于石化产品之间领先滞后关系众多,图4－2只标注了未通过检验的领先滞后关系。图中的横坐标是所有的石化产业链产品间领先滞后关系,纵坐标为0表示该价格关系没有通过显著性检验,纵坐标为1表示价格关系通过了显著性检验,显著性水平设置为0.05。从图中可以看出在"平稳趋降"阶段中,"中东石脑油→欧洲乙烯""美国乙烯→东南亚乙烯""美国乙烯→日本乙烯"三个产品领先滞后关系未通过检验。详细的统计量结果在附录 B 中展示。

(二)"震荡下降"阶段石化产业链产品价格波动领先滞后阶数计算

在"震荡下降"阶段,对该阶段的22种产品价格序列进行了 ADF 和 PP 平稳性检验,检验结果如表4－8所示。表4－8描述了"震荡下降"各个石化产业链产品价格以及一阶差分序列 ADF 检验和 PP 检验的 P 值。

表4-8　　　　　"震荡下降"阶段石化产业链产品价格序列平稳性检验

序号	产品名称	ADF 检验 P 值	PP 检验 P 值	ADF 检验 P 值 （一阶差分）	PP 检验 P 值 （一阶差分）
1	布伦特原油	0.009	0.331	5.69E-45	0.01
2	西德克萨斯中质原油	0.006	0.232	2.76E-44	0.01
3	中国原油	0.028	0.474	4.51E-53	0.01
4	迪拜原油	0.028	0.454	2.48E-47	0.01
5	米纳斯原油	0.027	0.458	1.22E-49	0.01
6	新加坡石脑油	0.010	0.296	5.52E-49	0.01
7	欧洲石脑油	0.006	0.310	5.94E-45	0.01
8	中东石脑油	0.008	0.245	5.42E-48	0.01
9	日本石脑油	0.009	0.260	1.20E-48	0.01
10	韩国石脑油	0.014	0.326	2.28E-47	0.01
11	中国石脑油	0.173	0.736	3.69E-51	0.01
12	欧洲乙烯	0.125	0.714	2.30E-41	0.01
13	美国乙烯	0.008	0.158	3.84E-44	0.01
14	中国乙烯	0.206	0.753	6.58E-32	0.01
15	东南亚乙烯	0.210	0.779	5.70E-32	0.01
16	韩国乙烯	0.162	0.741	6.06E-49	0.01
17	日本乙烯	0.146	0.726	5.07E-49	0.01
18	韩国苯乙烯	0.039	0.596	9.37E-32	0.01
19	欧洲苯乙烯	0.080	0.622	1.58E-35	0.01
20	美国苯乙烯	0.129	0.679	3.10E-29	0.01
21	中国苯乙烯	0.039	0.593	9.74E-32	0.01
22	东南亚苯乙烯	0.075	0.667	2.98E-51	0.01

　　表4-8结果的第3列和第4列显示在ADF检验中，中国石脑油、欧洲乙烯、中国乙烯、东南亚乙烯、韩国乙烯、日本乙烯、欧洲苯乙烯、美国苯乙烯和东南亚苯乙烯产品价格序列没有通过ADF检验，所有的产品都没有通过PP检验。对此阶段的产品价格序列做一阶差分。表4-8的第5列和第6列展示了一阶差分后各个产品价格序列平稳性检验的结果。对各序列做一阶差分后，各产品价格序列平稳性检验的P值均小于5%，通过了两种平稳性检验。同样地，计算对数化一阶差分后石化产品价格之间的领先滞后关系，并取得了各产品领先滞后的阶数。与"平稳趋降"阶段相同，只考虑跨一层的产业链不同阶段产品价格互相

关关系，得到它们领先滞后的阶数。

随后利用庞德尼克检验对计算得出的领先滞后关系进行检验。图4－3展示了"震荡下降"阶段各个石化产品领先滞后关系阶数是否通过检验的结果。

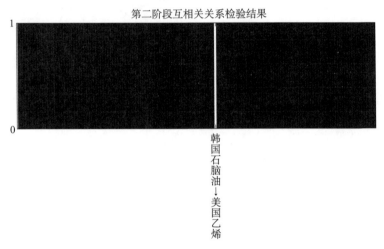

图4－3　"震荡下降"阶段领先滞后关系检验结果

资料来源：在 Wind 数据库基础上根据模型计算，结果由 Matlab 软件绘制而成。

图4－3中的横坐标是所有的石化产业链产品间领先滞后关系，纵坐标为0表示该价格关系没有通过显著性检验，纵坐标为1表示价格关系通过了显著性检验，显著性水平设置为5%。可以看到在本阶段只有"韩国石脑油→美国乙烯"的领先滞后关系在对应阶数上没有通过检验。

（三）"先增后减"阶段石化产业链产品价格波动领先滞后阶数计算

对"先增后减"阶段的各个价格序列做 ADF 和 PP 平稳性检验，平稳性检验的结果如表4－9所示。表4－9描述了"先增后减"阶段各个石化产业链产品价格序列和一阶差分序列 ADF 检验和 PP 检验的 P 值。

表4－9　　"先增后减"阶段石化产业链产品价格序列平稳性检验

序号	产品名称	ADF 检验 P 值	PP 检验 P 值	ADF 检验 P 值（一阶差分）	PP 检验 P 值（一阶差分）
1	布伦特原油	0.000	0.048	1.14E－17	0.01
2	西德克萨斯中质原油	0.001	0.055	1.64E－19	0.01
3	中国原油	0.000	0.040	2.80E－19	0.01

序号	产品名称	ADF 检验 P 值	PP 检验 P 值	ADF 检验 P 值（一阶差分）	PP 检验 P 值（一阶差分）
4	迪拜原油	0.000	0.047	9.66E−19	0.01
5	米纳斯原油	0.000	0.036	4.52E−19	0.01
6	新加坡石脑油	0.025	0.510	2.45E−19	0.01
7	欧洲石脑油	0.023	0.420	8.12E−19	0.01
8	中东石脑油	0.019	0.474	1.16E−19	0.01
9	日本石脑油	0.021	0.486	5.64E−20	0.01
10	韩国石脑油	0.031	0.538	2.08E−19	0.01
11	中国石脑油	0.008	0.259	2.13E−17	0.01
12	欧洲乙烯	0.203	0.840	4.98E−20	0.01
13	美国乙烯	0.090	0.672	9.61E−16	0.01
14	中国乙烯	0.266	0.908	4.17E−15	0.01
15	东南亚乙烯	0.329	0.945	1.60E−13	0.01
16	韩国乙烯	0.164	0.739	8.74E−21	0.01
17	日本乙烯	0.366	0.955	1.78E−15	0.01
18	韩国苯乙烯	0.152	0.831	3.31E−14	0.01
19	欧洲苯乙烯	0.102	0.766	8.58E−14	0.01
20	美国苯乙烯	0.124	0.746	6.19E−15	0.01
21	中国苯乙烯	0.159	0.830	5.98E−14	0.01
22	东南亚苯乙烯	0.059	0.718	1.60E−22	0.01

表 4−9 第 3 列和第 4 列展示了各个石化产品价格序列平稳性检验的 P 值，结果显示欧洲乙烯、美国乙烯、中国乙烯、东南亚乙烯、韩国乙烯、日本乙烯、韩国苯乙烯、欧洲苯乙烯、美国苯乙烯、中国苯乙烯和东南亚苯乙烯产品的 P 值未通过显著性检验。因此需要对产品价格序列做平稳性检验。在对产品价格序列做一阶差分后，表 4−9 的第 5 列和第 6 列展示了一阶差分后价格序列的平稳性检验的 P 值。对各序列做一阶差分后，各产品价格序列平稳性检验的 P 值均小于 0.05，通过了两种平稳性检验。同样地，计算对数化一阶差分后石化产品价格之间的领先滞后关系，并取得了各产品领先滞后的阶数。与"平稳趋降"阶段相同，只考虑跨一层的产业链不同阶段产品价格互相关关系，得到它们领先滞后的阶数，其结果如图 4−4 所示。

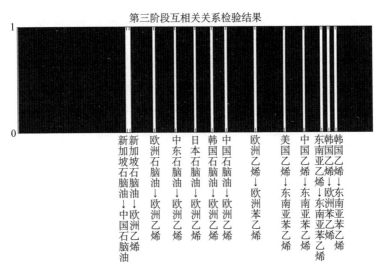

图4-4　"先增后减"阶段领先滞后关系检验结果

资料来源：在 Wind 数据库基础上根据模型计算，结果由 Matlab 软件绘制而成。

图4-4中的横坐标是所有的石化产业链产品间领先滞后关系，纵坐标为0表示该价格关系没有通过显著性检验，纵坐标为1表示价格关系通过了显著性检验，显著性水平设置为5%。可以看到在本阶段有大量的领先滞后关系在对应阶数上没有通过检验。因此在后续的分析中将未通过领先滞后关系检验的阶数剔除。

（四）"震荡趋稳"阶段石化产业链产品价格波动领先滞后阶数计算

"震荡趋稳"阶段产品价格序列的 ADF 检验和 PP 平稳性检验的结果如表4-10所示。表4-10描述了"震荡趋稳"阶段各个石化产业链产品价格序列以及一阶差分序列 ADF 检验和 PP 检验的 P 值。

表4-10中第3列和第4列平稳性检验的结果表明欧洲乙烯、美国乙烯、中国乙烯、东南亚乙烯、韩国乙烯、日本乙烯、韩国苯乙烯、欧洲苯乙烯、美国苯乙烯、中国苯乙烯和东南亚苯乙烯产品的 P 值未通过显著性检验。因此需要对产品价格一阶差分序列做平稳性检验。在对产品价格序列做一阶差分后，其平稳性检验的结果见表4-10第5列和第6列。对各序列做一阶差分后，各产品价格序列平稳性检验的 P 值均小于5%，通过了两种平稳性检验。

表4-10　"震荡趋稳"阶段石化产业链产品价格序列平稳性检验

序号	产品名称	ADF 检验 P 值	PP 检验 P 值	ADF 检验 P 值（一阶差分）	PP 检验 P 值（一阶差分）
1	布伦特原油	0.022	0.410	2.41E-57	0.01
2	西德克萨斯中质原油	0.021	0.379	3.12E-53	0.01

续表

序号	产品名称	ADF 检验 P 值	PP 检验 P 值	ADF 检验 P 值 （一阶差分）	PP 检验 P 值 （一阶差分）
3	中国原油	0.008	0.364	9.92E – 60	0.01
4	迪拜原油	0.015	0.447	2.42E – 59	0.01
5	米纳斯原油	0.011	0.408	1.07E – 58	0.01
6	新加坡石脑油	0.009	0.386	5.62E – 56	0.01
7	欧洲石脑油	0.023	0.418	2.00E – 55	0.01
8	中东石脑油	0.011	0.408	4.43E – 56	0.01
9	日本石脑油	0.009	0.379	1.78E – 56	0.01
10	韩国石脑油	0.009	0.373	3.61E – 54	0.01
11	中国石脑油	0.016	0.469	9.41E – 61	0.01
12	欧洲乙烯	0.067	0.633	1.14E – 44	0.01
13	美国乙烯	0.073	0.733	3.16E – 43	0.01
14	中国乙烯	0.028	0.437	2.10E – 30	0.01
15	东南亚乙烯	0.037	0.397	7.35E – 32	0.01
16	韩国乙烯	0.012	0.277	6.96E – 52	0.01
17	日本乙烯	0.026	0.401	3.10E – 35	0.01
18	韩国苯乙烯	0.077	0.695	5.18E – 45	0.01
19	欧洲苯乙烯	0.060	0.596	1.50E – 36	0.01
20	美国苯乙烯	0.065	0.573	7.43E – 37	0.01
21	中国苯乙烯	0.079	0.700	4.73E – 45	0.01
22	东南亚苯乙烯	0.056	0.610	1.70E – 54	0.01

　　同样地，计算对数化一阶差分后石化产品价格之间的领先滞后关系，并取得了各产品领先滞后的阶数。与"平稳趋降"阶段相同，只考虑跨一层的产业链不同阶段产品价格互相关关系，得到它们领先滞后的阶数，检验结果如图 4 - 5 所示。

　　图 4 - 5 中的横坐标是所有的石化产业链产品间领先滞后关系，纵坐标为 0 表示该价格关系没有通过显著性检验，纵坐标为 1 表示价格关系通过了显著性检验，显著性水平设置为 5%。可以看到在本阶段没有通过检验的领先滞后关系主要是东南亚乙烯、美国乙烯、日本乙烯和中东石脑油。因此在后续的分析中将未通过领先滞后关系检验的阶数剔除。

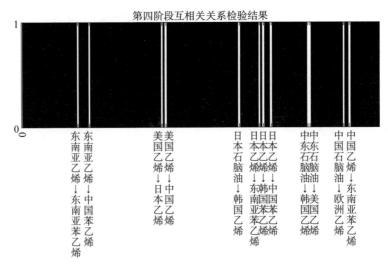

图 4-5　"震荡趋稳"阶段领先滞后关系检验结果

资料来源：在 Wind 数据库基础上根据模型计算，结果由 Matlab 软件绘制而成。

第三节　本章小结

针对价格波动的阶段性，通过佩伦—雅布检验的方法刻画了不同国家和地区石化产业链条上 22 种产品价格变化的结构断点。最终发现各产品的结构断点主要分布在 2014 年 11 月 17 日、2016 年 11 月 16 日和 2017 年 8 月 29 日这三个日期附近。因此选取这三个日期作为石化产业链产品价格波动的结构断点，将整体的数据集分为四段。

通过对四段数据集的统计性描述中"均值/标准差""偏度""峰度"和"雅克—贝拉"等指标进行分析，并结合相应时间段内世界石化市场和宏观经济的形势，将石化产业链产品价格波动的四个阶段分别命名为"平稳趋降"阶段、"震荡下降"阶段、"先增后减"阶段和"震荡趋稳"阶段。

在划分了石化产业链产品价格波动的阶段性后，对价格波动多时间属性的另一方面即动态性进行了定义。随后使用互相关分析的方法，计算了各个阶段 22 种石化产品之间领先滞后关系的阶数。之后使用庞德尼克检验（2009）提出的对互相关关系检验的方法来对领先滞后关系的阶数进行检验，选取了通过检验的产业链产品价格间互相关关系，把领先滞后关系的阶数作为后续价格波动传导计算中波动传导关系以及时空传导效应的阶数。

本章分析了价格波动传导中的多时间属性，为后续计算不同阶段石化产业链产品价格波动的空间传导效应和时空传导效应打下了基础。

第五章

石化产业链产品价格波动空间传导效应分析

在对四个阶段的领先滞后关系进行检验并确定各对产品之间领先滞后关系的阶数后，又计算了各个阶段不同产品之间的空间波动传导关系。考虑到在石化产业链的生产活动中，石化产品往往只与它们生产活动最相关的辅料有密切的联系，因此只考虑了跨一层的产业链不同阶段产品时序价格波动传导关系。即只考虑原油—石脑油、石脑油—乙烯、乙烯—苯乙烯之间的时序价格波动传导关系。将各产品之间领先滞后关系的阶数作为波动传导关系中方程残差滞后项和残差方差滞后项的阶数。以此来分析石化产业链产品价格波动空间传导效应，并根据领先滞后关系阶数的结果对其进行了筛选。随后本章引入网络分析方法，构建了石化产业链产品价格波动空间传导网络。随后选取"传导范围""受传导范围""传导强度""受传导强度""传导中心性""受传导中心性"和"传导媒介性"等网络指标，从不同产业链产品、不同国家和地区两个角度刻画了发生价格波动传导时 22 种石化产业链产品在整个市场中的地位和作用。

第一节　基于贝克—广义自回归条件异方差
模型的石化产品价格波动空间传导效应

一、贝克—广义自回归条件异方差模型的构建

在经济时间序列尤其是金融时间序列中存在着广泛的异方差性质，即时间序列的方差不是平稳的，是随着时间的变化而变化的。恩格尔（1982）提出了用自回归条件异方差模型来刻画模型残差中的方差变化。他认为模型随机扰动项的方差变化取决于上一时期的扰动项，因此随机扰动项的方差不取决于某一自变量，而是一个与时间有关的函数。在恩格尔（1982）的研究中，对于自回归条件异方差模型，需要注意两个方程，如式（5-1）和式（5-2）所示：

$$y_t = \varphi x_t + u_t, u_t \sim N(0, \sigma_t^2) \qquad (5-1)$$

$$\sigma_t^2 = \alpha_0 + \sum_{i=1}^{m} \alpha_i u_{t-i}^2, \alpha_0 > 0, \alpha_i \geqslant 0 \qquad (5-2)$$

其中，y_t 和 x_t 分别是被解释变量和解释变量，u_t 为无序列相关性的扰动项，σ_t^2 为 t 时刻扰动项的方差，α_0 为常数项。需要检验扰动项及扰动项的平方是否存在序列相关性，即自回归条件异方差效应。学者们一般采用 Ljung Box Q 检验的方法来检验扰动项、扰动项平方序列 u_t^2 各自是否具有自相关性，当序列具有相关性时，序列具有自回归条件异方差效应。

随后，学者们扩展了上述模型，提出了广义自回归条件异方差方法来将 ARCH 模型扩展到高阶的形式（Bollerslev，1986）。同时为了避免 u_{t-i}^2 的滞后项过多，模型引入了扰动项方差 σ_t^2，以此来减少参数个数。对于 GARCH（p，q）模型来说：其条件均值方程和条件异方差方程分别为式（5-3）和式（5-4）：

$$y_t = \varphi x_t + u_t, u_t \sim N(0, \sigma_t^2) \qquad (5-3)$$

$$\sigma_t^2 = \alpha_0 + \sum_{i=1}^{p} \alpha_i u_{t-i}^2 + \sum_{i=1}^{q} \beta_j \sigma_{t-j}^2, \alpha_0 > 0, \alpha_i, \beta_j \geqslant 0 \qquad (5-4)$$

其中，u_{t-i}^2 被称为 ARCH 项，又叫残差滞后项，σ_{t-j}^2 被称为 GARCH 项，又叫条件方差滞后项。其中 p 和 q 分别为 ARCH 项和 GARCH 项的阶数。$\sum_{i=1}^{p} \alpha_i + \sum_{i=1}^{q} \beta_j < 1$ 的限制条件是为了保证残差序列的无条件方差是有限的，同时也是为了保证条件方差 σ_{t-j}^2 是随时间的变化而变化的。当条件方差的滞后项 q 为 0 时，模型与自回归条件异方差模型相同。在建立广义自回归条件异方差模型之前，必须要先对序列的残差平方项 u_t^2 进行序列相关性检验，也就是检验序列是否具有自回归条件异方差效应，只有当序列具有 p 阶自相关时才可以进行下一步广义自回归条件异方差模型的建立。

以上是对单变量和双变量模型而言，要计算多变量之间的波动传导关系，则需要对模型进行改进。恩格尔和科罗纳（Engle and Kroner，1995）在广义自回归条件异方差模型的基础上建立了贝克模型来处理多变量波动传导的问题。在多变量的广义自回归条件异方差模型中，学者将模型的参数和变量用矩阵表示出来。

$$H_t = W'W + A'(u_{t-1} u'_{t-1})A + B'H_t B \qquad (5-5)$$

式（5-5）中矩阵 W、A 和 B 是 N 维参数矩阵。可知式（5-5）为二次型形式，因此 H_t 始终为正定矩阵。

二、石化产业链产品价格波动空间传导效应分析

（一）"平稳趋降"阶段石化产品价格波动的空间传导效应

根据原油市场与有效市场假说的匹配性，以及原油市场的一价定律理论（One Pool Law），市场主体可以从石化产品的价格中得到有效信息并立即做出反

应。因此石化产品之间的价格波动可以有效地反映市场供需变化导致的价格
传导。

在计算"平稳趋降"阶段各个石化产品之间的波动传导关系后，得到了各
产品之间价格波动传导的系数。在贝克—广义自回归条件异方差模型中，设置参
数矩阵中元素显著性水平为 5%。在表 5 – 1 中的各个元素表明行产品对列产品价
格传导的系数，其中未通过显著性检验的产品价格波动传导关系用 0 替代。同
时，贝克—广义自回归条件异方差模型要求计算得到的 ARCH 项与 GARCH 项系
数之和小于 1，否则会导致模型方差无限大。同时，在计算领先滞后关系得到石
化产品间领先滞后关系阶数的基础上，根据庞德尼克检验的结果，去除掉了
BEKK-GARCH 模型结果中不存在领先滞后关系的结果。如表 5 – 1 所示，其中黑
体数字代表通过检验和筛选并且满足 ARCH 项与 GARCH 项系数之和小于 1 限制
条件的波动传导关系，说明模型残差项符合对应阶数的 GARCH 过程。

结果显示"平稳趋降"阶段，原油产品价格波动广泛地影响到了各石脑油
产品，其中传导系数最大的是布伦特原油对中国石脑油产品的影响，系数为
0.933，说明布伦特原油价格波动 1% 会导致中国石脑油产品价格波动 0.933%。
原油产品之间，迪拜原油对米纳斯原油的价格波动关系是显著的，其系数为
0.881，表示迪拜原油价格波动 1% 导致米纳斯原油价格波动 0.881%。从区域的
角度来看，在原油价格波动向石脑油的传导过程中，布伦特原油和西德克萨斯中
质原油价格波动可以传导到欧洲、中东、日本、韩国，布伦特原油价格波动还会
传导到中国石脑油市场。其余区域性原油产品只对中东、日本和韩国石脑油有显
著的价格波动传导关系。这反映出了在产业链上两大基准原油价格对下游产品影
响程度和范围要高于其他区域性原油产品。

根据表 5 – 1 只有中东石脑油的价格波动会影响上游原油（布伦特原油）的
价格波动，其传导系数为 0.661。在石脑油的价格波动的其他传导关系中，新加
坡石脑油价格波动对所有石脑油产品的价格波动均会产生影响，日本石脑油价格
波动对韩国和中国石脑油价格的波动产生影响，其余的石脑油产品只对中国石脑
油价格波动的影响是显著的。而石脑油对乙烯的价格波动传导中，在石脑油之间
价格波动传导影响力大的新加坡石脑油只对日本乙烯和中国乙烯产品有显著的价
格波动传导，且系数分别只为 0.039 和 0.097，说明新加坡石脑油产品在价格波
动传导中的影响力主要局限在石脑油产品中。欧洲石脑油和中东石脑油对乙烯产
品的价格波动影响是明显的。欧洲石脑油对东南亚乙烯、韩国乙烯和日本乙烯的
价格波动传导是显著的，中东石脑油对乙烯产品的影响除了上述三个国家和地区
之外，还对中国乙烯价格波动产生显著影响。日本石脑油对同属东亚地区的中国
乙烯和韩国乙烯价格波动有显著影响，而韩国石脑油对东南亚的乙烯价格有显著
的价格波动影响关系。

表5-1 "平稳趋降"阶段石化产业链产品价格波动空间传导系数

项目	布伦特原油	西德克萨斯中质原油	中国原油	迪拜原油	米纳斯原油	新加坡石脑油	欧洲石脑油	中东石脑油	日本石脑油	韩国石脑油	中国石脑油
布伦特原油	NA	6.046	12.883	4.394	42.160	0.000	0.461	0.180	0.235	0.453	0.933
西德克萨斯中质原油	5.021	NA	0.000	0.000	0.000	28.998	0.168	0.300	0.281	0.095	1.573
中国原油	11.850	0.000	NA	0.000	2.648	0.000	0.105	0.076	0.239	0.079	1.148
迪拜原油	4.279	0.553	0.000	NA	0.881	6.429	0.025	0.125	0.181	0.172	2.084
米纳斯原油	41.543	0.000	2.881	1.055	NA	4.452	0.215	0.295	0.281	0.587	1.565
新加坡石脑油	0.000	28.212	0.000	5.826	4.128	NA	0.380	0.096	0.348	0.131	0.300
欧洲石脑油	10.481	13.899	7.363	4.638	0.000	16.668	NA	6.181	0.000	4.563	0.135
中东石脑油	0.661	19.603	6.063	7.439	20.143	0.000	5.944	NA	2.320	3.250	0.109
日本石脑油	3.096	25.491	14.193	3.838	21.504	4.359	0.000	2.759	NA	0.386	0.368
韩国石脑油	34.052	8.996	6.748	11.660	47.175	4.741	5.599	3.659	0.000	NA	0.036
中国石脑油	2.689	3.686	0.000	0.000	2.628	0.000	9.436	7.024	9.997	2.718	NA
欧洲乙烯	5.106	0.000	21.843	6.785	23.263	9.670	0.000	0.523	1.979	3.245	3.613
美国乙烯	4.770	0.129	0.038	0.300	0.149	0.239	0.173	0.022	0.065	0.036	0.005
中国乙烯	0.000	16.391	18.900	0.196	2.034	18.534	16.616	0.274	0.416	2.067	0.190
东南亚乙烯	7.418	0.000	17.573	1.119	50.111	6.733	1.300	0.275	15.454	1.560	0.142
韩国乙烯	23.257	0.000	9.529	11.279	0.000	0.000	1.090	0.890	0.521	15.185	0.077
日本乙烯	7.950	6.182	15.547	32.622	43.353	6.026	0.834	1.403	4.344	15.185	0.389
韩国苯乙烯	17.939	21.227	4.187	18.713	18.110	43.616	2.488	0.970	2.712	2.563	0.105
欧洲苯乙烯	11.560	1.429	38.687	15.303	16.210	10.575	1.015	5.501	22.665	0.000	0.577
美国苯乙烯	2.418	0.000	16.109	10.984	1.721	22.469	2.693	2.733	2.291	1.271	0.279
中国苯乙烯	14.388	21.852	27.097	7.856	10.960	3.177	0.000	0.815	2.715	0.756	0.526
东南亚苯乙烯	1.165	5.320	19.430	22.339	17.969	0.000	2.998	1.990	0.274	2.533	1.408

续表

项目	欧洲乙烯	美国乙烯	中国乙烯	东南亚乙烯	韩国乙烯	日本乙烯	韩国苯乙烯	欧洲苯乙烯	美国苯乙烯	中国苯乙烯	东南亚苯乙烯
布伦特原油	0.025	14.195	0.904	0.036	0.179	0.053	0.079	0.053	0.038	0.054	0.057
西德克萨斯中质原油	0.114	0.262	0.079	0.152	1.176	0.049	0.054	0.017	0.184	0.160	0.076
中国原油	0.150	0.181	0.091	0.096	0.051	0.082	0.026	0.188	0.061	0.090	0.076
迪拜原油	0.039	0.842	1.035	0.010	0.106	0.115	0.073	0.091	0.102	0.162	0.111
米纳斯原油	0.152	0.465	1.429	0.728	0.846	0.241	0.093	0.099	0.045	0.128	0.041
新加坡石脑油	0.051	0.642	**0.097**	**0.033**	1.141	**0.039**	0.197	0.066	0.122	0.012	0.013
欧洲石脑油	0.000	37.306	5.495	**0.480**	**0.439**	**0.298**	**0.766**	0.247	0.838	0.000	0.836
中东石脑油	0.181	2.350	**0.133**	**0.398**	**0.348**	**0.495**	**0.412**	1.699	0.814	0.221	0.590
日本石脑油	1.093	15.754	**0.181**	5.206	**0.267**	2.819	**0.837**	6.520	0.773	1.006	0.043
韩国石脑油	1.810	7.294	1.118	**0.611**	6.549	6.549	**0.807**	0.000	0.434	0.039	0.851
中国石脑油	0.802	1.392	1.958	4.499	0.000	10.690	2.154	11.208	0.661	10.448	24.589
欧洲乙烯	NA	28.845	0.000	0.432	0.383	0.365	6.582	4.612	1.478	0.606	0.606
美国乙烯	0.039	NA	128.237	1.781	1.292	0.413	3.836	0.001	0.003	4.180	0.025
中国乙烯	0.179	0.000	NA	**0.762**	1.438	0.000	**0.164**	**0.232**	0.052	**0.087**	3.334
东南亚乙烯	0.594	0.342	**0.754**	NA	3.065	0.000	0.000	0.174	6.017	**0.545**	**0.488**
韩国乙烯	0.479	8.224	0.935	2.785	NA	**0.488**	0.000	0.280	0.000	1.246	**0.226**
日本乙烯	0.543	0.000	**0.277**	0.000	**0.755**	NA	0.077	0.249	**0.905**	0.000	0.000
韩国苯乙烯	11.538	0.947	0.272	0.000	0.000	0.187	NA	0.000	0.000	0.000	0.000
欧洲苯乙烯	4.562	0.000	0.359	0.323	0.577	0.367	0.000	NA	1.248	0.000	7.749
美国苯乙烯	2.399	0.000	0.051	0.553	0.000	0.348	0.000	1.297	NA	11.615	**0.496**
中国苯乙烯	0.000	0.316	0.176	0.000	2.191	0.000	0.000	0.000	15.535	NA	26.928
东南亚苯乙烯	0.000	0.000	7.462	0.755	**0.404**	0.000	0.000	13.681	0.580	27.279	NA

注：黑体数字代表通过检验和筛选并且满足 ARCH 项系数与 GARCH 项系数之和小于 1 限制条件的波动传导关系；NA 表示计算结果不存在。

石脑油产品内,新加坡石脑油对亚太地区石脑油价格的影响最为明显。而石脑油对乙烯的价格波动传导较为平均,其中欧洲和中东地区的石脑油对亚太地区乙烯价格波动影响明显。

乙烯价格的波动传导中,东南亚乙烯、韩国乙烯、日本乙烯和中国乙烯都对上游的中国石脑油产品有显著的价格波动传导关系。乙烯产品的价格波动传导中,东南亚乙烯对中国乙烯,中国乙烯对东南亚乙烯,有显著的价格波动传导。韩国乙烯对日本乙烯、日本乙烯对中国乙烯和韩国乙烯,有显著的价格波动传导关系。乙烯产品对苯乙烯产品的价格波动传导中,中国乙烯对中国苯乙烯,韩国苯乙烯和欧洲苯乙烯产品有显著的价格波动传导,日本乙烯对韩国苯乙烯和美国苯乙烯有显著的价格波动传导作用。韩国乙烯和东南亚乙烯对东南亚苯乙烯产品有显著的价格波动传导作用。东南亚苯乙烯对韩国乙烯反过来有显著的价格波动传导。

中国石脑油受到亚太地区乙烯价格影响明显,乙烯产品中,亚太地区国家之间价格波动传导作用明显。乙烯对苯乙烯产品的价格波动传导比较分散,没有明显的国家和地区特征。

(二)"震荡下降"阶段石化产品价格波动的空间传导效应

在"震荡下降"阶段,产业链石化产品价格波动对各个产品造成影响的系数如表5-2所示。考虑到在石化产业链的生产活动中,石化产品往往只与它们生产活动最相关的辅料有密切的联系,因此只考虑了跨一层的产业链不同阶段产品价格波动传导,即只考虑原油—石脑油、石脑油—乙烯、乙烯—苯乙烯之间的价格波动传导关系。表5-2中黑体数字代表通过检验和筛选并且满足 ARCH 项系数与 GARCH 项系数之和小于1限制条件的波动传导关系。

表5-2结果显示原油产品对石脑油产品的价格波动传导中,各个原油产品对中国石脑油产品的影响并不显著,两大基准分别对欧洲、中东、日本和韩国石脑油有显著的影响,影响范围广泛,而中国原油对新加坡、中东、日本和韩国石脑油有显著的影响,范围同样广泛。迪拜原油和米纳斯原油分别只对中东、日本和韩国石脑油有显著的影响。结果显示各国家和地区原油价格对中东地区石脑油价格的影响都显著,但是传导系数特别低,这可能与中东地区石脑油原料更依赖乙烷等原料而不是原油有关。

新加坡石脑油对中国原油价格和米纳斯原油价格有显著的价格波动传导,反映出在亚太地区新加坡金融市场,以及新加坡作为大型炼油市场的重要性。"震荡下降"阶段内石脑油对其他产品的价格波动传导影响都较小。各个国家和地区石脑油价格波动依然会导致中国的石脑油价格发生显著的变化。欧洲、中东、日本

表 5 - 2　"震荡下降"阶段石化产业链产品价格波动空间传导系数

项目	布伦特原油	西德克萨斯中质原油	中国原油	迪拜原油	米纳斯原油	新加坡石脑油	欧洲石脑油	中东石脑油	日本石脑油	韩国石脑油	中国石脑油
布伦特原油	NA	27.292	1.540	28.631	0.000	0.000	0.261	0.082	0.121	0.067	1.042
西德克萨斯中质原油	24.741	NA	0.000	0.000	0.000	0.000	0.404	0.065	0.263	0.388	9.620
中国原油	1.314	0.000	NA	2.885	0.000	0.279	0.179	0.008	0.040	0.055	2.315
迪拜原油	25.330	0.471	3.359	NA	0.000	0.000	0.057	0.037	0.342	0.121	10.622
米纳斯原油	0.000	0.000	0.000	0.000	NA	0.000	0.326	0.191	0.103	0.140	10.474
新加坡石脑油	0.000	0.000	0.428	0.000	0.210	NA	0.071	2.342	0.081	0.162	10.127
欧洲石脑油	8.237	32.240	16.193	3.865	31.074	13.415	NA	0.000	0.000	0.000	0.068
中东石脑油	11.525	5.206	2.003	3.574	15.987	69.028	0.000	NA	14.315	30.261	0.004
日本石脑油	4.805	23.733	3.984	18.159	1.416	1.039	0.000	15.935	NA	7.286	0.026
韩国石脑油	0.307	35.188	7.099	1.300	11.515	13.575	0.406	34.335	6.961	NA	0.027
中国石脑油	12.291	0.000	0.000	0.000	0.000	0.000	0.000	12.366	12.809	7.596	NA
欧洲乙烯	0.197	20.269	0.307	0.000	0.000	1.798	1.205	0.584	0.000	8.368	1.667
美国乙烯	0.262	0.262	0.427	0.195	5.427	0.000	0.017	0.010	0.012	0.021	0.010
中国乙烯	6.051	0.000	12.069	0.216	0.000	13.584	0.000	0.000	0.000	0.000	0.043
东南亚乙烯	0.000	0.000	0.000	1.890	0.000	93.742	0.651	0.000	0.331	2.912	1.852
韩国乙烯	2.695	12.875	0.000	0.000	0.118	19.629	0.689	0.000	0.000	0.000	1.564
日本乙烯	6.641	2.075	0.000	0.000	0.000	2.938	3.768	0.371	0.373	0.347	2.722
韩国苯乙烯	0.000	0.000	33.985	17.157	0.392	0.000	0.000	0.000	0.447	0.000	1.076
欧洲苯乙烯	0.000	0.000	1.119	10.850	13.771	0.862	11.176	0.000	1.200	1.298	0.032
美国苯乙烯	0.000	0.000	3.728	2.219	3.495	1.884	0.591	0.000	0.677	0.000	0.058
中国苯乙烯	0.161	5.983	0.000	0.000	6.597	0.000	0.000	0.864	0.000	3.669	1.961
东南亚苯乙烯	8.373	0.000	0.000	10.775	0.000	0.000	1.373	24.495	22.123	0.352	0.081

续表

项目	欧洲乙烯	美国乙烯	中国乙烯	东南亚乙烯	韩国乙烯	日本乙烯	韩国苯乙烯	欧洲苯乙烯	美国苯乙烯	中国苯乙烯	东南亚苯乙烯
布伦特原油	0.034	0.416	0.017	2.442	6.591	0.019	1.996	2.686	6.308	6.783	0.015
西德克萨斯中质原油	0.045	0.643	1.519	0.328	0.020	2.319	0.258	1.756	0.748	0.643	1.913
中国原油	1.308	0.839	0.018	2.042	1.507	0.769	0.048	5.437	1.698	0.150	1.594
迪拜原油	0.892	0.351	2.048	3.659	1.295	0.748	0.056	0.022	0.008	6.413	0.102
米纳斯原油	0.415	12.043	1.843	1.620	5.167	1.928	4.365	0.028	1.032	0.722	1.479
新加坡石脑油	0.045	0.000	**0.027**	**0.024**	**0.021**	1.563	0.545	2.365	1.446	3.544	0.698
欧洲石脑油	0.279	2.563	0.000	**0.130**	**0.117**	**0.131**	0.000	1.671	0.118	0.000	0.167
中东石脑油	5.105	1.409	0.000	0.000	0.000	**0.054**	0.000	0.000	0.000	0.129	3.998
日本石脑油	0.125	1.771	0.000	**0.013**	0.000	**0.207**	0.077	0.225	0.131	0.022	4.321
韩国石脑油	0.898	4.760	0.000	**0.017**	0.000	**0.050**	0.000	0.233	0.000	0.609	0.047
中国石脑油	1.526	0.000	0.647	29.761	**0.473**	35.279	17.941	0.572	0.547	30.860	1.504
欧洲乙烯	NA	0.000	0.000	0.000	0.000	0.271	0.515	0.513	0.000	**0.509**	0.225
美国乙烯	0.053	NA	0.271	**0.004**	0.000	0.551	0.301	0.294	0.095	1.853	0.028
中国乙烯	0.000	0.000	NA	2.429	2.429	**0.723**	0.385	0.343	**0.359**	0.399	**0.802**
东南亚乙烯	0.000	4.307	2.802	NA	0.000	6.797	0.000	10.553	0.283	0.197	0.000
韩国乙烯	0.000	0.000	2.802	0.000	NA	25.715	0.789	**0.362**	1.907	0.777	0.000
日本乙烯	0.306	1.334	**0.640**	7.089	28.447	NA	0.000	0.000	0.000	16.529	**0.190**
韩国苯乙烯	0.694	0.000	0.438	0.000	**0.860**	0.000	NA	10.239	0.000	1.312	1.380
欧洲苯乙烯	0.673	0.000	0.334	8.649	**0.330**	0.000	11.873	NA	0.000	0.000	0.782
美国苯乙烯	0.000	NA	0.396	0.317	1.261	**0.247**	0.000	0.000	NA	2.489	2.043
中国苯乙烯	0.717	0.314	**0.466**	**0.174**	0.888	15.028	1.584	0.000	2.475	NA	4.741
东南亚苯乙烯	0.360	0.000	0.466	0.000	**0.375**	**0.141**	1.049	**0.844**	2.554	4.017	NA

注：黑体数字代表通过检验和筛选并且满足 ARCH 项系数与 GARCH 项系数之和小于 1 限制条件的波动传导关系；NA 表示计算结果不存在。

和韩国石脑油对中国石脑油价格波动的传导系数分别为 0.068、0.004、0.026 和
0.027。石脑油对乙烯产品的价格波动传导也不如"平稳趋降"阶段的影响系数
高。其中新加坡石脑油对中国乙烯、韩国乙烯和东南亚乙烯有显著的价格波动传
导关系，其余的石脑油产品都对日本乙烯产品价格波动有显著的影响关系。此
外，韩国石脑油和日本石脑油还对东南亚乙烯产品价格波动有显著的影响关系。
"震荡下降"阶段石脑油产品的价格波动传导作用普遍较弱，对乙烯产品的影响
范围也变窄。

　　"震荡下降"阶段内乙烯产品内部中，中国乙烯和日本乙烯产品价格波动彼此
之间有显著的传导关系，且中国对日本和日本对中国的传导系数分别是 0.723 和
0.640，一方价格的波动会对另一方产生非常明显的影响。此外美国乙烯价格对东
南亚乙烯价格的波动也有显著的影响，不过传导系数较小（0.028）。乙烯对苯乙烯
产品价格波动的传导也只局限在亚太内部。中国和日本乙烯产品是该阶段的主要产
品，二者对彼此价格波动造成影响的同时也分别对东南亚地区苯乙烯价格产生传导。

　　"震荡下降"阶段内苯乙烯产品价格波动的传导中，只有东南亚苯乙烯对欧
洲苯乙烯的价格波动传导属于同一产品之间的传导。其余的影响都是苯乙烯产品
对乙烯产品价格波动的传导。与"平稳趋降"阶段结果类似，各地区苯乙烯产
品价格波动传导较为分散。"震荡下降"阶段内苯乙烯产品价格波动的传导中，
只有东南亚苯乙烯对欧洲苯乙烯的价格波动传导属于同一产品之间的传导。其余
的影响都是在苯乙烯产品对乙烯产品价格波动的传导，其余的影响都是苯乙烯产
品对乙烯产品价格波动的传导。该阶段内石脑油产品的价格波动对其他国家和地
区其他产品的传导较弱，而苯乙烯产品对其他产品以及其他国家和地区的价格波
动传导强于"平稳趋降"阶段。

（三）"先增后减"阶段石化产品价格波动的空间传导效应

　　在"先增后减"阶段，产业链石化产品价格波动对各种产品造成影响的系
数如表 5 - 3 所示。考虑到在石化产业链的生产活动中，石化产品往往只与它们
生产活动最相关的辅料有密切的联系，因此只考虑了跨一层的产业链不同阶段产
品价格波动的传导效应，即只考虑原油—石脑油、石脑油—乙烯、乙烯—苯乙烯
之间的价格波动传导关系。表 5 - 3 中黑体数字代表通过检验和筛选并且满足
ARCH 项与 GARCH 项系数之和小于 1 限制条件的波动传导关系。

　　由表 5 - 3 所示"先增后减"阶段内原油产品对石脑油产品的影响中，两大
基准原油价格布伦特和西德克萨斯中质产品的价格波动传导的范围依然很广，布
伦特原油对欧洲石脑油、中东石脑油和韩国石脑油的价格波动产生影响，西德克
萨斯中质原油除了对以上三种原油价格产生影响外，也对日本石脑油的价格波动
产生影响。中国原油、迪拜原油和米纳斯原油则只对韩国石脑油、中东石脑油和
中东石脑油价格波动产生传导。其中基准原油价格的影响范围广泛，国家和地区
性原油价格只对本国家和地区内有传导关系。

表5-3　"先增后减"阶段石化产业链产品价格波动空间传导系数

项目	布伦特原油	西德克萨斯中质原油	中国原油	迪拜原油	米纳斯原油	新加坡石脑油	欧洲石脑油	中东石脑油	日本石脑油	韩国石脑油	中国石脑油
布伦特原油	NA	2.840	5.861	0.000	1.183	0.000	0.028	0.045	1.546	0.057	3.924
西德克萨斯中质原油	2.395	NA	0.000	0.000	6.836	2.473	0.002	0.058	0.020	0.057	0.162
中国原油	5.008	0.000	NA	2.972	7.376	4.438	0.050	1.508	1.560	0.006	3.653
迪拜原油	0.000	0.000	3.327	NA	4.425	0.000	1.663	0.214	1.567	1.508	2.544
米纳斯原油	1.106	11.715	10.759	4.066	NA	0.000	0.188	0.009	1.897	1.865	1.839
新加坡石脑油	0.000	2.510	4.976	0.000	0.000	NA	0.740	0.501	0.194	0.005	0.455
欧洲石脑油	6.696	0.606	0.000	2.258	4.290	0.556	NA	0.000	0.000	0.000	2.017
中东石脑油	0.986	1.121	0.617	0.000	0.617	3.394	0.000	NA	2.178	8.751	2.010
日本石脑油	0.000	0.887	0.409	0.564	0.000	16.172	0.000	1.735	NA	0.000	3.822
韩国石脑油	0.979	0.000	0.850	0.080	0.656	0.000	0.000	9.481	0.000	NA	3.000
中国石脑油	0.000	0.000	0.000	1.054	0.000	0.000	0.000	0.000	0.000	0.060	NA
欧洲乙烯	0.000	0.000	1.305	0.000	0.218	2.551	0.952	1.963	0.626	0.720	0.092
美国乙烯	0.000	0.000	0.000	4.827	0.038	0.121	0.104	0.003	0.017	0.115	0.004
中国乙烯	0.275	0.630	0.862	2.337	0.870	2.611	2.544	10.501	12.510	1.319	0.190
东南亚乙烯	0.000	1.852	0.238	0.000	0.000	0.297	2.241	5.730	1.616	1.591	0.382
韩国乙烯	37.567	0.000	0.000	0.000	0.000	0.000	12.550	1.676	1.770	0.000	1.827
日本乙烯	0.000	0.000	0.000	0.180	0.000	0.454	3.565	2.175	4.931	0.789	0.279
韩国苯乙烯	20.088	2.237	11.245	0.000	10.418	1.292	1.015	1.654	8.078	0.000	0.049
欧洲苯乙烯	0.000	0.000	2.838	0.000	0.000	0.000	1.720	1.856	2.751	0.683	0.137
美国苯乙烯	4.574	10.597	0.000	1.224	21.626	0.000	0.358	2.124	2.306	2.532	0.129
中国苯乙烯	26.876	0.347	22.853	0.000	0.000	0.000	1.824	1.202	0.800	0.000	0.254
东南亚苯乙烯	13.525	0.000	0.000	0.000	0.000	0.000	0.000	0.000	1.734	1.662	0.283

续表

项目	欧洲乙烯	美国乙烯	中国乙烯	东南亚乙烯	韩国乙烯	日本乙烯	韩国苯乙烯	欧洲苯乙烯	美国苯乙烯	中国苯乙烯	东南亚苯乙烯
布伦特原油	1.235	0.000	1.380	0.846	0.273	1.042	0.035	0.917	0.004	0.049	0.028
西德克萨斯中质原油	1.766	0.000	0.963	0.985	2.269	2.123	0.240	1.211	0.072	0.710	0.774
中国原油	6.488	0.000	1.347	1.218	1.287	0.004	0.017	0.000	0.680	0.028	0.028
迪拜原油	2.373	19.697	2.201	1.221	1.647	1.091	0.004	0.588	0.039	0.649	0.059
米纳斯原油	4.678	0.000	1.365	0.011	1.556	0.005	0.011	0.711	0.576	0.034	0.023
新加坡石脑油	5.357	**0.728**	1.386	0.066	2.155	1.885	0.026	0.010	0.609	0.003	1.542
欧洲石脑油	0.221	27.392	**0.038**	**0.028**	1.152	**0.032**	0.147	0.215	0.026	0.232	0.161
中东石脑油	0.394	3.126	5.040	1.086	**0.080**	**0.034**	0.235	0.222	0.286	0.156	0.064
日本石脑油	0.162	4.308	1.256	**0.034**	**0.033**	1.038	1.230	0.368	0.295	0.158	0.199
韩国石脑油	0.185	33.926	**0.081**	**0.080**	0.000	**0.029**	0.068	0.107	0.328	0.000	0.213
中国石脑油	0.857	0.000	1.066	8.646	**0.291**	6.403	0.492	1.805	2.335	1.119	4.010
欧洲乙烯	NA	329.415	0.032	0.000	0.434	0.434	0.000	0.000	0.000	0.000	0.723
美国乙烯	0.234	NA	0.600	0.005	0.885	1.263	0.587	1.791	2.945	3.080	1.019
中国乙烯	0.042	0.000	NA	**0.645**	0.000	2.394	2.394	0.000	**0.204**	0.308	0.000
东南亚乙烯	0.000	0.986	**0.722**	NA	0.000	0.000	1.120	0.000	0.000	1.131	1.131
韩国乙烯	0.459	0.000	0.000	0.000	NA	2.555	0.000	0.550	0.000	0.000	0.000
日本乙烯	**0.717**	0.000	1.958	0.000	2.388	NA	0.000	2.518	0.000	0.000	0.000
韩国苯乙烯	0.000	0.000	1.958	1.469	0.000	0.000	NA	0.000	2.234	2.234	0.000
欧洲苯乙烯	0.000	0.000	0.000	0.000	0.553	3.927	0.000	NA	0.000	0.000	3.940
美国苯乙烯	0.000	0.128	0.396	0.000	0.000	0.270	2.554	0.000	NA	11.399	2.371
中国苯乙烯	0.000	0.000	0.396	1.547	0.000	0.270	2.554	0.000	10.024	NA	0.000
东南亚苯乙烯	1.089	0.000	0.000	1.547	0.000	1.905	0.000	4.159	2.085	0.000	NA

注：黑体数字代表通过检验和筛选并且满足 ARCH 项与 GARCH 项系数之和小于 1 限制条件的波动传导关系；NA 表示计算结果不存在。

"先增后减"阶段内石脑油产品价格波动传导中，新加坡石脑油对欧洲、中东、日本、韩国石脑油的波动传导系数较高。这一阶段新加坡石脑油开始对欧洲石脑油进行传导，但是不再对中国石脑油产品价格的波动造成影响。此外欧洲石脑油的价格波动也会导致新加坡石脑油产品价格波动。而其他石脑油产品之间没有波动传导关系。其他石脑油产品的价格波动传导中，欧洲、中东、日本和韩国石脑油的价格波动变化会导致相应的原油产品价格波动。如欧洲石脑油的价格波动会导致西德克萨斯中质原油价格波动，中东石脑油产品的价格波动会导致中国原油产品价格波动，日本、韩国石脑油价格波动会导致中国原油和迪拜原油产品价格波动。

石脑油产品中波动传导范围最广泛的依然是新加坡石脑油，除了对亚太地区传导外，新加坡石脑油也对欧洲石脑油产生了传导，且也会受到欧洲石脑油传导，其余石脑油产品之间不存在彼此之间的价格波动传导。

"先增后减"阶段内石脑油对乙烯的波动传导关系系数较小，所有石脑油对乙烯产品的价格波动传导系数都小于0.1的国家和地区之间的传导中，本阶段内欧洲石脑油对亚太地区的中国、东南亚和日本有显著的影响关系。这是前两个阶段的石脑油产品的价格波动传导中所不具备的。而中东、日本和韩国石脑油对乙烯产品价格的影响也集中在亚太地区。

"先增后减"阶段内乙烯产品在本产品的价格波动传导中，中国乙烯与东南亚乙烯之间彼此有显著的价格波动传导关系，此外日本乙烯对欧洲乙烯也有显著的价格波动传导关系。而跨产业链环节的传导中，美国乙烯对产业链上游的欧洲石脑油，中国乙烯对上游的中国石脑油有显著的波动传导。中国乙烯的价格波动会传导到下游的美国苯乙烯价格。

这一时期，国家和地区性的原油价格受到石脑油价格波动而波动的特征是很明显的，欧洲石脑油对亚太地区石脑油产生了价格波动传导。乙烯产品的价格波动集中在亚太地区，而苯乙烯价格的波动对其他国家和地区价格波动的传导并不明显。

（四）"震荡趋稳"阶段石化产品价格波动的空间传导效应

在"先增后减"阶段，产业链石化产品价格波动对各个产品造成影响的系数如表5-4所示。考虑到在石化产业链的生产活动中，石化产品往往只与它们生产活动最相关的辅料有密切的联系，因此只考虑原油—石脑油、石脑油—乙烯、乙烯—苯乙烯之间的价格波动传导关系。表5-4中黑体数字代表通过检验和筛选并且满足ARCH项与GARCH项系数之和小于1限制条件的波动传导关系。

表 5－4 "震荡趋稳"阶段石化产业链产品价格波动空间传导系数

项目	布伦特原油	西德克萨斯中质原油	中国原油	迪拜原油	米纳斯原油	新加坡石脑油	欧洲石脑油	中东石脑油	日本石脑油	韩国石脑油	中国石脑油
布伦特原油	NA	2.840	5.861	0.000	1.183	0.000	0.028	0.045	1.546	0.057	3.924
西德克萨斯中质原油	2.395	NA	0.000	0.000	6.836	2.473	0.002	0.058	0.020	0.057	0.162
中国原油	5.008	0.000	NA	2.972	7.376	4.438	0.050	1.508	1.560	0.006	3.653
迪拜原油	0.000	0.000	3.327	NA	4.425	0.000	1.663	0.214	1.567	1.508	2.544
米纳斯原油	1.106	11.715	10.759	4.066	NA	0.000	0.188	0.009	1.897	1.865	1.839
新加坡石脑油	0.000	2.510	4.976	0.000	0.000	NA	0.740	0.501	0.194	0.005	0.455
欧洲石脑油	6.696	0.606	0.000	2.258	4.290	0.556	NA	0.000	0.000	0.000	2.017
中东石脑油	0.986	1.121	0.617	0.000	0.617	3.394	0.000	NA	2.178	8.751	2.010
日本石脑油	0.000	0.887	0.409	0.564	0.000	16.172	0.000	1.735	NA	0.000	3.822
韩国石脑油	0.979	0.000	0.850	0.080	0.656	0.000	0.000	9.481	0.000	0.060	3.000
中国石脑油	0.000	0.000	0.000	1.054	0.000	0.000	0.000	0.000	0.000	NA	NA
欧洲乙烯	0.000	0.000	1.305	0.000	0.218	2.551	1.665	1.963	0.626	1.156	0.092
美国乙烯	0.000	0.000	0.862	4.827	0.038	0.080	2.285	0.003	3.320	6.761	0.004
中国乙烯	0.275	0.630	0.238	2.337	0.870	2.611	2.544	10.501	12.510	1.319	0.073
东南亚乙烯	0.000	1.852	0.000	0.000	0.000	0.297	2.241	5.730	1.616	1.591	0.382
韩国乙烯	37.567	0.000	11.245	0.000	0.000	0.000	12.550	1.676	1.770	0.000	1.827
日本乙烯	0.000	0.000	2.838	0.000	0.000	0.454	3.565	2.175	4.931	0.789	0.279
韩国苯乙烯	20.088	2.237	22.853	0.000	10.418	1.292	1.015	1.654	8.078	0.000	0.049
欧洲苯乙烯	0.000	0.000	0.000	0.000	0.000	0.000	1.720	1.856	2.751	0.683	0.137
美国苯乙烯	4.574	10.597	0.000	1.224	21.626	0.000	0.358	2.124	2.306	2.532	0.129
中国苯乙烯	26.876	0.347	0.000	0.000	0.000	0.000	1.824	1.202	0.800	0.000	0.254
东南亚苯乙烯	13.525	0.000	0.000	0.000	0.000	0.000	0.000	0.000	1.734	1.662	0.283

续表

项目	欧洲乙烯	美国乙烯	中国乙烯	东南亚乙烯	韩国乙烯	日本乙烯	韩国苯乙烯	欧洲苯乙烯	美国苯乙烯	中国苯乙烯	东南亚苯乙烯
布伦特原油	1.235	0.000	1.380	0.846	0.273	1.042	0.035	0.917	0.004	0.049	0.028
西德克萨斯中质原油	1.766	0.000	0.963	0.985	2.269	2.123	0.240	1.211	0.072	0.710	0.774
中国原油	6.488	0.000	1.347	1.218	1.287	0.004	0.017	0.000	0.680	0.028	0.028
迪拜原油	2.373	19.697	2.201	1.221	1.647	1.091	0.004	0.588	0.039	0.649	0.059
米纳斯原油	4.678	0.000	1.365	0.011	1.556	0.005	0.011	0.711	0.576	0.034	0.023
新加坡石脑油	5.357	**0.409**	1.386	**0.007**	2.155	1.885	0.026	0.010	0.609	0.003	1.542
欧洲石脑油	0.221	27.392	0.424	0.433	1.152	0.692	0.147	0.215	0.026	0.232	0.161
中东石脑油	0.394	3.126	5.040	1.086	0.243	0.399	0.235	0.222	0.286	0.156	0.064
日本石脑油	**0.170**	4.308	1.256	0.329	0.271	1.038	1.230	0.368	0.295	0.158	0.199
韩国石脑油	0.185	33.926	0.230	0.301	0.000	0.199	0.068	0.107	0.328	0.000	0.213
中国石脑油	0.857	0.000	1.066	8.646	3.199	6.403	0.492	1.805	2.335	1.119	4.010
欧洲乙烯	NA	329.415	0.032	0.000	0.434	0.434	0.000	0.000	0.000	0.000	0.723
美国乙烯	0.234	NA	0.600	9.196	0.885	1.263	0.587	1.791	2.945	3.080	1.019
中国乙烯	0.042	0.000	NA	**0.645**	0.000	2.394	2.394	0.000	0.308	**0.378**	0.000
东南亚乙烯	0.000	**0.986**	**0.722**	NA	0.000	0.000	1.120	0.000	0.000	1.131	1.131
韩国乙烯	**0.715**	0.000	0.000	0.000	NA	2.555	0.000	0.550	0.000	0.000	0.000
日本乙烯	**0.169**	0.000	1.958	0.000	2.388	NA	0.000	2.518	0.000	0.000	0.000
韩国苯乙烯	0.000	0.000	1.958	1.469	0.000	0.000	NA	0.000	2.234	2.234	0.000
欧洲苯乙烯	0.000	0.128	1.131	0.000	0.553	3.927	0.000	NA	0.000	0.000	3.940
美国苯乙烯	0.000	0.000	0.396	0.000	0.000	0.270	2.554	0.000	NA	11.399	2.371
中国苯乙烯	0.000	0.000	0.000	1.547	0.000	0.270	2.554	0.000	10.024	NA	0.000
东南亚苯乙烯	1.089	0.000	0.000	1.547	0.000	0.270	0.000	4.159	2.085	0.000	NA

注：黑体数字代表通过检验和筛选并且满足 ARCH 项与 GARCH 项系数之和小于 1 限制条件的波动传导关系；NA 表示计算结果不存在。

由表 5 - 4 所示，"震荡趋稳"阶段的价格波动传导同样呈现出了与"先增后减"阶段类似的特征。这一阶段两大基准原油价格波动依然会传导给世界其他国家和地区的石脑油价格，造成其他国家和地区石脑油价格的波动。其中西德克萨斯中质原油价格的波动会造成所有石脑油产品的价格波动，但是波动传导的系数很小。而布伦特原油价格的波动在这一阶段只对欧洲、中东和韩国石脑油的价格波动产生传导。原油价格波动对石脑油价格波动的传导中传导系数最大的是中东地区的迪拜原油价格波动对中东石脑油价格波动的影响，传导系数为 0.214。此外中国原油价格波动会对韩国价格波动产生传导，而迪拜和米纳斯原油价格也会对中东石脑油价格波动产生传导关系。

"震荡趋稳"阶段的石脑油价格波动依然会给原油价格波动造成影响，其中欧洲石脑油的价格波动传导给了两大基准原油价格之一的西德克萨斯中质原油价格。而中东地区石脑油价格的波动则传导给中国和米纳斯原油价格。日本和韩国石脑油的价格波动都会传导给中国和迪拜的原油。此外韩国石脑油的价格波动还会影响米纳斯原油价格。虽然欧洲石脑油也对本区域外的新加坡石脑油价格波动造成了影响，然而新加坡石脑油价格依然比较稳定，仅对中东、日本和韩国石脑油价格波动产生影响。

"震荡趋稳"阶段的乙烯价格波动传导中，在本产品内，中国乙烯会对东南亚乙烯价格波动产生影响。而日本乙烯和韩国乙烯在这一阶段内的价格波动会对本国家和地区外的欧洲乙烯价格波动产生影响。在跨阶段的价格波动传导中，美国乙烯会对产业链上游的新加坡、日本和韩国石脑油价格波动产生影响。而中国乙烯会对中国苯乙烯价格波动产生影响。

本阶段内石脑油对国家和地区性原油价格波动的传导依然明显。此外美国乙烯对亚太地区的石脑油价格波动也很显著。石脑油的价格波动传导中，欧洲石脑油的传导范围延伸到了亚太，此外石脑油的价格波动传导基本都限制在本国家和地区内。

（五）不同阶段石化产品价格波动空间效应分析

从原油产品价格波动空间传导效应来看，前两个阶段（"平稳趋降"阶段与"震荡下降"阶段）与后两个阶段之间（"先增后减"阶段与"震荡趋稳"阶段）差别巨大。原油价格波动对其他产品的影响范围和强度都有所减弱，其原因是石脑油来源逐渐多样化、轻质化使得原油对石脑油价格的影响在逐渐减弱。

从石脑油产品价格波动空间传导效应来看，前两个阶段（"平稳趋降"阶段与"震荡下降"阶段）与后两个阶段之间（"先增后减"阶段与"震荡趋稳"阶段）差别依然巨大。同时"平稳趋降"与"震荡下降"阶段之间也有微妙的差异。在四个阶段，欧美原油对亚太市场石脑油始终有影响，而亚太地区石脑油产品价格波动则局限于本地区。这反映出不同国家和地区之间因为贸易禀赋导致的生产结构差异以及对石化产品市场的影响力差异。

从乙烯产品价格波动空间传导效应来看，平稳阶段与震荡阶段之间乙烯价格波动传导差别大。乙烯产品的跨国家和地区产品传导主要集中在亚太地区。在震荡阶段，中国乙烯产品以及美国乙烯产品是传导影响力最强的。而这一时期也是中美乙烯产能迅速增长的时期。

从苯乙烯产品价格波动空间传导效应来看，苯乙烯价格波动传导的范围很小，在平稳阶段只有"东南亚苯乙烯—韩国乙烯"和"美国苯乙烯—东南亚苯乙烯"的价格波动传导关系。在"震荡下降"阶段，中国苯乙烯对上游乙烯产品有价格波动传导，东南亚苯乙烯对乙烯和苯乙烯产品都有价格波动的传导，这些传导关系集中在亚太地区。而其他国家和地区中美国苯乙烯对日本乙烯有价格波动传导。

第二节　石化产业链产品价格波动空间传导网络效应分析

通过引入网络分析的方法，不仅可以计算单一石化产品在整个产业链市场中的地位和作用，同时网络分析的方法也是对贝克—广义自回归条件异方差模型计算结果的验证。

一、空间网络传导模型的构建

复杂网络分析方法是一种研究个体与个体间相互作用的研究方法（吴金闪和狄增如，2004），该方法最早由瓦茨和斯特罗加茨（Watts and Strogatz，1998）、巴拉巴西和阿尔伯特（Barabasi and Albert，1999）发展而来，它可以将现实世界中实体之间的关系抽象交互网络中的点和边（李华姣，2016）。同时，通过计算网络中结构指标的方法，分析网络中的点和边在整个网络中的作用，可以反映出个体在现实系统中的地位和作用。将石化产业链上的各个产品当作网络中的点，将产品价格波动传导关系当作边，波动传导关系的系数当作边的权重，构建了石化产业链产品价格波动空间传导网络模型。网络指标选取传导范围、传导强度、受传导范围、敏感程度、传导中心性、受传导中心性、传导媒介性等来刻画静态的石化产业链价格波动空间传导网络。

（一）传导范围

传导范围是一个产品价格波动可以影响到的产品的数量，传导范围越大表示该石化产品价格波动传导可以影响到的产品数量多，影响范围广（郝晓晴等，2013），具体如式（5-6）所示：

$$k_i^{out} = \sum_{j=1}^{N} l_i^{ij} \qquad (5-6)$$

其中，k 指网络中与该产品有价格联系的产品的数量，out 表示该指标计算从产品 i 向其他产品施加的价格波动传导关系，i 和 j 表示不同的石化产品，即网络中不同的点。l_i^{ij} 表示产品 i 与产品 j 产生价格关系的个数，值为 0 或 1，表示两个产品间要么存在价格波动传导关系，要么不存在价格波动传导关系。N 是网络中所有产品的数量。

（二）传导强度

传导强度是一个产品价格波动对其他产品影响系数的总和，传导强度越大表示该石化产品的价格波动造成其他产品价格波动的程度越大（Barrat et al.，2004），具体如式（5-7）所示：

$$wk_i^{out} = \sum_{j=1}^{N} r_i^{ij} \qquad (5-7)$$

其中，wk 指网络中与该产品有价格联系的产品的价格波动传导关系系数之和，out 表示该指标计算从产品 i 向其他产品施加的价格波动传导关系，i 和 j 表示不同的石化产品，即网络中不同的点。r_i^{ij} 表示产品 i 与产品 j 产生价格关系的系数大小。N 是网络中所有产品的数量。

（三）受传导范围

受传导范围是一个产品受到其他产品价格波动影响的数量，受传导范围越大表示该石化产品价格波动受到大量其他产品价格波动的影响（郝晓晴等，2013），具体如式（5-8）所示：

$$k_i^{in} = \sum_{j=1}^{N} l_i^{ij} \qquad (5-8)$$

其中，k 指网络中与该产品有价格联系的产品的数量，in 表示该指标计算其他产品向产品 i 施加的价格波动传导关系，i 和 j 表示不同的石化产品，即网络中不同的点。l_i^{ij} 表示产品 i 与产品 j 产生价格关系的个数，值为 0 或 1，表示两个产品间要么存在价格波动传导关系，要么不存在价格波动传导关系。N 是网络中所有产品的数量。

（四）敏感程度

敏感程度是一个产品价格波动受到其他产品价格波动强度的总和。受传导强度大表示该石化产品的价格波动受其他产品价格波动影响的程度越大，该产品对于其他产品价格波动是敏感的（Barrat et al.，2004），具体如式（5 - 9）所示：

$$k_i^{in} = \sum_{j=1}^{N} r_i^{ji} \qquad (5 - 9)$$

其中，k 指网络中与该产品有价格联系的产品的价格波动传导关系系数之和，in 表示该指标计算其他产品向产品 i 施加的价格波动传导关系，i 和 j 表示不同的石化产品，即网络中不同的点。r_i^{ij} 表示产品 i 与产品 j 产生价格关系的系数大小。N 是网络中所有产品的数量。

（五）传导中心性

传导中心性表示一个产品的价格波动在向其他产品进行传导时距离其他产品的网络传导距离是多少。传导中心性大表示该产品在向其他产品进行价格波动传导时距离其他产品近，更容易传导给其他产品（Freeman，1978），具体如式（5 - 10）、式（5 - 11）所示：

$$d_i^{out} = \frac{1}{N} \sum_{j=1}^{N} d_{ij} \qquad (5 - 10)$$

$$CC_i = \frac{1}{d_i^{out}} = \frac{N}{\sum_{j=1}^{N} d_{ij}} \qquad (5 - 11)$$

其中，d 表示网络中两个点之间的距离，即两点之间最短路径经过的边的数量。out 表示该指标计算从产品 i 向其他产品施加的价格波动传导关系。d_{ij} 表示网络中产品 i 和产品 j 之间的距离。CC_i 表示受传导中心性的大小。

（六）受传导中心性

受传导中心性表示一个产品在受到其他产品价格波动的影响时距离其他产品的网络传导距离是多少。受传导中心性大表示其他产品的价格波动对该产品进行传导时其他产品距离该产品很近，价格的波动很容易传导给该产品（Freeman，1978），具体如式（5 - 12）、式（5 - 13）所示：

$$d_i^{in} = \frac{1}{N} \sum_{j=1}^{N} d_{ij} \qquad (5 - 12)$$

$$CC_i = \frac{1}{d_i^{in}} = \frac{N}{\sum_{j=1}^{N} d_{ij}} \qquad (5 - 13)$$

其中，d 表示网络中两个点之间的距离，即两点之间最短路径经过的边的数量。in 表示该指标计算其他产品向产品 i 施加的价格波动传导关系。d_{ij} 表示网络中产品 i 和产品 j 之间的距离。CC_i 表示受传导中心性的大小。

（七）传导媒介性

传导媒介性表现的是两个石化产业链产品的价格波动传导关系中，经过某个产品的价格波动传导关系占据两个石化产业链产品间所有价格波动传导关系的比例。高的传导媒介性表示在石化产业链产品的价格波动传导关系中经过某个产品的价格波动传导关系比例高，而这个产品则是整个传导关系网络的"媒介"或者"桥梁"（Brandes，2001），具体如式（5-14）所示：

$$\sum_{j}^{N}\sum_{k}^{N}\frac{g_{jk}(i)/g_{jk}}{N^2-3N+2}, j \neq k \neq i, j < k \qquad (5-14)$$

其中，i，j，k 表示网络中的产品，N 表示网络中产品的个数，g_{jk}（i）表示价格波动从产品 i 传导到产品 j 的过程中经过产品 k 的价格波动传导关系的数量。g_{jk} 表示价格波动从产品 i 传导到产品 j 的关系的数量。

二、石化产业链产品价格波动空间传导网络效应分析

（一）"平稳趋降"阶段价格波动传导网络结果分析

在通过贝克—广义自回归条件异方差模型分析不同阶段石化产业链产品价格之间一对一的传导关系后，又构建了石化产业链产品价格波动空间传导网络。通过计算网络指标，从产业链产品、国家和地区两个维度来分析单个石化产品在整个石化产业链市场中的地位和作用。

图 5-1 展示了"平稳趋降"阶段石化产业链产品价格波动空间传导网络中传导范围的指标，其中横坐标是各个石化产品，纵坐标是传导范围的值，传导范围越大表明该产品价格波动影响的其他产品数量越多，该产品的传导范围越广。

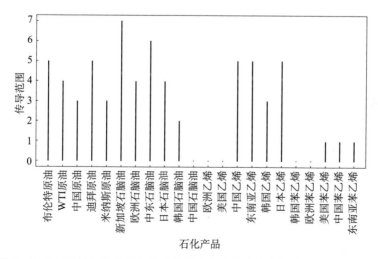

图 5-1　"平稳趋降"阶段石化产业链产品价格波动空间传导网络传导范围
资料来源：在 Wind 数据库基础上根据模型计算，结果由 RStudio 软件绘制而成。

从产业链产品的角度来看，在"平稳趋降"阶段可以看出传导范围最大的

是新加坡石脑油产品，这一产品的价格波动对 7 个产品的价格波动造成了影响，其次是中东石脑油产品（6 次）。传导范围最大的产品是石脑油，对其他 23 种石化产品的价格波动产生了影响。其次是原油产品（20 次）和乙烯产品（18 次）。苯乙烯产品中，只有美国苯乙烯（对东南亚苯乙烯）和东南亚苯乙烯（对韩国乙烯）各产生了一次价格波动传导。

从国家和地区的角度来看，传导范围最大的是东南亚地区，然后是中东地区。相对于受传导范围，传导范围在国家和地区间的分布要更为平均（标准差 2.295，小于受传导范围的 2.800），不存在影响范围明显小于其他不同国家和地区的市场。

图 5 - 2 展示了"平稳趋降"阶段石化产业链产品价格波动空间传导网络中传导强度指标，其中横坐标是各个石化产品，纵坐标是传导强度的值，传导强度越大表明该产品价格波动传导到其他产品的系数之和越大。把价格波动传导的系数大小纳入考量后，各个产品之间传导强度的差异变得更大了。

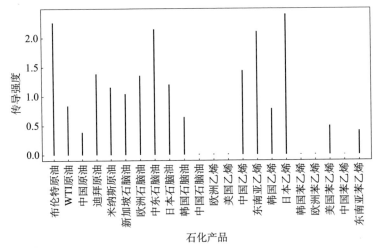

图 5 - 2　"平稳趋降"阶段石化产业链产品价格波动空间传导网络传导强度

资料来源：在 Wind 数据库基础上根据模型计算，结果由 RStudio 软件绘制而成。

从产业链产品的角度来看，新加坡石脑油的传导强度只有 1.044，排名所有石油产品中的第十位。而日本乙烯、布伦特原油、中东石脑油和东南亚乙烯的传导强度最大，分别为 2.403、2.262、2.145 和 2.104。在四种产品原油（6.046）、石脑油（6.389）、乙烯（6.733）、苯乙烯（0.900）中，乙烯的传导强度是最大的，但是乙烯、原油和石脑油之间传导强度的差别很小。

从国家和地区的角度来看，在欧洲（3.614）、美国（1.341）、中国（1.829）、中东（3.528）、东南亚（4.714）、日本（3.604）和韩国（0.646）中，东南亚地区的传导强度值最大，且东南亚地区的传导强度明显高于其他国家和地区。从单个石化产品所属的国家和地区看，日本乙烯、欧洲布伦特原油、中东石脑油和东南亚地区的乙烯是四个传导强度最高的产品。

图 5－3 展示了"平稳趋降"阶段石化产业链产品价格波动空间传导网络中受传导范围的指标，其中横坐标是各个石化产品，纵坐标是受传导范围的值，受传导范围越大表明该产品受到其他产品价格波动影响数量越多，该产品的受传导范围越广。

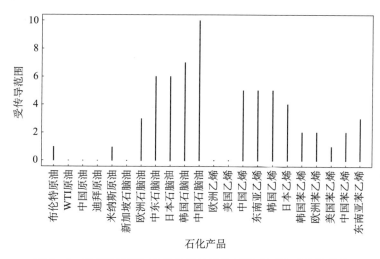

图 5－3 "平稳趋降"阶段价格波动传导静态网络受传导范围
资料来源：在 Wind 数据库基础上根据模型计算，结果由 RStudio 软件绘制而成。

从产业链产品的角度来看，受到价格波动传导比较多的石化产品主要集中在石脑油产品和乙烯产品上，其中受到其他产品价格波动的传导次数最多的是中国石脑油产品（10 次）。而原油产品是受到价格波动的影响最少的产品，只有布伦特原油和米纳斯原油受到一次价格波动的传导。

从国家和地区的角度来看，中国、韩国和日本是受到其他国家和地区的价格波动影响最多的三个国家。而欧美市场是受到价格波动影响最少的区域，无论是原油（1 次）、石脑油（3 次），还是乙烯（0 次）、苯乙烯（3 次），欧美市场受到其他国家和地区价格波动的传导都是有限的。

图 5－4 展示了"平稳趋降"阶段石化产业链产品价格波动空间传导网络中敏感程度指标，其中横坐标是各个石化产品，纵坐标是敏感程度的值，敏感程度越大表明其他产品价格波动传导到该产品的系数之和越大，该产品受到其他产品价格传导的强度很大。

如果把受到价格波动传导的系数大小考虑进来，上述结果表现得更加明显。中国石脑油产品的敏感程度最高，受到其他国家和地区或产业链其他产品传导的强度最大。其次是东南亚乙烯产品和韩国乙烯产品。中日韩三个国家依然是敏感程度最高的，但是东南亚地区的敏感程度也很高。米纳斯原油、东南亚乙烯和苯乙烯产品分别是各自产品中敏感程度最高的产品，受到价格波动传导的强度很大。

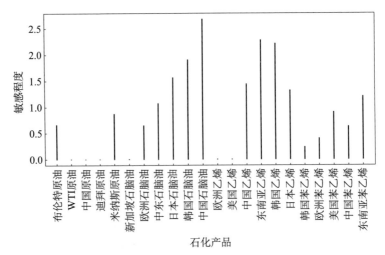

图5-4 "平稳趋降"阶段石化产业链产品价格波动空间传导网络敏感程度

资料来源:在 Wind 数据库基础上根据模型计算,结果由 RStudio 软件绘制而成。

图5-5 展示了"平稳趋降"阶段石化产业链产品价格波动空间传导网络中传导中心性指标。其中横坐标是各个石化产品,纵坐标是传导中心性的值。传导中心性表示在所有的传导关系中一个产品的价格波动对其他产品产生影响时,它到其他产品之间的距离是多少,传导中心性越大表明该产品与其他产品的距离越近,在对其他产品产生价格波动传导时更容易传导到其他产品。

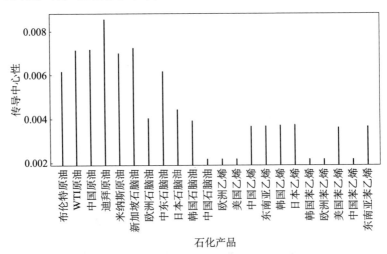

图5-5 "平稳趋降"阶段石化产业链产品价格波动空间传导网络传导中心性

资料来源:在 Wind 数据库基础上根据模型计算,结果由 RStudio 软件绘制而成。

从产业链产品的角度来看,迪拜原油(0.00854)、新加坡石脑油(0.00724)、中国原油(0.00717)、西德克萨斯中质原油(0.00713)和米纳斯原油

（0.00699）的传导中心性是最高的。这反映出在产品的价格波动传导关系中，这些产品到其他产品之间的平均距离最小，最容易对其他产品产生价格波动传导关系。四种石化产业链产品的传导中心性分别是 0.0360（原油）、0.0279（石脑油）、0.0191（乙烯）和 0.0137（苯乙烯），其中原油产品的传导中心性最高，这反映出在对其他产品的价格波动产生传导时，原油产品距离其他产品的距离是最近的。此外，传导中心性高的产品主要集中在产业链的上游，这反映出上游产品对下游产品的影响高于下游产品对上游产品的影响。

从国家和地区的角度来看，四种传导中心性最高的产品分别来自中东、东南亚、中国和美国。而各个国家和地区整体的传导中心性分别为 0.0145（欧洲）、0.0129（美国）、0.0152（中国）、0.0147（中东）、0.0216（东南亚）。整体传导中心性最高的国家和地区是东南亚，其次是中国和中东地区。

图 5-6 展示了"平稳趋降"阶段石化产业链产品价格波动空间传导网络中受传导中心性指标。其中横坐标是各个石化产品，纵坐标是受传导中心性的值。受传导中心性表示在所有的传导关系中一个产品的价格波动受到其他产品价格波动的影响时，其他产品与它的距离是多少，受传导中心性越大表明其他产品与该产品的距离越近，更容易受到其他产品价格波动的影响。

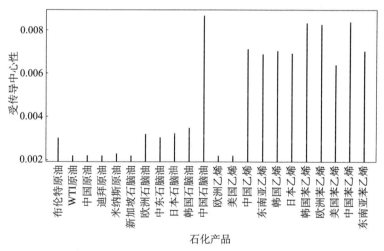

图 5-6 "平稳趋降"阶段石化产业链产品价格波动空间传导网络受传导中心性

资料来源：在 Wind 数据库基础上根据模型计算，结果由 RStudio 软件绘制而成。

从产业链产品的角度来看，受传导中心性中排名最高是中国石脑油（0.00868）、中国苯乙烯（0.00837）、韩国苯乙烯（0.00833）和欧洲苯乙烯（0.00826）。从产品的角度看，中国石脑油距离其他产品的传导距离最近，最容易受到其他产品价格波动的影响，其次是众多苯乙烯商品。四个石化产业链产品的受传导中心性分别是 0.0117（原油）、0.0237（石脑油）、0.0323（乙烯）和

0.0384（苯乙烯）。结果显示处于产业链下游的乙烯和苯乙烯产品明显更容易受到上游产品价格波动的影响。

从国家和地区的角度来看，各个国家和地区整体的受传导中心性分别为0.0166（欧洲）、0.0107（美国）、0.0263（中国）、0.0052（中东）、0.0183（东南亚）。结果显示中国是最容易受到价格波动影响的国家。中国石化产业链上的石脑油、乙烯和苯乙烯产品都具有很高的受传导中心性，很容易受到其他国家和地区石化产品价格波动的影响。

图5-7展示了"平稳趋降"阶段石化产业链产品价格波动空间传导网络中传导媒介性指标。其中横坐标是各个石化产品，纵坐标是传导媒介性的值。传导媒介性表现的是两个石化产业链产品的价格波动传导关系中，经过某个产品的价格波动传导关系占据两个石化产业链产品间所有价格波动传导关系的比例。高的传导媒介性表示在石化产业链产品的价格波动传导关系中经过某个产品的价格波动传导关系比例高，而这个产品则是整个传导关系网络的"媒介"或者"桥梁"。

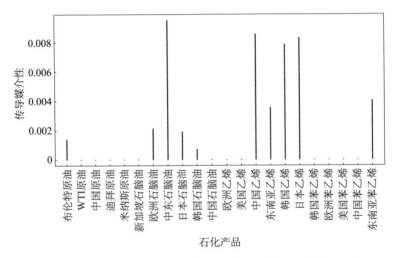

图5-7　"平稳趋降"阶段石化产业链产品价格波动空间传导网络传导媒介性
资料来源：在Wind数据库基础上根据模型计算，结果由RStudio软件绘制而成。

结果显示中东石脑油产品的媒介性最高（0.0952），其次是中国乙烯（0.0857）、日本乙烯（0.0833）和韩国乙烯（0.0786）。从产品的角度来看，四种石化产业链产品的传导媒介性分别是0.0143（原油）、0.143（石脑油）、0.283（乙烯）、0.0405（苯乙烯）。在"平稳趋降"阶段石化产品价格波动的传导中，价格波动传导关系有可能经过这些产品对其他石化产业链产品价格的波动产生影响。

（二）"震荡下降"阶段价格波动传导网络结果分析

在通过贝克—广义自回归条件异方差模型分析"震荡下降"石化产业链产品价格之间一对一的传导关系后，又构建了"震荡下降"阶段石化产业链产品价格波动空间传导网络。通过计算网络指标，从产业链产品、国家和地区两个维度来分析单个石化产品在整个石化产业链市场中的地位和作用。

图5-8展示了"震荡下降"阶段石化产业链产品价格波动空间传导网络中传导范围的指标，其中横坐标是各个石化产品，纵坐标是传导范围的值，传导范围越大表明该产品价格波动影响的其他产品数量越多，该产品的传导范围越广。传导范围是石化产业链产品的价格波动对其他产品价格波动进行传导的次数。

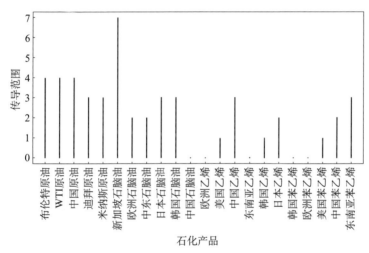

图5-8　"震荡下降"阶段石化产业链产品价格波动空间传导网络传导范围
资料来源：在 Wind 数据库基础上根据模型计算，结果由 RStudio 软件绘制而成。

从产业链产品的角度来看，新加坡石脑油是传导范围最广的石化产品，它的价格波动可以传导到7个石化产品。四种产业链产品原油、石脑油、乙烯和苯乙烯的传导范围分别为18、17、7和6。原油产品和石脑油产品是价格波动传导范围最大的产品。乙烯产品和苯乙烯产品中，中国乙烯和东南亚苯乙烯产品是价格波动传导范围最广的产品。

从国家和地区的角度来看，欧洲、美国、中国、中东、东南亚、日本和韩国的传导范围分别是6、6、9、5、13、5和3。东南亚地区的传导范围是最大的。

图5-9展示了"震荡下降"阶段石化产业链产品价格波动空间传导网络中传导强度指标，其中横坐标是各个石化产品，纵坐标是传导强度的值，传导强度越大表明该产品价格波动传导到其他产品的系数之和越大。

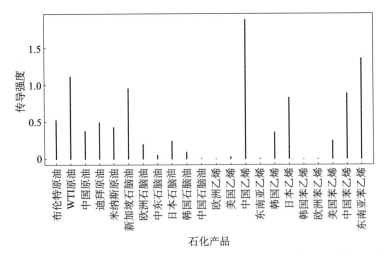

图 5 - 9　"震荡下降"阶段石化产业链产品价格波动空间传导网络传导强度

资料来源：在 Wind 数据库基础上根据模型计算，结果由 RStudio 软件绘制而成。

把价格波动传导的系数考虑进来后，结果出现了变化。中国乙烯（1.885）产品成为了传导强度最大的石化产品。其次是东南亚苯乙烯（1.360）和西德克萨斯中质原油（1.119）。而在传导范围的排名中，中国乙烯产品仅排名第五。在传导范围中排名最高的新加坡石脑油产品在传导强度结果中仅排名第四。此外东南亚苯乙烯在传导范围（排名第六）和传导强度（排名第二）中的排名也变化很大。这说明了中国乙烯和东南亚苯乙烯产品的价格波动造成其他产品价格波动的范围是很小的，但受到二者波动传导的产品受到影响的程度却很大。

从产业链产品的角度来看，四种石化产业链产品的传导强度分别为 2.965（原油）、1.550（石脑油）、3.104（乙烯）和 2.497（苯乙烯）。结果显示乙烯产品的传导强度是最大的。在"震荡下降"阶段，石脑油产品虽然有着很广泛的传导范围，但是石脑油产品的价格波动造成其他石化产品价格波动的程度却很小。原油产品的传导强度和范围依然都很高。"震荡下降"阶段，乙烯、苯乙烯产品的价格波动对其他产品造成的影响在逐渐上升。

从国家和地区的角度来看，各个国家和地区的传导强度分别为 0.730（欧洲）、1.394（美国）、3.157（中国）、0.557（中东）、2.747（东南亚）、1.076（日本）和 0.456（韩国）。在"震荡下降"阶段，中国的传导强度是最大的，这主要是由于中国乙烯产品极高的传导强度带来的，同时中国石脑油的传导强度为 0，中国的石脑油的价格波动基本不会对外部市场和其他产品的价格波动造成影响。在各个国家和地区中，韩国和中东的传导强度最小。

图 5 - 10 展示了"震荡下降"阶段石化产业链产品价格波动空间传导网络中

受传导范围的指标，其中横坐标是各个石化产品，纵坐标是受传导范围的值，受传导范围越大表明该产品受到其他产品价格波动影响数量越多，该产品的受传导范围越广。结果显示在各个产品中，日本乙烯到其他产品价格波动影响的次数最多（7次）。其次是日本石脑油和韩国石脑油产品，各受到6种其他产品价格波动的影响。与"平稳趋降"阶段相比，中国石脑油不再是受到价格波动影响次数最多的石化产品。

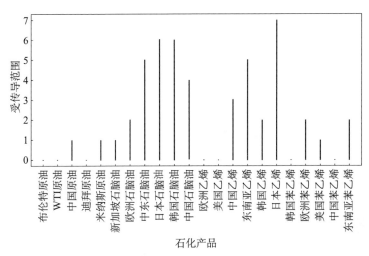

图5-10　"震荡下降"阶段石化产业链产品价格波动空间传导网络受传导范围
资料来源：在 Wind 数据库基础上根据模型计算，结果由 RStudio 软件绘制而成。

从产业链产品的角度来看，四种石化产业链产品受到价格波动传导的次数分别是原油（2次）、石脑油（24次）、乙烯（17次）和苯乙烯（5次）。结果显示石脑油是受到价格波动传导次数最多的产品。原油依然是受价格波动影响次数最少的产品，受到价格波动影响的原油产品是中国原油和米纳斯原油等国家和地区性的石油价格，布伦特、西德克萨斯中质和迪拜三个基准原油价格并没有受到其他石化产品价格波动的传导。"震荡下降"阶段的石化产业链产品价格波动主要对石脑油和乙烯产品产生影响。

从国家和地区的角度来看，各个国家和地区受到价格波动传导的次数分别为：4次（欧洲）、1次（美国）、8次（中国）、5次（中东）、9次（东南亚）、13次（日本）和8次（韩国）。在"震荡下降"阶段石化产业链产品受到价格波动的影响主要集中在亚太地区，其中以日本最为明显。而欧美地区受到其他产品价格波动影响的次数最少。

图5-11展示了"震荡下降"阶段石化产业链产品价格波动空间传导网络中敏感程度指标，其中横坐标是各个石化产品，纵坐标是敏感程度的值，敏感程度

越大表明其他产品价格波动传导到该产品的系数之和越大，该产品受到其他产品价格传导的强度很大。

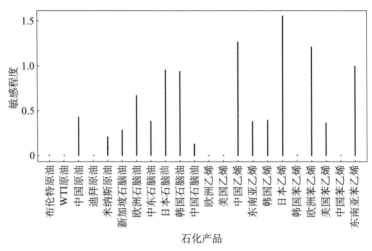

图 5 - 11 "震荡下降"阶段石化产业链产品价格波动空间传导网络敏感程度

资料来源：在 Wind 数据库基础上根据模型计算，结果由 RStudio 软件绘制而成。

把受价格波动传导的系数考虑进来，即将各国家和地区的敏感程度纳入考量后，敏感程度最高的依然是日本乙烯产品，敏感程度为 1.552，其次为中国乙烯（1.263）和欧洲苯乙烯（1.206）。

从产业链产品的角度来看，四个产品的敏感程度分别为 0.638（原油）、3.333（石脑油）、3.588（乙烯）和 2.558（苯乙烯）。石脑油和乙烯是敏感程度最高的产品，这与受传导范围的结果一致。石脑油产品中各个国家和地区敏感程度的差异不如乙烯产品中国家和地区的差异大，乙烯产品的高敏感程度主要是日本乙烯和中国乙烯产品导致的。

从国家和地区的角度来看，各个国家和地区的敏感程度分别为 1.870（欧洲）、0.359（美国）、1.816（中国）、0.383（中东）、1.858（东南亚）、2.502（日本）和 1.329（韩国）。敏感程度最高的区域与受传导范围最广的区域相同——日本。在日本，乙烯与石脑油在这一阶段受到其他产品价格波动的影响较大。

图 5 - 12 展示了"震荡下降"阶段石化产业链产品价格波动空间传导网络中传导中心性指标。其中横坐标是各个石化产品，纵坐标是传导中心性的值。传导中心性表示在所有的传导关系中一个产品的价格波动对其他产品产生影响时，它到其他产品之间的距离是多少，传导中心性越大表明该产品与其他产品的距离越近，在对其他产品产生价格波动传导时更容易传导到其他产品。

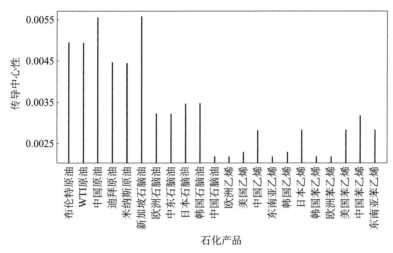

图 5 - 12　"震荡下降"阶段石化产业链产品价格波动空间传导网络传导中心性
资料来源：在 Wind 数据库基础上根据模型计算，结果由 RStudio 软件绘制而成。

结果显示传导中心性最大的产品为新加坡石脑油（0.00556），其次为中国原油（0.00553）、布伦特原油（0.00493）和西德克萨斯中质原油（0.00493）。这说明在本产品价格波动造成其他产品的价格波动时，这些产品的传导距离是离其他产品最近的，很容易将价格波动传导给其他产品。

从产业链产品的角度来看，四个石化产业链中的传导中心性分别是 0.0243（原油）、0.0210（石脑油）、0.0145（乙烯）和 0.0131（苯乙烯）。这与"平稳趋降"阶段的结果相同，原油产品的传导中心性是最高的，在原油产品发生价格波动时，这种价格波动最容易传递给其他产品。

从国家和地区的角度来看，各个国家和地区的传导中心性分别为 0.0125（欧洲）、0.001 （美国）、0.0137 （中国）、0.00766 （中东）、0.0150 （东南亚）、0.00625 （日本） 和韩国 （0.00789） 东南亚地区和中国的价格波动最容易传导给其他国家和地区。

图 5 - 13 展示了"震荡下降"阶段石化产业链产品价格波动空间传导网络中受传导中心性指标。其中横坐标是各个石化产品，纵坐标是受传导中心性的值。受传导中心性表示在所有的传导关系中一个产品的价格波动受到其他产品价格波动的影响时，其他产品与它的距离是多少，受传导中心性越大表明其他产品与该产品的距离越近，更容易受到其他产品价格波动的影响。

结果显示受传导中心性最大的石化产品是欧洲苯乙烯（0.00781），其次是韩国乙烯（0.00700）和日本乙烯（0.00633）。这表明这些产品在受到其他产品价格波动的影响时，距离其他产品的传导距离是最近的，最容易受到其他石化产业

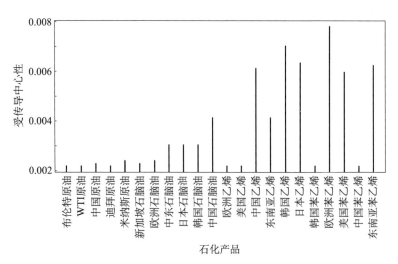

图 5 - 13　"震荡下降"阶段石化产业链产品价格波动空间传导网络受传导中心性

资料来源：在 Wind 数据库基础上根据模型计算，结果由 RStudio 软件绘制而成。

链产品价格波动的影响。

从产业链产品的角度来看，四个石化产业链产品的受传导中心性分别是：0.0112（原油）、0.0178（石脑油）、0.0279（乙烯）和 0.0243（苯乙烯）。最容易受到其他产品价格波动影响的依然是乙烯产品和苯乙烯产品。而其他产品的价格波动对原油产品产生影响时，这种传导的距离是最远的，其他产品的价格波动很难传导给原油产品。

从国家和地区的角度来看，各个国家和地区的受传导中心性分别是：0.0145（欧洲）、0.0103（美国）、0.0147（中国）、0.00519（中东）、0.0150（东南亚）、0.00935（日本）和 0.0122（韩国）。受传导中心性最高的三个区域是东南亚、中国和欧洲。在受到其他国家和地区价格波动的影响时，这些国家和地区距离其他国家和地区的平均距离最近，更加容易受到价格波动的影响。

图 5 - 14 展示了"震荡下降"阶段石化产业链产品价格波动空间传导网络中传导媒介性指标。其中横坐标是各个石化产品，纵坐标是传导媒介性的值。传导媒介性表现的是两个石化产业链产品的价格波动传导关系中，经过某个产品的价格波动传导关系占据两个石化产业链产品间所有价格波动传导关系的比例。高的传导媒介性表示在石化产业链产品的价格波动传导关系中经过某个产品的价格波动传导关系比例高，而这个产品则是整个传导关系网络的"媒介"或者"桥梁"。

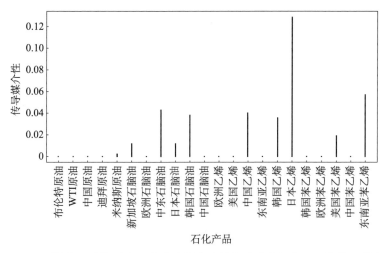

图 5 - 14　"震荡下降"阶段石化产业链产品价格波动空间传导网络传导媒介性

资料来源：在 Wind 数据库基础上根据模型计算，结果由 RStudio 软件绘制而成。

从产业链产品的角度来看，受传导中心性最高的产品是日本乙烯（0.129），排名第二的东南亚苯乙烯媒介性仅为 0.0571。这表示在所有产品发生多个产品之间的传导时，价格波动传导关系往往先传导到日本乙烯产品，然后日本乙烯产品的价格波动再传导给其他产品。

从产业链产品的角度来看，四个石化产业链产品的媒介性分别为 0.00238（原油）、0.105（石脑油）、0.205（乙烯）和 0.0762（苯乙烯）。其中乙烯产品和石脑油产品的媒介性最强，这与他们处在整个产业链的中段有关。石脑油和乙烯往往受到上游原油产品和下游苯乙烯产品价格波动的双重影响，而原油对下游产品的价格波动传导往往经过石脑油和乙烯产品，因此二者的媒介性高是明显的。

从国家和地区的角度来看，各个国家和地区的媒介性分别为 0（欧洲）、0.0190（美国）、0.0405（中国）、0.0119（中东）、0.0714（东南亚）、0.140（日本）和 0.0738（韩国）。日本、韩国、东南亚和中国是媒介性最高的区域，这些国家和地区都集中在亚太，同时这些国家和地区也是受传导范围最广的地区。

（三）"先增后减"阶段价格波动传导网络结果分析

在通过贝克—广义自回归条件异方差模型分析"先增后减"石化产业链产品价格之间一对一的传导关系后，又构建石化产业链产品价格波动空间传导网络。通过计算网络指标，从产业链产品、国家和地区的维度来分析单个石化产品在整个石化产业链市场中的地位和作用。

图 5 - 15 展示了"先增后减"阶段石化产业链产品价格波动空间传导网络中传导范围的指标，其中横坐标是各个石化产品，纵坐标是传导范围的值，传导范围越大表明该产品价格波动影响的其他产品数量越多，该产品的传导范围越广。

结果显示传导范围最广的产品是新加坡石脑油和韩国石脑油，它们的价格波动可以传导给 6 个其他的产品。

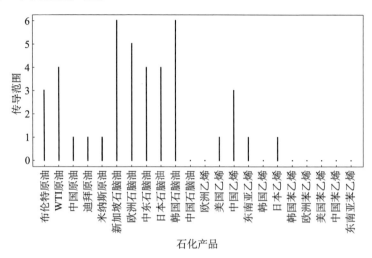

图 5 - 15　"先增后减"阶段石化产业链产品价格波动空间传导网络传导范围

资料来源：在 Wind 数据库基础上根据模型计算，结果由 RStudio 软件绘制而成。

从产业链产品的角度来看，四个石化产业链产品的传导范围分别是 10（原油）、25（石脑油）、6（乙烯）和 0（苯乙烯）。在"先增后减"阶段，不同石化产品价格波动的传导范围差异是显著的，其中传导范围最广的是石脑油产品，而苯乙烯产品在这一阶段的价格波动并没有造成任一个石化产品的价格波动。

从国家和地区的角度来看，各个国家和地区的传导范围分别是 8（欧洲）、5（美国）、4（中国）、5（中东）、8（东南亚）、5（日本）和 6（韩国）。这说明在"先增后减"阶段，各个国家和地区的传导范围差别不大，并没有某个国家和地区价格波动传导的范围明显高于或低于其他地区。

图 5 - 16 展示了"先增后减"阶段石化产业链产品价格波动空间传导网络中传导强度指标，其中横坐标是各个石化产品，纵坐标是传导强度的值，传导强度越大表明该产品价格波动传导到其他产品的系数之和越大。

把价格波动传的系数考虑进来后，结果出现了变化。把各石化产品价格波动传导的系数纳入考量后，各石化产品中传导强度最高的是新加坡石脑油。从产品的角度看，四个石化产品的传导强度分别为 0.496（原油）、7.659（石脑油）、2.582（乙烯）和 0（苯乙烯）。石脑油依然是传导强度最高的产品，且石脑油的传导强度明显高于其他石化产品。

从国家和地区的角度来看，各个国家和地区的传导强度分别为 1.390（欧洲）、0.240（美国）、1.045（中国）、1.562（中东）、2.966（东南亚）、1.758（日本）和 1.776（韩国）。传导强度最高的地区是东南亚，这说明在"先增后减"阶段。

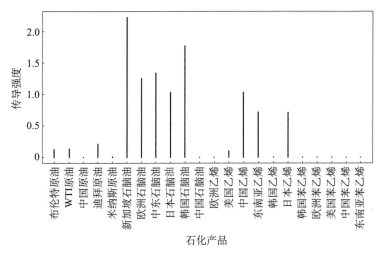

图 5 - 16　"先增后减"阶段石化产业链产品价格波动空间传导网络传导强度
资料来源：在 Wind 数据库基础上根据模型计算，结果由 RStudio 软件绘制而成。

东南亚地区的石化产品（主要是新加坡石脑油）的价格波动会显著影响其他国家和地区石化产品的价格波动。日本与韩国的传导强度也有很大的影响力。

图 5 - 17 展示了"先增后减"阶段石化产业链产品价格波动空间传导网络中受传导范围的指标，其中横坐标是各个石化产品，纵坐标是受传导范围的值，受传导范围越大表明该产品受到其他产品价格波动影响数量越多，该产品的受传导范围越广。

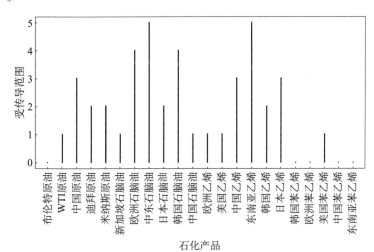

图 5 - 17　"先增后减"阶段石化产业链产品价格波动空间传导网络受传导范围
资料来源：在 Wind 数据库基础上根据模型计算，结果由 RStudio 软件绘制而成。

受传导范围是静态网络中的各个产业链产品受到价格波动传导的次数。结果显示中东石脑油和东南亚乙烯产品的受传导范围最高,它们的价格波动各会导致5 个其他石化产品的价格波动。

从产业链产品的角度来看,四个石化产业链产品的受传导范围分别是 8(原油)、17(石脑油)、15(乙烯)和 1(苯乙烯)。与前两个阶段的结果相同,石脑油产品和乙烯产品是受到价格波动传导次数最多的两个产品。在"先增后减"阶段,原油产品也受到了其他石化产品价格波动的影响,而这种影响主要集中在中国原油上。中国原油产品在这一阶段受到了 3 个其他产品价格波动的影响。其次是迪拜原油和米纳斯原油,各受到 2 个石化产品价格波动的影响。

从国家和地区的角度来看,各个国家和地区的石化产品受到价格波动传导的次数分别是 5(欧洲)、3(美国)、7(中国)、7(中东)、8(东南亚)、5(日本)和 6(韩国)。除美国较少受到石化产品价格波动的影响外,其余各个国家和地区均受到 5 次及以上的石化产品价格波动的影响,且各国家和地区受到影响的次数差别较小。

图 5-18 展示了"先增后减"阶段石化产业链产品价格波动空间传导网络中敏感程度指标,其中横坐标是各个石化产品,纵坐标是敏感程度的值,敏感程度越大表明其他产品价格波动传导到该产品的系数之和越大,该产品受到其他产品价格传导的强度很大。

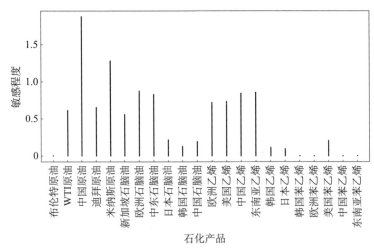

图 5-18　"先增后减"阶段石化产业链产品价格波动空间传导网络敏感程度

资料来源:在 Wind 数据库基础上根据模型计算,结果由 RStudio 软件绘制而成。

将各个石化产业链产品受到价格波动传导的系数纳入考量后,结果显示中国原油产品和印尼的米纳斯原油产品成为了受到价格波动传导强度最大的产品,二者受到价格波动传导的强度,即敏感程度为 1.876 和 1.273。而在受传导范围的结果中,两个产品仅排名第 5 和第 8,这表示虽然对两种原油产品的价格波动造成影响的产品数量较少，但是影响的强度却很大。

　　从产业链产品的角度来看，四种产业链产品的敏感程度分别为 4.400（原油）、2.785（石脑油）、3.348（乙烯）和 0.204（苯乙烯）。相较于前两个阶段处于产业链最上游的原油产品很少受到其他产品价格波动的影响且受到影响的程度很小的情况，本阶段的原油产品成为了敏感程度最高的石油产品，这主要是由于中国原油和米纳斯原油产品受到了很强的价格波动冲击导致的。

　　从国家和地区的角度来看，各个国家和地区受到价格波动的敏感程度分别为 1.591（欧洲）、1.538（美国）、2.907（中国）、1.471（中东）、2.682（东南亚）、0.309（日本）和 0.238（韩国）。其中日本和韩国受到价格波动冲击的程度降低，而中国和东南亚成为了受到价格波动传导影响最大的两个国家和地区。在前两个阶段经常受到价格波动影响且影响强度很高的中国、日本、韩国的石脑油产品、乙烯产品在这一阶段受到价格波动影响的次数和强度都有所降低。

　　图 5－19 展示了"先增后减"阶段石化产业链产品价格波动空间传导网络中传导中心性指标。其中横坐标是各个石化产品，纵坐标是传导中心性的值。传导中心性表示在所有的传导关系中一个产品的价格波动对其他产品产生影响时，它到其他产品之间的距离是多少，传导中心性越大表明该产品与其他产品的距离越近，在对其他产品产生价格波动传导时更容易传导到其他产品。

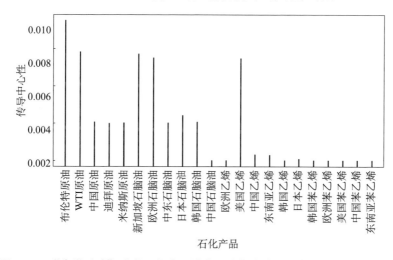

图 5－19　"先增后减"阶段石化产业链产品价格波动空间传导网络传导中心性
资料来源：在 Wind 数据库基础上根据模型计算，结果由 RStudio 软件绘制而成。

　　传导中心性最大的产品是布伦特原油（0.0106），其次是西德克萨斯中质原油（0.00869）、新加坡石脑油（0.00856）、欧洲石脑油（0.00832）和美国乙烯（0.00829）。其中美国乙烯产品虽然在"先增后减"阶段的传导范围和强度都不高，但却有很高的传导中心性，即美国乙烯产品的价格波动对其他石化产品的价格波动产生影响时，美国乙烯与其他产品的平均传导距离是很近的。另外，由于美国乙烯产品的价格波动所传导到的欧洲石脑油产品距离其他石化产品的平均传导距离是很近的。

从产业链产品的角度来看，四种产品的传导中心性分别是 0.0326（原油）、0.0328（石脑油）、0.0199（乙烯）和 0.0108（苯乙烯）。当一种石油产品的价格波动对另外的石油产品造成冲击时，原油和石脑油产品和其他产品的传导距离是最近的，这两种产品的价格波动也是最容易传导给产业链上的其他产品的。

从国家和地区的角度来看，各个国家和地区的传导中心性分别是 0.0232（欧洲）、0.0191（美国）、0.0113（中国）、0.00879（中东）、0.0177（东南亚）、0.00713（日本）和 0.00880（韩国）。结果显示在这一阶段欧洲和美国是最容易对其他国家和地区的价格波动造成影响的国家和地区，而不再是东南亚地区和中国。

图 5－20 展示了"先增后减"阶段石化产业链产品价格波动空间传导网络中受传导中心性指标。其中横坐标是各个石化产品，纵坐标是受传导中心性的值。受传导中心性表示在所有的传导关系中一个产品的价格波动受到其他产品价格波动的影响时，其他产品与它的距离是多少，受传导中心性越大表明其他产品与该产品的距离越近，更容易受到其他产品价格波动的影响。

受传导中心性最高的是中国石脑油（0.00546），其次是美国苯乙烯（0.00545）产品和东南亚乙烯产品（0.00496）。在"先增后减"阶段，除个别石油产品外，大量石油产品都具有较高的受传导中心性，各个产品之间的差距有所变小，产品之间的标准差是三个阶段中最小的，为 0.00118。

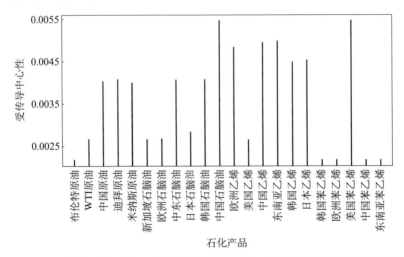

图5－20　"先增后减"阶段石化产业链产品价格波动空间传导网络受传导中心性

资料来源：在 Wind 数据库基础上根据模型计算，结果由 RStudio 软件绘制而成。

从产业链产品的角度来看，四个产业链产品的受传导中心性分别为 0.0169

（原油）、0.0217（石脑油）、0.0263（乙烯）和 0.0141（苯乙烯）。乙烯和石脑油产品是产业链中最容易受到其他产品价格波动影响的。在乙烯产品中，除了美国乙烯之外的中国、东南亚、日本和韩国乙烯在这一阶段都很容易受到其他产品价格波动的影响。而石脑油产品的受传导中心性和传导中心性都很高，石脑油产品的价格波动在产业链中既容易传导给其他产品，又容易受到产业链中其他产品价格波动的传导。

从国家和地区的角度来看，各个国家和地区的受传导中心性为 0.0118（欧洲）、0.0107（美国）、0.0166（中国）、0.00813（中东）、0.0138（东南亚）、0.00734（日本）和 0.0107（韩国）。其中中国是最容易受到价格波动传导的国家。

图 5-21 展示了"先增后减"阶段石化产业链产品价格波动空间传导网络中传导媒介性指标。其中横坐标是各个石化产品，纵坐标是传导媒介性的值。传导媒介性表现的是两个石化产业链产品的价格波动传导关系中，经过某个产品的价格波动传导关系占据两个石化产业链产品间所有价格波动传导关系的比例。高的传导媒介性表示在石化产业链产品的价格波动传导关系中经过某个产品的价格波动传导关系比例高，而这个产品则是整个传导关系网络的"媒介"或者"桥梁"。

在本阶段媒介性最高的产品是韩国石脑油（0.110），其次是欧洲石脑油（0.810）、中东石脑油（0.619）和中国原油（0.619）。中东石脑油和中国原油的媒介性相同。结果显示在"先增后减"阶段多种产品之间发生价格波动的传导时，先进行传导的产品有很大的比例影响到韩国石脑油产品，之后会向后续的石油产品施加影响。

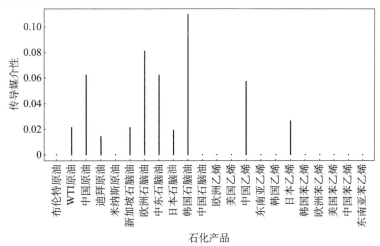

图 5-21　"先增后减"阶段石化产业链产品价格波动空间传导网络传导媒介性
资料来源：在 Wind 数据库基础上根据模型计算，结果由 RStudio 软件绘制而成。

从产业链产品的角度来看，产业链上四个石油产品的传导媒介性分别是 0.0976（原油）、0.293（石脑油）、0.0833（乙烯）和 0（苯乙烯）。这说明石脑油产品在整个产业链上的传导媒介性最高。在整个产业链上各个产品价格的波动相互影响时，这种价格波动的传导往往是经过石脑油产品才传递给其他产品的。最上游的原油产品和最下层苯乙烯产品中，布伦特原油、米纳斯原油和所有的苯乙烯产品媒介性都为 0，这说明这些产品处在产业链价格波动传导过程的起点或终点。

从国家和地区的角度来看，各个国家和地区传导媒介性分别为 0.0810（欧洲）、0.0214（美国）、0.119（中国）、0.0762（中东）、0.0214（东南亚）、0.0452（日本）、0.110（韩国）。在"先增后减"阶段，中国和韩国是传导媒介性最高的国家，这说明在价格波动的传导过程中，各个国家和地区的价格波动对其他国家和地区的影响往往是通过先影响中国和韩国的石油产品来体现的。

（四）"震荡趋稳"阶段价格波动传导网络结果分析

在通过贝克—广义自回归条件异方差模型分析"震荡趋稳"石化产业链产品价格之间一对一的传导关系后，又构建了"震荡趋稳"阶段石化产业链产品价格波动空间传导网络。通过计算网络指标，从产业链产品、国家和地区两个维度来分析单个石化产品在整个石化产业链市场中的地位和作用。

图 5-22 展示了"震荡趋稳"阶段石化产业链产品价格波动空间传导网络中传导范围的指标，其中横坐标是各个石化产品，纵坐标是传导范围的值，传导范围越大表明该产品价格波动影响的其他产品数量越多，该产品的传导范围越广。传导范围是石化产业链产品的价格波动对其他产品价格波动进行传导的频次。在"震荡趋稳"阶段传导范围最广产品是西德克萨斯中质原油（5 次），其次的布伦特原油、新加坡石脑油、日本石脑油和美国乙烯的传导范围都是 3 次。"震荡趋稳"阶段产业链上 22 种石油产品的平均传导范围为 1.455，小于"平稳趋降"阶段的平均传导范围 2.864，"震荡下降"阶段的 2.182 和"先增后减"阶段的 1.864。虽然产业链上各个石油产品在价格波动传导中的整体作用变化不大，但是随着时间的推移，产业链石油产品的平均传导范围是在不断缩小的。

从产业链产品的角度来看，产业链上四个石油品种的传导范围分别是 11（原油）、13（石脑油）、8（乙烯）和 0（苯乙烯）。在"震荡趋稳"阶段，石脑油产品和原油产品作为传导范围最广的产品的特点并没有变化，但是产品整体的传导范围要小于前三个阶段。

从国家和地区的角度来看，各个国家和地区的传导范围分别是 5（欧洲）、8（美国）、3（中国）、3（中东）、5（东南亚）、4（日本）和 4（韩国）。由于西德克萨斯中质原油和美国乙烯产品在"震荡趋稳"阶段的高传导范围，美国成为了传导范围最大的国家。东南亚地区的传导范围有所下降。

图 5-23 展示了"震荡趋稳"阶段石化产业链产品价格波动空间传导网络中

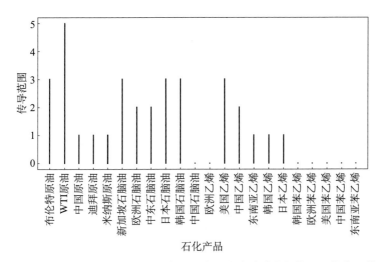

图 5 – 22　"震荡趋稳"阶段石化产业链产品价格波动空间传导网络传导范围
资料来源：在 Wind 数据库基础上根据模型计算，结果由 RStudio 软件绘制而成。

的传导强度指标，其中横坐标是各个石化产品，纵坐标是传导强度的值，传导强度越大表明该产品价格波动传导到其他产品的系数之和越大。

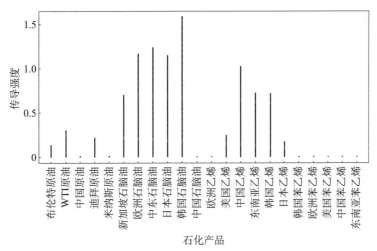

图 5 – 23　"震荡趋稳"阶段石化产业链产品价格波动空间传导网络传导强度
资料来源：在 Wind 数据库基础上根据模型计算，结果由 RStudio 软件绘制而成。

把价格波动传导的系数考虑进来后，结果出现了变化。将价格波动传导的系数纳入考量后，各产品价格波动的强度结果与传导范围的结果出现了较大的差异。在传导范围中排名最高的西德克萨斯中质原油在传导强度中仅排名第九。和传导范围随着时间推移逐渐递减趋势类似，"震荡趋稳"阶段的传导强度也在呈现下降的趋势。四个阶段中，石油产品价格波动平均传导强度分别是 0.912、

0.460、0.488 和 0.425。

从产业链产品的角度来看，石化产业链上四种产品的传导强度分别为 0.658（原油）、5.825（石脑油）、2.868（乙烯）、0（苯乙烯）。石脑油和乙烯是传导强度最高的产业链产品，这与"先增后减"阶段产业链上各个石油品种的排名一致。

从国家和地区的角度来看，各个国家和地区的石油产品传导强度分别是1.292（欧洲）、0.538（美国）、1.029（中国）、1.448（中东）、1.431（东南亚）、1.312（日本）、2.301（韩国）。结果显示韩国石油产品在这一阶段的传导强度是最高的，这主要是由韩国石脑油产品的高传导强度带来的。而美国是传导强度最低的国家，即使西德克萨斯中质原油价格的传导范围很广，但是西德克萨斯中质原油价格的波动对产业链上其他产品造成的影响系数较小，所以西德克萨斯中质原油，乃至美国石油产品价格波动对其他国家和地区的传导强度是很小的。而其余国家和地区的传导强度差别并不大。

图 5 - 24 展示了"震荡趋稳"阶段石化产业链产品价格波动空间传导网络中受传导范围的指标，其中横坐标是各个石化产品，纵坐标是受传导范围的值，受传导范围越大表明该产品受到其他产品价格波动影响数量越多，该产品的受传导范围越广。

受传导范围是静态网络中的各个产业链产品受到价格波动传导的次数。结果显示在"震荡趋稳"阶段，中东石脑油和韩国石脑油是受到价格波动传导次数最多的产品，二者各受到 5 种石油产品的价格波动的传导。

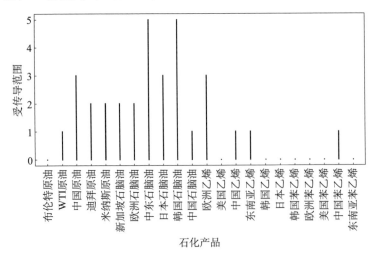

图 5 - 24 "震荡趋稳"阶段石化产业链产品价格波动空间传导网络受传导范围
资料来源：在 Wind 数据库基础上根据模型计算，结果由 RStudio 软件绘制而成。

与传导范围类似，受传导范围也出现了随着时间的推移产业链中石油产品整体受传导范围变小的趋势。各个阶段的整体产业链产品受传导范围的平均数分别为 2.800（"平稳趋降"阶段）、2.302（"震荡下降"阶段）、1.612（"先增后减"阶段）和 1.565（"震荡趋稳"阶段）。

从产业链产品的角度来看，产业链上各个产品的受传导范围分别是 8（原油）、18（石脑油）、5（乙烯）和 1（苯乙烯）。石脑油在四个阶段都是受到价格波动传导频次最高的产业链产品。而苯乙烯虽然处于产业链的末端，但是受到其他产品价格波动传导的影响比较小。

从国家和地区的角度来看，各个国家和地区的石油产品受传导范围分别是 5（欧洲）、1（美国）、6（中国）、7（中东）、5（东南亚）、3（日本）和 5（韩国）。除美国较少受到石油产品价格波动的影响外，其余国家和地区的石油产品受到价格波动传导波动的频次在 3~7，彼此之间的差别并不大。

图 5-25 展示了"震荡趋稳"阶段石化产业链产品价格波动空间传导网络中敏感程度指标，其中横坐标是各个石化产品，纵坐标是敏感程度的值，敏感程度越大表明其他产品价格波动传导到该产品的系数之和越大，该产品受到其他产品价格传导的强度很大。

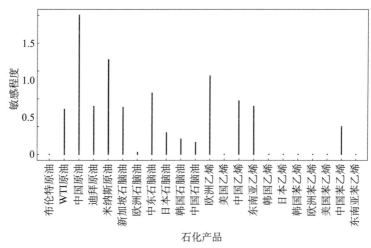

图 5-25　"震荡趋稳"阶段石化产业链产品价格波动空间传导网络敏感程度

资料来源：在 Wind 数据库基础上根据模型计算，结果由 RStudio 软件绘制而成。

把产业链石油产品受到价格波动传导的系数纳入考量后，中国原油成为了受到价格波动传导程度最大的产品，其敏感程度为 1.876。其次为米纳斯原油和欧洲乙烯，二者的敏感程度分别为 1.273 和 1.504。石化产业链产品的敏感程度在四个阶段的变化趋势并不如其余传导指标明显。在四个阶段，整体石化产业链产品的平均敏感程度分别为 0.833（"平稳趋降"阶段）、0.483（"震荡下降"阶段）、0.491（"先增后减"阶段）、0.506（"震荡趋稳"阶段）。"平稳趋降"阶段石化产业链中各产品的整体敏感程度是最高的，随后敏感程度在"震荡下降"阶段有一个大幅的下降，之后敏感程度逐渐升高。

从产业链产品的角度来看，四个产业链产品的敏感程度分别为 4.400（原油）、2.152（石脑油）、2.421（乙烯）和 0.378（苯乙烯）。在"震荡趋稳"阶段，原油成为了敏感程度最高，受到价格波动传导强度最大的产品，这与"先增后减"阶段的结果相同，但与前两个阶段的结果大相径庭。原油的敏感程度高，受到价格波动传导的强度大是由原油中个别产品（中国原油和米纳斯原油）受到其他产品价格波动传导的影响而造成的。

从国家和地区的角度来看，各个国家和地区石油产品的敏感程度分别为 1.084（欧洲）、0.606（美国）、3.139（中国）、1.471（中东）、2.553（东南亚）、0.293（日本）和 0.205（韩国）。由于中国原油的高敏感程度，中国的敏感程度显著高于其他国家和地区。

图 5-26 展示了"震荡趋稳"阶段石化产业链产品价格波动空间传导网络中传导中心性指标。其中横坐标是各个石化产品，纵坐标是传导中心性的值。传导中心性表示在所有的传导关系中一个产品的价格波动对其他产品产生影响时，它到其他产品之间的距离是多少，传导中心性越大表明该产品与其他产品的距离越近，在对其他产品产生价格波动传导时更容易传导到其他产品。

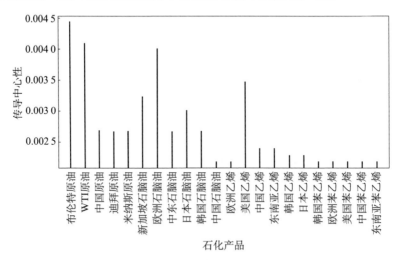

图 5-26　"震荡趋稳"阶段石化产业链产品价格波动空间传导网络传导中心性

资料来源：在 Wind 数据库基础上根据模型计算，结果由 RStudio 软件绘制而成。

结果显示布伦特原油产品具有最高的传导中心性（0.00444），其次是西德克萨斯中质原油（0.00409）和欧洲石脑油（0.00399）。而处于产业链下游的美国乙烯产品继在"先增后减"阶段展示出较高的传导中心性后，在"震荡趋稳"阶段的传导中心性也排名靠前。

从产业链产品的角度来看，四个产业链原油产品的传导中心性分别是 0.0165（原油）、0.0177（石脑油）、0.0149（乙烯）和 0.0108（苯乙烯）。在四个阶段，石脑油和原油比产业链位置靠后的乙烯和苯乙烯产品有更高的传导中心性。在发生价格波动的传导时，它们距离产业链中产品传导距离更近。在"震荡趋稳"阶段，原油产品之间的传导中心性差别较大。四个阶段原油产品传导中心性的标准差与均值的比值分别为 0.119（"平稳趋降"阶段）、0.0931（"震荡下降"阶段）、2.223（"先增后减"阶段）和 0.268（"震荡趋稳"阶段），"先增后减"阶段的原油产品内部传导中心性的差别是最大的，且第三第四阶段原油产品传导中心性的差异要明显高于前两个阶段。在产业链靠后位置的乙烯和苯乙烯产品中，美国乙烯的传导能力是最强的。

从国家和地区的角度来看，各个国家和地区传导中心性分别是 0.0128（欧洲）、0.00971（美国）、0.00938（中国）、0.00531（中东）、0.0104（东南亚）、0.00527（日本）和 0.00709（韩国）。其中欧洲地区的传导中心性是最高的，其次是东南亚地区。而在前两个阶段，传导中心性最高的地区一直是东南亚。

图 5-27 展示了"震荡趋稳"阶段石化产业链产品价格波动空间传导网络中受传导中心性指标。其中横坐标是各个石化产品，纵坐标是受传导中心性的值。受传导中心性表示在所有的传导关系中一个产品的价格波动受到其他产品价格波动的影响时，其他产品与它的距离是多少，受传导中心性越大表明其他产品与该产品的距离越近，更容易受到其他产品价格波动的影响。

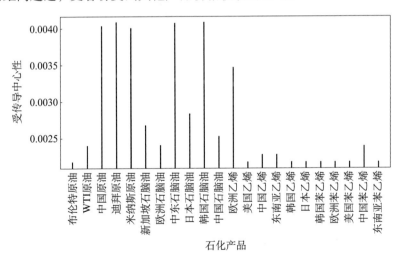

图 5-27　"震荡趋稳"阶段石化产业链产品价格波动空间传导网络受传导中心性
资料来源：在 Wind 数据库基础上根据模型计算，结果由 RStudio 软件绘制而成。

这个传导指标表示最容易受到价格波动影响的产品是韩国石脑油（0.004077），其次是迪拜原油（0.004076）、中东石脑油（0.00406）、中国原油

（0.00402）和米纳斯原油（0.00400）。

从产业链产品的角度来看，各个产业链产品的受传导中心性分别为0.0166（原油）、0.0185（石脑油）、0.0145（乙烯）和0.0110（苯乙烯）在受传导中心性的产业链产品分布中，更上游的原油和石脑油首次全部超过了更下游的乙烯和苯乙烯产品，成为了在产业链中更容易受到价格波动传导的石油产品。而乙烯和苯乙烯产品中，只有欧洲乙烯产品在这一阶段在受到其他产品价格波动影响时与其他产品传导距离较近。

从国家和地区的角度来看，各个国家和地区的受传导中心性分别为0.0102（欧洲）、0.00671（美国）、0.0112（中国）、0.00814（中东）、0.0111（东南亚）、0.00499（日本）和0.00841（韩国），中国最容易受到价格波动传导。在四个阶段中，中国只在"震荡下降"阶段的受传导中心性中排名第二，其余三个阶段中国都最容易受到价格波动的影响。

图5-28展示了"震荡趋稳"阶段石化产业链产品价格波动空间传导网络中传导媒介性指标。其中横坐标是各个石化产品，纵坐标是传导媒介性的值。传导媒介性表现的是两个石化产业链产品的价格波动传导关系中，经过某个产品的价格波动传导关系占据两个石化产业链产品间所有价格波动传导关系的比例。高的传导媒介性表示在石化产业链产品的价格波动传导关系中经过某个产品的价格波动传导关系比例高，而这个产品则是整个传导关系网络的"媒介"或者"桥梁"。在"震荡趋稳"阶段传导的媒介性最高的是韩国石脑油产品，这与"先增后减"阶段的结果一致，其传导媒介性是0.0429。

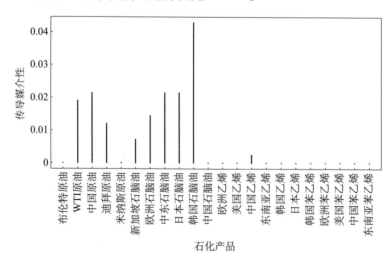

图5-28　"震荡趋稳"阶段石化产业链产品价格波动空间传导网络传导媒介性
资料来源：在Wind数据库基础上根据模型计算，结果由RStudio软件绘制而成。

从产业链产品的角度看，四个产业链产品的传导媒介性分别是0.0524（原油）、0.107（石脑油）、0.002380（乙烯）和 0（苯乙烯）。石脑油产品是传导媒介性最高的产品。在整个产业链上各个产品价格的波动相互影响时，这种价格波动的传导往往是经过石脑油产品才传递给其他产品的。而乙烯产品和苯乙烯产品的传导媒介性极低。说明这两种产品在"震荡趋稳"阶段不处在价格波动传导过程的中间环节，而是处在传导过程的两端。

从国家和地区的角度来看，各个国家和地区价格波动传导媒介性的值分别为 0.0143（欧洲）、0.0190（美国）、0.0238（中国）、0.0333（中东）、0.00714（东南亚）、0.0214（日本）和 0.0429（韩国）。由于韩国石脑油产品的高媒介性，韩国成为了传导媒介性最高的国家，其次是中东地区。这说明了在"震荡趋稳"阶段价格波动的传导过程中，石油产品的价格波动往往是通过影响韩国和中东地区的石油产品来影响其他国家和地区的。

第三节　本章小结

上述分析计算了不同阶段上石化产业链产品价格波动的空间传导效应。在用贝克-广义自回归条件异方差模型计算了各个产品在不同产业链环节和不同国家和地区之间的一对一空间波动传导关系后，引入网络分析方法，构建了石化产业链产品价格波动空间传导网络。通过选取"传导范围""受传导范围""传导强度""受传导强度""传导中心性""受传导中心性"和"传导媒介性"等网络指标，从不同产业链环节和不同国家和地区两个角度刻画了发生价格波动传导时 22 种石化产业链产品在整个市场中的地位和作用。

整体上，可以看出在石化产业链价格波动的空间传导效应的不平衡性。主要的价格波动传导趋势是上游产品向下游产品的传导，而下游产品则很少传导给上游产品。同时，在不同的国家和地区之间，欧美市场石化产品价格波动传导范围可以传导到各个国家和地区，而亚太地区的石化产品价格波动传导范围则往往局限在本地区。根据要素禀赋理论，各个国家和地区在国际分工中根据各自要素禀赋的不同而生产不同的产品，鞠建东等（2004）认为要素禀赋决定了各国家和地区彼此之间的贸易结构。各个国家和地区在价格波动传导过程中最有影响力的产品也是它们具有要素禀赋的产品，如原油资源和金融资本密集的欧洲与美国原油市场（对应着布伦特原油与西德克萨斯中质原油）。在产业链下游，资本密集同时市场广阔使得中国、日本和韩国的乙烯市场在价格波动中的主导作用明显。而现货市场中，因为不同的国家和地区间供求关系决定的贸易关系也影响着贸易品之间价格的传导，因此不同要素禀赋的产品在市场中也展现出了不同的价格影响能力。

产业链上下游之间的价格传导理论认为上游产品价格的变化会传导到下游产

品，如上游原材料成本增加导致下游产品价格增加。而下游产品价格变动也会影响上游，如下游产品需求增加拉动上游原材料价格增加。石化产业链产品空间价格波动传导效应中，产业链上下游石化产品价格彼此之间都会相互影响，但是主要的趋势是上游产品向下游产品的传导。产业链上下游之间价格传导理论论证了上下游产品之间价格传导的过程，其中上游产品价格主要为成本推动型的价格传导，下游产品价格主要为需求拉动型价格传导。但是在石化市场，由于上游原材料——原油产品的极端重要性，使得在这一产业链中上游产品对下游产品的价格波动传导成为主流。同时市场上的供给与需求变动都会对原油产品价格产生影响。基连（Kilian，2009）从供给冲击与需求冲击的角度分析了油价波动的影响，因此对于石化产业链上游的原油产品来说，供给端与需求端共同作用导致了原油价格的波动。

对于具体的产业链产品来说，原油产品对石脑油产品的影响范围是广泛的，其中以两大基准原油价格布伦特原油和西德克萨斯原油价格最为明显。其余区域性的原油价格（迪拜原油、中国原油和米纳斯原油）波动一般只会对中东、日本、韩国石脑油价格的波动产生传导。

石脑油产品内部的各个市场中，新加坡石脑油的影响范围是最广泛的。此外，在前两个阶段中国石脑油是最频繁受到价格波动传导的产品。石脑油产品价格波动对下游乙烯产品价格波动造成的影响主要集中在前三个阶段。后两个阶段石脑油产品价格波动对产业链上游的原油产品价格波动产生了显著的影响，但是这种影响主要是对国家和地区性原油价格（迪拜原油、中国原油和米纳斯原油）施加的。

乙烯产品的价格波动主要受到上游石脑油产品的影响，乙烯产品之间的价格波动传导关系较少。个别的乙烯产品价格波动会对上游石脑油产品价格产生影响，最明显的就是"先增后减"和"震荡趋稳"阶段美国乙烯产品价格波动对上游其他国家和地区石脑油价格波动造成的影响和"平稳趋降"和"震荡下降"阶段大量乙烯产品价格波动对中国石脑油产品价格的影响。发生的乙烯产品之间价格波动传导关系主要集中在亚太地区，也有个别的乙烯产品价格波动实现了跨区域的传导，如"先增后减"阶段的日本乙烯产品价格波动造成了欧洲乙烯产品的价格波动，"震荡趋稳"阶段的日本和韩国乙烯价格波动造成了欧洲乙烯产品的价格波动。在乙烯产品的跨产业链传导中，乙烯产品的价格波动主要对下游的苯乙烯产品造成影响。

苯乙烯产品的价格波动传导范围局限在东亚和东南亚区域且强度较弱，价格波动传导关系较少。相对于其余三种石化产业链的产品，该产品价格波动的传导影响力较小。苯乙烯产品的跨产业链价格波动传导关系则更少，这部分跨产业链价格波动传导也主要集中在亚太区域。

第六章

不同时间段石化产业链产品价格波动的时空传导效应分析

在第 4 章和第 5 章研究的基础上，本章利用时序网络分析方法，构建了动态时序网络研究石化产业链产品价格波动的时空传导效应，分析产品价格波动在不同阶段的每一不同时刻是如何动态变化的。在四个阶段，通过仿真方法分析了 22 种石化产业链产品受到冲击发生的价格波动是如何在整个市场进行空间和时间动态传导的。最后以样本期之后的一段数据作为验证期来进行稳健性检验。本书通过动态时间规整（dynamic time warping）方法，判断在样本期与验证期不同产品价格的相似度，并根据相似度对样本期和验证期的价格波动传导结果进行比照，作为稳健性检验的依据。

第一节　石化产业链产品价格波动时空传导模型的构建

现实中个体与个体之间的交互关系是具有时间属性的，这一时刻两个变量之间的关系可能会在下一时刻发生变化。一些学者采用滑动窗分析的方法试图"动态"地分析这种关系。通过选取整个样本期 T 内一段时间 ΔT 作为时间窗，以该段时间 ΔT 内的样本数据为依据来构建网络 N_i。滑动窗方法以 ΔT 时间段内的数据构成的网络 N_i 来表征一个确定时刻 t_i 所对应的网络。随着将时间窗以一定的时间 w 作为步长向后推移，整个的价格波动传导便随着时间的变化而"动态"了起来。时间段 ΔT 经过 m 次的平移覆盖了整个样本期 T，就得到了 $m+1$ 个对应着不同时刻的滑动窗网络。通过对这 $m+1$ 个滑动窗进行分析，就可以得到价格波动传导关系是如何随着时间的变化而演化的。但是这种靠滑动窗来实现的"动态化"也有难以解决的问题。例如，如何确定滑动窗的长度 ΔT 和滑动窗平移的步长 w 在学界并没有定论。一些学者仅仅是主观地确定了 ΔT 和 w 的值而没有进行检验。也有学者通过敏感性分析选取几个 ΔT 和 w 的值去对比来获得较优的 ΔT 和 w，从而确定了滑动窗的长度和步长。这种方法为滑动窗维度的确定提供了依据，但是却无法解决滑动窗使用过程中的所有问题。例如有学者指出数据频率（日数据、周数据或月数据）的不同（Marti et al.，2017）和变量个数的差异（Borysov and Balatsky，2014）也会对滑动窗计算结果产生影响。对于滑动窗的维度而言，太长的 ΔT 会导致滑动窗中含有多余的噪声，而太小的 ΔT 会导致样本数据过于平滑，因此要找到一个既涵盖了不同时间尺度的大量数据值，又包含了各种参数信息的最优时间窗长度是困难的（Onnela et al.，2003）。

时序网络的分析方法是从不同的角度出发，将每一具体时刻中网络的状态刻画出来，因而就不存在"维度"和"步长"的问题，数据的频率和变量个数仅仅是建模时研究者选取的研究角度，不会对研究结果产生实质性的影响。图 6-1 是一个时序网络的示意图，表示市场中五种产品的价格波动传导关系随时间动态变化的过程。其中点 A/B/C/D/E 表示五种不同的产品，实线表示受到价格波动传导影响，虚线表示未受到价格波动传导影响。实线表示正在进行或已经完成价格波动传导关系，虚线表示暂未开始价格波动传导关系。括号 (t_m, t_n) 表示价格波动传导开始与结束的时间点。t_m 表示施加价格波动传导的产品在 t_m 时刻开始进行价格波动传导，t_n 表示在 t_n 时刻价格波动传导完成。如图 6-1 的 t_0 时刻，A 产品在 t_0 时刻开始对 B 产品进行价格波动传导，在 t_1 时刻价格波动传导过程结束。在 t_2 时刻，产品 B 已经完成了对产品 C 的价格波动传导，此时产品 C 已经受到影响而变成了实线。同时，产品 A 又开始对产品 E 进行价格波动传导，但是由于二者的时序距离较远，需要在 t_7 时刻才可以完成价格波动传导。在 t_5 时刻，价格波动传导网络中的 A/B/C/D 四种产品已经完成了价格波动传导关系，此时只剩下产品 A 和 C 对产品 E 的价格波动传导关系还在进行中。而在 t_7 时刻，网络中的所有节点都完成了价格波动传导。经过 7 个时间点的传递后，产品 A 的价格影响传递到了网络中的所有节点，价格波动传导过程结束。图 6-2 从另一个角度观察了图 6-1 中的价格波动传导过程。图 6-2 更加详细地刻画了价格波动传导在 t_0 到 t_7 这 8 个时间点上的演化过程。图 6-2 中横轴 t 表示 8 个时间点，纵向从上到下五个浅灰色矩形表示五种产品 A/B/C/D/E，实线节点表示受到价格波动传导影响的节点，虚线表示一种产品开始对其他产品产生价格影响，但是影响还未传导到目标产品。虚线节点表示已经有传导关系从初始产品发出，但是暂未传导到该虚线节点。实线表示两个产品之间的价格波动传导关系已经完成。图 6-1 与图 6-2 是一个时序网络的两种表达方式，二者表达的时序网络价格波动传导关系是一致的。

通过示意图 6-1 和图 6-2，初步了解了时序网络中的时序节点与时序边。

单纯的静态网络只能将 t_0 到 t_7 这一时间段当作整体来研究，刻画这一个时间段上五种产品之间的价格波动传导关系。这种刻画方式无疑掩盖了不同时间点上价格波动传导的信息，即价格波动传导如何随着时间变化而演化的信息是观察不到的。

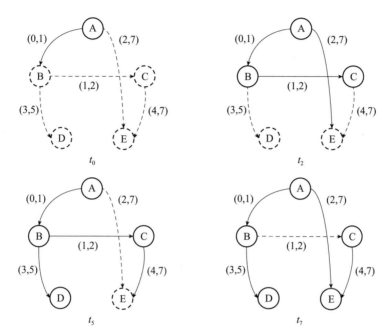

图 6-1 时序网络传导示意图

资料来源：根据市场价格波动传导过程由 Office PPT 绘制而成。

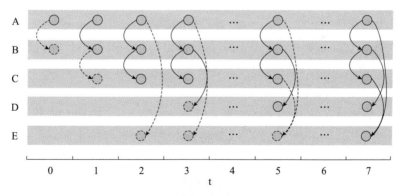

图 6-2 时序网络传导切面图

资料来源：根据市场价格波动传导过程由 Office PPT 绘制而成。

通过互相关分析方法对石化产业链产品价格波动传导关系进行定阶，从而获得了 t_0 到 t_n 不同时刻上各类产业链产品的价格波动传导关系。在分析了价格波动空间传导效应以及网络指标后，将产业链产品彼此之间价格波动传导的阶数考虑进来，将时间阶数作为石化产业链产品价格波动传导过程中的时间点，并以此时刻作为事件发生的时间来构建价格波动传导的时空传导模型。此外，由于在产业链中不同市场不同石化产品之间的联系复杂而又多样，无法确定在时序网络中哪一时序价格波动传导是最先发生的。为了解决此问题，分析设置了不同的情景，分别以产业链中不同市场的 22 种石化产品为时序价格波动传导的起点，进而来研究在不同的阶段，不同的市场和石化产业链上各个产品的价格波动是如何在整个市场中进行传导的。因为在时序传导网络中存在着无限循环传导的回路，因此在传导过程中设置了一些传导停止规则，具体如图 6-3 所示。

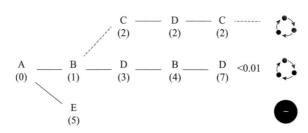

图 6-3　时序传导路径示意图

资料来源：根据市场价格波动传导过程由 Office PPT 绘制而成。

在图 6-3 中 A 点表示在初始时刻 0 时的价格波动，随后 A 产品的价格波动开始在整个产业链中开始传导，A 产品的价格波动在 1 时刻传导给 B 产品，在 5 时刻传导给 E 产品，E 产品不再向其他产品进行价格波动的传导，此时传导停止。而产品 B 的价格波动在 2 时刻和 3 时刻分别传导给产品 C 和产品 D，在从产品 A 到产品 B 到产品 C 的传导路径中，由于产品 C 的价格波动会在时刻 2 传导给产品 D，而再从产品 D 的价格波动又传导回了产品 C，如果产品 D 的价格波动也是在时刻 2 传导回了产品 C，那么就将价格波动的传导停止下来，不再往后进行传导。

对于在从产品 A 到产品 B 到产品 D 的传导路径中，价格波动的传导也是无限循环下去的。只是在从产品 B 到产品 D 再到产品 B 的传导过程中，发生价格波动传导的时间也在不断地推移。对于这种情况，可以设置传导的阈值。在产品 A 的价格波动向后传导的过程中，产品 A 对各个产品的价格波动传导系数是传导路径上各段传导系数的乘积。在图中，产品 A 对第 7 时刻产品 D 的传导系数为：

$$pt_{AD} = pt_{AB} \times pt_{BD} \times pt_{DB} \times pt_{BD} \qquad (6-1)$$

其中，pt 表示产业链产品价格波动时序传导的系数，下标表示不同传导过程。

在价格波动传导路径中，由于产品之间的价格波动传导系数处于 0 和 1 之间，因此随着时间向后推移，价格波动传导的系数是越来越小的。当时刻 t 时产业链产品受到传导路径上一个产品价格波动传导的系数小于 0.01 时，就设置传导停止。

在分析了时序网络在各个阶段的特征后，又对产业链上各个产品的时空传导效应进行了分析，研究了在不同阶段，当产业链上的不同产品发生价格波动后，价格波动的冲击是如何对产业链其他产品以及其他市场的石油产品进行传导的。

在计算了不同阶段上各个产业链产品的价格波动对整个石化产业链的影响时，本书假设价格时序传导的时刻为 $t \in [1, n]$，其中 n 是最终价格波动传导停止的时刻。对于石化产业链上第 l 个产品，在时刻 $t = k \in [1, n]$ 上，时序网络之间的传导系数矩阵为式（6-2）：

$$PT_l^k = \begin{bmatrix} pt_{11}^k & \cdots & pt_{1m}^k \\ \cdots & pt_{ij}^k & \cdots \\ pt_{m1}^k & \cdots & pt_{mm}^k \end{bmatrix} \qquad (6-2)$$

其中，$l \in [1, 22]$，是石化产业链上的不同石化产品，矩阵 PT_l^k 表示第 l 个产品为起始点发生价格波动时，在第 k 时刻上不同市场不同产业链产品价格之间波动传导的系数矩阵。矩阵中的 m 为 22，表示 22 种石化产业链产品，pt_{ij}^k 表示在时刻 k，第 i 种产品对第 j 种产品的价格波动传导系数是多少。

对于整个时序价格波动传导过程来说，对于时刻 k，产品 l 对整个石化产业链市场的冲击其实是时刻 1 到时刻 t 上的 t 个价格波动传导矩阵的乘积，即对于时刻 k，产业链上的产品 l 的价格波动对整个市场传导的系数矩阵 PT 为式（6-3）：

$$PT = \prod_{t=1}^{k} PT_l^k = \begin{bmatrix} pt_{11}^1 & \cdots & pt_{1m}^1 \\ \cdots & pt_{ij}^1 & \cdots \\ pt_{m1}^1 & \cdots & pt_{mm}^1 \end{bmatrix} \cdots \begin{bmatrix} pt_{11}^k & \cdots & pt_{1m}^k \\ \cdots & pt_{ij}^k & \cdots \\ pt_{m1}^k & \cdots & pt_{mm}^k \end{bmatrix} \qquad (6-3)$$

其中，PT_l^k 表示时刻 k，产品 l 对整个石化产业链市场的冲击，pt_{ij}^k 表示时刻 k 产品 i 对产品 j 的冲击系数。

由于随着时间的推移，每条价格波动传导路径上的传导系数是越来越小的，因此在矩阵中的元素也会越来越小，直到最后传导路径达到停止规则后，传导过程的停止时刻 n 和传导矩阵中的各个元素也确定了下来，整个传导过程完成。

第二节　石化产业链产品价格波动冲击的时空传导效应

本节通过色块图描述了 22 种石化产品受到冲击发生价格波动时，各个石化产品在产业链上、在不同国家和地区以及在每一个时刻的传导效应。将每一个石化产业链产品作为价格波动传导过程的起始点，有助于比较分析石化产业链产品价格波动时空传导效应的异同。

图 6-4 描述了四个阶段布伦特原油价格波动时对整个产业链市场在不同时刻的时空传导效应。其中横坐标是价格波动发生后的时间阶数，纵坐标是受到布伦特原油价格波动影响的产品，色块图表示石化产品在哪一时刻受到布伦特原油价格波动的影响，色块图颜色表示传导系数大小。

在时刻 1，布伦特原油价格发生波动会传导给欧洲石脑油、中东石脑油和韩国石脑油导致三者价格波动，随后同样在时刻 1，中东石脑油的价格波动又会传导给布伦特原油。在时刻 2 上，日本石脑油、日本乙烯和韩国乙烯是受到价格波动冲击系数较高的产品。同时在时刻 2，产业链中处于下游的乙烯和苯乙烯产品也已经受到了布伦特原油的价格波动的影响。在时刻 3 和时刻 4，中国乙烯和东南亚乙烯受到价格波动冲击的强度变大。在时刻 4 后，整个传导过程的系数都很小。在时刻 24 的中国石脑油产品因为受到了布伦特原油跨 24 期的直接价格波动传导而具有很高的传导系数。

在图 6-4 中，随着时间推移，石化产业链产品之间的价格波动传导关系逐渐减少。在"震荡下降"阶段，布伦特原油的价格波动在时刻 1 只影响了欧洲石脑油。在随后的时刻，中东、日本和韩国石脑油产品受到了价格波动传导的影响。在"平稳趋降"阶段受到大量产品价格波动影响的中国石脑油只在第八时刻受到了价格波动传导的影响。而在"先增后减"阶段，布伦特原油的价格波动在时刻 1 影响到了除自身以外的所有原油产品以及新加坡石脑油、欧洲石脑油、中东石脑油和日本石脑油。而在时刻 2，布伦特原油的价格波动依然对米纳斯原油、迪拜原油和中国原油产生了影响，只不过影响的程度较小。同样的在"震荡趋稳"阶段，布伦特原油在时刻 1 对西德克萨斯中质原油和欧洲石脑

油产生了冲击，而在时刻 2，这种冲击扩展到了整个原油产业链和石脑油产
业链。

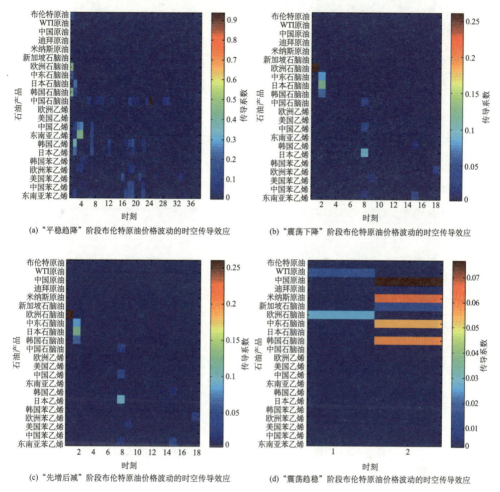

(a) "平稳趋降" 阶段布伦特原油价格波动的时空传导效应

(b) "震荡下降" 阶段布伦特原油价格波动的时空传导效应

(c) "先增后减" 阶段布伦特原油价格波动的时空传导效应

(d) "震荡趋稳" 阶段布伦特原油价格波动的时空传导效应

图 6 - 4　四阶段布伦特原油的时空传导效应

资料来源：根据 Matlab 计算结果绘制而成。

图 6 - 5 描述了平稳趋降、震荡下降、先增后减、震荡趋稳四个阶段西德
克萨斯中质原油价格波动时对整个产业链市场在不同时刻的时空传导效应。其
中横坐标是价格波动发生后的时间阶数（时刻），纵坐标是受到西德克萨斯中
质原油价格波动影响的产品，色块图表示石化产品在哪一时刻受到西德克萨斯中
质原油价格波动的影响，色块图颜色表示传导系数大小。

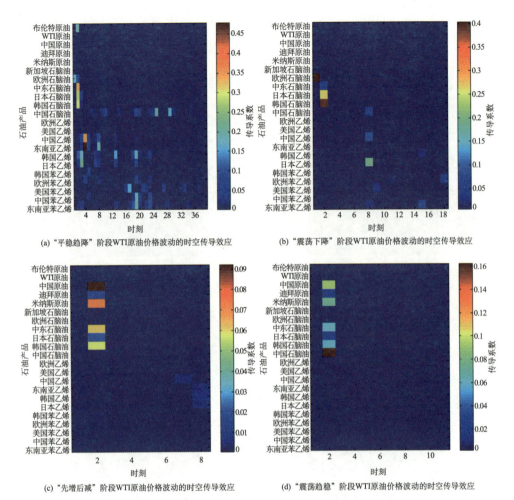

(a)"平稳趋降"阶段WTI原油价格波动的时空传导效应

(b)"震荡下降"阶段WTI原油价格波动的时空传导效应

(c)"先增后减"阶段WTI原油价格波动的时空传导效应

(d)"震荡趋稳"阶段WTI原油价格波动的时空传导效应

图6-5 四阶段西德克萨斯中质原油的时空传导效应

资料来源：根据 Matlab 计算结果绘制而成。

在图6-5中，在平稳趋降、震荡下降、先增后减、震荡趋稳四个阶段西德克萨斯中质原油价格发生波动开始传导的时刻，最先受到价格波动冲击的都是欧洲石脑油产品，可见欧洲石脑油产品受到两大基准原油价格的影响之深。而在前两个阶段，即"平稳趋降"和"震荡下降"阶段，西德克萨斯中质原油价格波动在时刻2对中东、日本和韩国石脑油产品都有影响。同时在平稳期，原油产品价格波动可以很快地传导给整个石化产业链，而在国际油价较为震荡的后三个阶段，产业链产品之间的价格波动传导关系是减少的。同时在"先增后减"与"震荡趋稳"阶段，西德克萨斯中质原油价格的波动在第二时刻才传导给了米纳斯原油、迪拜原油和中国原油市场。同时，西德克萨斯中质原油价格波动对产业链下游的乙烯和苯乙烯产品的传导强度和传导范围都在下降。

图 6 - 6 描述了中国原油价格波动时对整个产业链市场在不同时刻的时空传导效应。其中横坐标是价格波动发生后的时间阶数，纵坐标是受到中国原油价格波动影响的产品，色块图表示石化产品在哪一时刻受到中国原油价格波动的影响，色块图颜色表示传导系数大小。

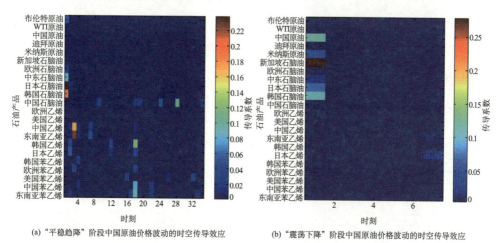

(a)"平稳趋降"阶段中国原油价格波动的时空传导效应　　(b)"震荡下降"阶段中国原油价格波动的时空传导效应

图 6 - 6　两阶段中国原油的时空传导效应

资料来源：根据 Matlab 计算结果绘制而成。

在图 6 - 6 中，在中国原油的价格波动仅在前两个阶段，即"平稳趋降"和"震荡下降"阶段才会对石化产业链的产品价格波动产生影响。在"平稳趋降"阶段，中国原油的价格波动在时刻 1 可以传导给中东石脑油、日本石脑油和欧洲石脑油，同时中国原油的价格波动可以通过中东石脑油产品传导回布伦特原油。在时刻 1 之后，中国原油的价格波动同样传递到了整个石化产业链网络。而在"震荡下降"阶段，中国原油的价格波动在时刻 1 传导到了原油产品的中国原油和米纳斯原油产品，以及石脑油产品的中东、日本和韩国石脑油和乙烯产品中的中国乙烯。在时刻 7，中国原油的价格波动会传导给中国石脑油产品以及亚太地区其他市场的乙烯产品。

图 6 - 7 描述了四个阶段迪拜原油价格波动时对整个产业链市场在不同时刻的时空传导效应。其中横坐标是价格波动发生后的时间阶数，纵坐标是受到迪拜原油价格波动影响的产品，色块图表示石化产品在哪一时刻受到迪拜原油价格波动的影响，色块图颜色表示传导系数大小。在迪拜原油价格波动的传导过程中，在"平稳趋降"阶段的时刻 1，迪拜原油价格的波动传导到了原油产品中的布伦特原油和米纳斯原油，以及石脑油产品中的欧洲石脑油、中东、日本和韩国石脑油产品。

在图 6 - 7 中，和其他原油产品价格波动传导的结果类似，在时刻 2 价格波动传导到了亚太市场的乙烯产品以及欧洲苯乙烯和东南亚苯乙烯产品，在随后的时刻，迪拜原油价格波动主要在中国石脑油产品和各个市场的乙烯、苯乙烯产品中传导。

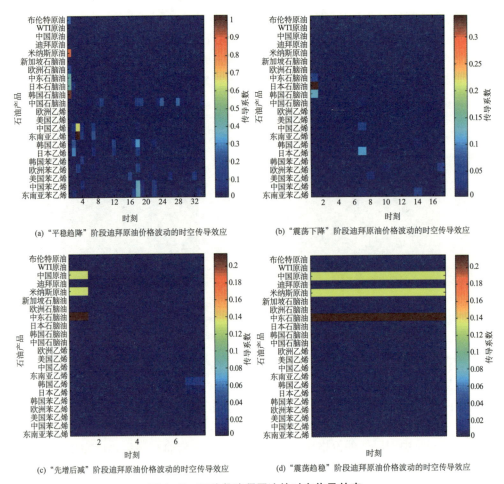

图6-7　四阶段迪拜原油的时空传导效应

资料来源：根据 Matlab 计算结果绘制而成。

　　而在"震荡下降"阶段，迪拜原油的价格波动在时刻1传导给了中东、日本和韩国石脑油产品。三种石脑油产品往往是石脑油产品中最先受到原油价格波动传导影响的。迪拜原油价格波动对乙烯产品的影响主要集中在亚太乙烯市场。在"先增后减"阶段，迪拜原油价格的波动在第一时刻会传导到中国原油和米纳斯原油市场，以及石脑油产品中的中东石脑油和韩国石脑油。随后在时刻7，迪拜原油的波动传导到了日本乙烯和韩国乙烯市场。在"震荡趋稳"阶段，迪拜原油价格波动对市场的影响与"先增后减"阶段在时刻1的传导过程相同，两个阶段有很高的相似性。

　　图6-8描述了米纳斯原油价格波动时对整个产业链市场在不同时刻的时空传导效应。其中横坐标是价格波动发生后的时间阶数，纵坐标是受到米纳斯原油价格波动影响的产品，色块图表示石化产品在哪一时刻受到米纳斯原油价格波动

的影响，色块图颜色表示传导系数大小。米纳斯原油的价格波动在"平稳趋降"阶段的价格波动会影响欧洲、中东、日本和韩国的石脑油，以及原油产品中的布伦特原油。这与中国原油价格波动在时刻 1 的传导过程类似。米纳斯原油在时刻 2 的传导过程与中国原油和迪拜原油一致，可以传导到韩国和日本石脑油，以及亚太地区的乙烯产品和欧洲、东南亚苯乙烯产品。在"震荡下降"阶段，米纳斯原油价格波动仅在时刻 1 传导到了中东、日本和韩国石脑油。在这之后的时刻 7，米纳斯原油的价格波动传导到了中国石脑油产品和除韩国乙烯之外的亚太地区乙烯产品以及东南亚苯乙烯。

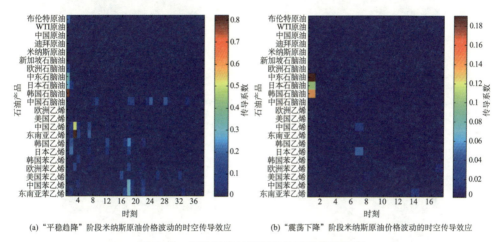

(a)"平稳趋降"阶段米纳斯原油价格波动的时空传导效应　　　　(b)"震荡下降"阶段米纳斯原油价格波动的时空传导效应

图 6 - 8　两阶段米纳斯原油的时空传导效应

资料来源：根据 Matlab 计算结果绘制而成。

　　图 6 - 9 描述了四个阶段新加坡石脑油原油价格波动时对整个产业链市场在不同时刻的时空传导效应。其中横坐标是价格波动发生后的时间阶数，纵坐标是受到新加坡石脑油价格波动影响的产品，色块图表示石化产品在哪一时刻受到新加坡石脑油价格波动的影响，色块图颜色表示传导系数大小。新加坡石脑油产品的价格波动是石脑油产品中传导范围最广的。在不同阶段，新加坡石脑油价格波动都对大量的石脑油产品价格波动产生了传导。在后三个震荡阶段，新加坡石脑油的价格波动对国家和地区性原油产品（中国原油和米纳斯）都有价格影响。

　　在"平稳趋降"阶段，新加坡石脑油对苯乙烯产品价格波动传导的覆盖广度和时间跨度上都是最广的。在"震荡下降"阶段，新加坡石脑油产品的价格波动在时刻 1 就可以传导到网络下游的乙烯和苯乙烯产品，但是在价格波动传导的连续性上不如"平稳趋降"阶段。后两个震荡阶段中，新加坡石脑油价格波动的传导范围有所减弱。在"先增后减"阶段，时刻 1 上新加坡石脑油的价格波动可以传导到除中国石脑油外的石脑油产品和布伦特原油外的所有原油产品，随

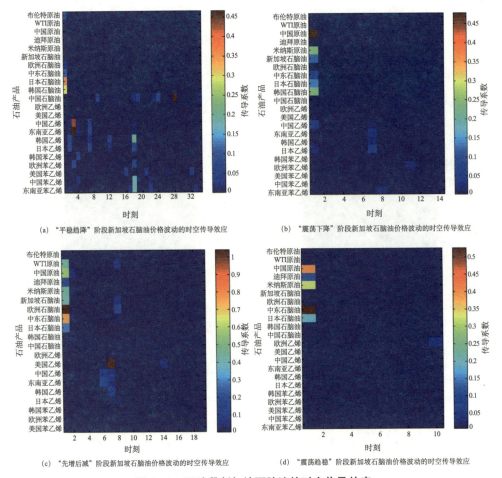

(a)"平稳趋降"阶段新加坡石脑油价格波动的时空传导效应　(b)"震荡下降"阶段新加坡石脑油价格波动的时空传导效应

(c)"先增后减"阶段新加坡石脑油价格波动的时空传导效应　(d)"震荡趋稳"阶段新加坡石脑油价格波动的时空传导效应

图 6 - 9　四阶段新加坡石脑油的时空传导效应

资料来源：根据 Matlab 计算结果绘制而成。

后新加坡石脑油断断续续地而在产业链中进行传导。在"震荡趋稳"阶段，新加坡石脑油同样在时刻 1 对中东、日本和韩国石脑油价格波动进行传导，而这种价格波动的传导同样传导到了上游的米纳斯原油、迪拜原油和中国原油。

图 6 - 10 描述了四个阶段欧洲石脑油价格波动时对整个产业链市场在不同时刻的时空传导效应。其中横坐标是价格波动发生后的时间阶数，纵坐标是受到欧洲石脑油价格波动影响的产品，色块图表示石化产品在哪一时刻受到欧洲石脑油价格波动的影响，色块图颜色表示传导系数大小。在图 6 - 10 中，欧洲石脑油产品的价格波动传导过程中，在"平稳趋降"阶段，欧洲石脑油一方面在时刻 2 才会对其他石油产品价格波动产生影响，此外，欧洲石脑油对石化产业链产品的影响主要集中在乙烯和苯乙烯产品中。对于同样的石脑油产品，欧洲石脑油只对中国石脑油产品价格波动产生了影响。欧洲石脑油对乙烯和苯乙烯产品的影响同样是

广泛的，而且主要集中在 2 ~ 8 天，16 ~ 22 天，以及 30 天后。在"震荡下降"阶段，欧洲石脑油的价格波动传导要在时刻 8 之后才进行。而传导覆盖的产品范围主要是中日韩三国的乙烯产品和东南亚地区、欧洲美国的苯乙烯产品。在"先增后减"阶段和"震荡趋稳"阶段，欧洲石脑油产品在两天之内就对上游的原油产品和本层的石脑油产品价格波动产生了影响。而在最后的"震荡趋稳"阶段，欧洲石脑油对下游的价格波动影响只限于本地区的欧洲乙烯产品。

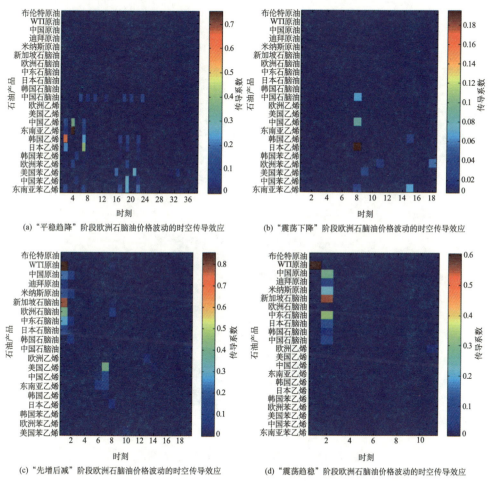

(a) "平稳趋降" 阶段欧洲石脑油价格波动的时空传导效应　(b) "震荡下降" 阶段欧洲石脑油价格波动的时空传导效应

(c) "先增后减" 阶段欧洲石脑油价格波动的时空传导效应　(d) "震荡趋稳" 阶段欧洲石脑油价格波动的时空传导效应

图 6 – 10　四阶段欧洲石脑油的时空传导效应

资料来源：根据 Matlab 计算结果绘制而成。

图 6 – 11 描述了中东石脑油价格波动时对整个产业链市场在不同时刻的时空传导效应。其中横坐标是价格波动发生后的时间阶数，纵坐标是受到中东石脑油价格波动影响的产品，色块图表示石化产品在哪一时刻受到中东石脑油价格波动的影响，色块图颜色表示传导系数大小。在图 6 – 11 中，与其余产品类似，在

"平稳趋降"阶段，中东石脑油的价格波动范围广，涵盖程度高，且在 2 天之内就会影响到产业链中的大部分产品。但是在"震荡下降"阶段和"先增后减"阶段，中东石脑油的影响范围就要窄得多。在"震荡下降"阶段，中东石脑油的影响范围主要集中在亚太地区的乙烯和苯乙烯产品上。在"先增后减"阶段，中东石脑油产品仅在时刻 1 影响到了韩国石脑油以及自身，还有上游区域性原油产品——米纳斯原油和中国原油。

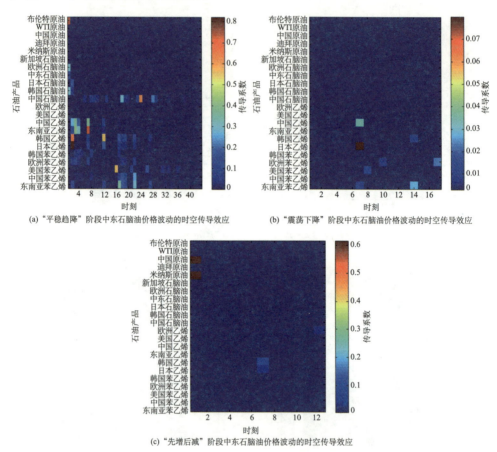

(a)"平稳趋降"阶段中东石脑油价格波动的时空传导效应

(b)"震荡下降"阶段中东石脑油价格波动的时空传导效应

(c)"先增后减"阶段中东石脑油价格波动的时空传导效应

图 6 – 11　三阶段中东石脑油的时空传导效应

资料来源：根据 Matlab 计算结果绘制而成。

图 6 – 12 描述了四个阶段日本石脑油价格波动时对整个产业链市场在不同时刻的时空传导效应。其中横坐标是价格波动发生后的时间阶数，纵坐标是受到日本石脑油价格波动影响的产品，色块图表示石化产品在哪一时刻受到日本石脑油价格波动的影响，色块图颜色表示传导系数大小。作为资源对外依赖程度高的日本，其石脑油产品的价格波动传导范围要小于其他石脑油产品。

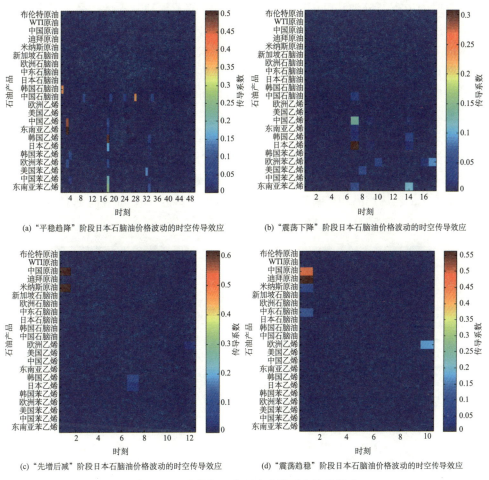

(a)"平稳趋降"阶段日本石脑油价格波动的时空传导效应　　(b)"震荡下降"阶段日本石脑油价格波动的时空传导效应

(c)"先增后减"阶段日本石脑油价格波动的时空传导效应　　(d)"震荡趋稳"阶段日本石脑油价格波动的时空传导效应

图 6 - 12　四阶段日本石脑油的时空传导效应

资料来源：根据 Matlab 计算结果绘制而成。

在图 6 - 12 中，在"平稳趋降"阶段的时刻 1，日本石脑油价格波动仅对韩国石脑油产品有影响。随后日本石脑油产品的价格波动阶段性地影响中国石脑油产品，而日本石脑油对中国石脑油产品影响最大的时刻是其价格波动的第 28 天。对于乙烯产品和苯乙烯产品，日本石脑油的价格波动也主要集中在亚太地区，其中东南亚乙烯和中国乙烯是受到价格波动影响较大的产品，二者在日本石脑油价格波动的第三天受到影响。

在"震荡下降"阶段，日本石脑油产品的价格波动主要集中在下游的乙烯和苯乙烯产品中，且整个传导过程很慢。产业链同阶段的产品中只有中国石脑油产品在第 7 天受到了日本石脑油价格波动的影响。而在"先增后减"和"震荡趋稳"阶段，日本石脑油的价格波动可以在时刻 1 传导到原油产品中，以及本产业链阶段的中东石脑油和韩国石脑油。对于下游的乙烯和苯乙烯产品,日本石脑油价格波动的影响力较小,在"先增后减"阶段会影响亚太地区的乙烯产品和美国的苯乙烯,而在"震荡趋稳"阶段可以影响欧洲乙烯产品。

图 6-13 描述了韩国石脑油价格波动时对整个产业链市场在不同时刻的时空传导效应。其中横坐标是价格波动发生后的时间阶数,纵坐标是受到韩国石脑油价格波动影响的产品,色块图表示石化产品在哪一时刻受到韩国石脑油价格波动的影响,色块图颜色表示传导系数大小。韩国石脑油产品的价格波动只存在于"平稳趋降""先增后减"和"震荡趋稳"阶段,在"平稳趋降"阶段,韩国石脑油对下游产品的影响是广泛的。韩国石脑油产品的价格波动在时刻 1 传导到了整个亚太地区的乙烯产品和东南亚以及欧洲地区的苯乙烯产品。而在时刻 15~17,韩国石脑油的价格波动会影响到整个乙烯和苯乙烯产业链。

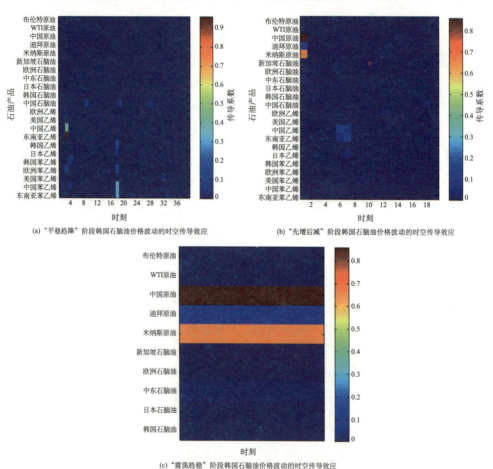

(a)"平稳趋降"阶段韩国石脑油价格波动的时空传导效应　　　　(b)"先增后减"阶段韩国石脑油价格波动的时空传导效应

(c)"震荡趋稳"阶段韩国石脑油价格波动的时空传导效应

图 6-13　三阶段韩国石脑油的时空传导效应

资料来源:根据 Matlab 计算结果绘制而成。

在"先增后减"阶段和"震荡趋稳"阶段的时刻1，石脑油产品的价格波动同样可以在时刻1影响到上游的米纳斯原油、中国原油，以及作为主要基准油价的迪拜原油。它同样还在时刻1传导到了自身以及中东地区石脑油产品。但是在"先增后减"阶段，韩国石脑油在18天后对中国石脑油产品价格波动产生了轻微的影响。对于下游的乙烯产品，尤其是亚太地区的乙烯产品也在时刻6~7产生了集中的影响。

图6-14描述了美国乙烯价格波动时对整个产业链市场在不同时刻的时空传导效应。其中横坐标是价格波动发生后的时间阶数，纵坐标是受到美国乙烯价格波动影响的产品，色块图表示石化产品在哪一时刻受到美国乙烯价格波动的影响，色块图颜色表示传导系数大小。

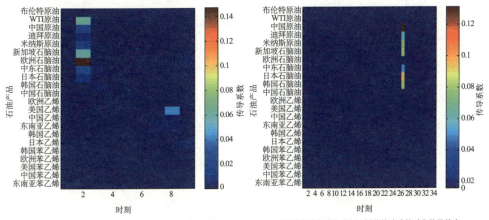

(a)"先增后减"阶段美国乙烯价格波动的时空传导效应　　(b)"震荡趋稳"阶段美国乙烯价格波动的时空传导效应

图6-14　两阶段美国乙烯时空传导效应

资料来源：根据Matlab计算结果而绘制而成。

在"平稳趋降"和"震荡下降"阶段，美国乙烯产品的价格波动并没有对其他石化产业链产品的价格波动产生影响。而在"先增后减"和"震荡趋稳"阶段，美国乙烯的价格波动开始对其他石油产品产生影响。

在"先增后减"阶段，在乙烯产品价格波动的2天内，除布伦特原油以外的原油产品和除中国石脑油产品以外的各个石脑油产品都受到了价格波动的影响。在这个过程中，西德克萨斯中质原油作为基准原油价格，受到本市场内乙烯价格波动传导的影响强度是最大的。而在石脑油产品中，影响范围较大的新加坡和欧洲石脑油产品受到美国乙烯产品价格波动的影响反而大于经常受到影响的中东、日本和韩国石脑油产品。美国和其他国家和地区的乙烯产品产生的影响并不会迅速发生，而是在第7~9天时传导到了自身以及亚太市场的乙烯产品。

在"震荡趋稳"阶段，美国乙烯产品的传导范围有所缩小，而且传导的时长也有所拉长。在这一阶段，受到美国乙烯价格波动的乙烯产品只有欧洲乙烯，其余的价格波动基本发生在美国乙烯产品对上游的石脑油以及石脑油对区域性原油价格的传导中。

图6-15描述了四个阶段中国乙烯价格波动时对整个产业链市场在不同时刻的时空传导效应。其中横坐标是价格波动发生后的时间阶数，纵坐标是受到中国乙烯价格波动影响的产品，色块图表示石化产品在哪一时刻受到中国乙烯价格波动的影响，色块图颜色表示传导系数大小。图6-15为对应的以中国乙烯发生价格波动后不同时刻整个市场和产业链受到影响的系数大小示意图。将所有时序传导路径识别后用左图表示出来。

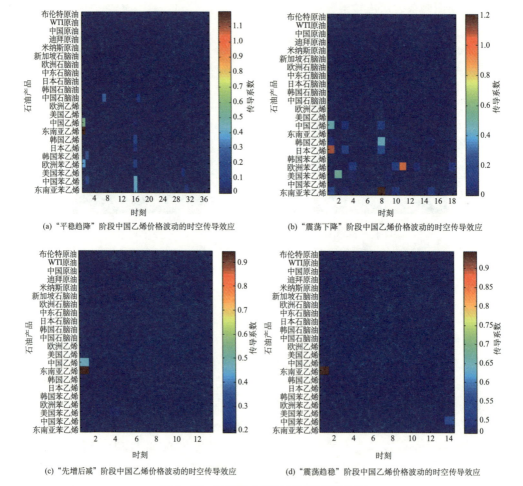

(a) "平稳趋降"阶段中国乙烯价格波动的时空传导效应

(b) "震荡下降"阶段中国乙烯价格波动的时空传导效应

(c) "先增后减"阶段中国乙烯价格波动的时空传导效应

(d) "震荡趋稳"阶段中国乙烯价格波动的时空传导效应

图6-15　四阶段中国乙烯时空传导效应

资料来源：根据 Matlab 计算结果而绘制而成。

"平稳趋降"阶段，中国乙烯产品对东南亚产品和自身的传导强度最高，同时中国乙烯也可以跨产业链阶段影响到中国石脑油产品。在"震荡下降"阶段，中国乙烯产品对产业链下游的产品与市场影响范围依然广泛，且在时间点上分布得更为均匀。

在"先增后减"和"震荡趋稳"阶段，中国乙烯产品的价格波动传导范围明显减少，在乙烯产品内只对东南亚和中国有影响，在跨产业链的价格波动传导中，仅有少量的产品：美国苯乙烯、中国石脑油和中国苯乙烯产品受到了价格波动的传导。

图6－16描述了东南亚乙烯价格波动时对整个产业链市场在不同时刻的时空传导效应。其中横坐标是价格波动发生后的时间阶数，纵坐标是受到东南亚乙烯价格波动影响的产品，色块图表示石化产品在哪一时刻受到东南亚乙烯价格波动的影响，色块图颜色表示传导系数大小。在"震荡下降"阶段，东南亚乙烯产品的价格波动并未对其他产品造成影响。在剩余三个阶段的传导过程中，东南亚

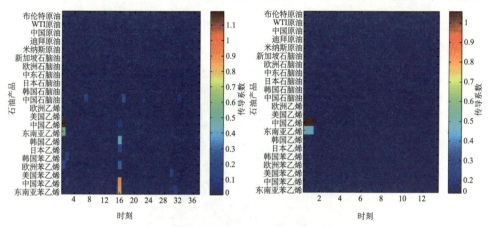

(a)"平稳趋降"阶段东南亚乙烯价格波动的时空传导效应　　(b)"先增后减"阶段东南亚乙烯价格波动的时空传导效应

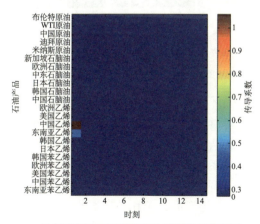

(c)"震荡趋稳"阶段东南亚乙烯价格波动的时空传导效应

图6－16　三阶段东南亚乙烯时空传导效应

资料来源：根据 Matlab 计算结果而绘制而成。

乙烯产品自身以及中国乙烯产品始终是受到价格波动影响强度最大的国家,而且这种价格波动传导通常发生在时刻1,即东南亚乙烯产品发生价格波动的同一天。而东南亚乙烯产品价格波动对其他产品的影响则随着波动阶段的不同有所不同。

在"平稳趋降"阶段,东南亚乙烯产品的价格波动范围是最广的,除了可以传导到亚太地区的所有乙烯产品外,还会对下游的苯乙烯商品和上游的中国石脑油产品产生影响。而在"先增后减"和"震荡趋稳"阶段,该产品价格波动仅能影响个别的苯乙烯和石脑油商品,同时这种影响也是微乎其微的。

图6-17描述了韩国乙烯价格波动时对整个产业链市场在不同时刻的时空传导效应。其中横坐标是价格波动发生后的时间阶数,纵坐标是受到韩国乙烯价格波动影响的产品,色块图表示石化产品在哪一时刻受到韩国乙烯价格波动的影响,色块图颜色表示传导系数大小。韩国乙烯产品价格波动仅在"平稳趋降"阶段对产业链中的其他产品的价格波动产生传导。在时刻1~2,韩国乙烯产品的价格波动会传导到整个亚太市场的乙烯产品和苯乙烯产品,同时还有欧洲的苯乙烯产品。随后在15~17天,乙烯的价格波动经过传导后又传导到了上述的乙烯和苯乙烯以及美国苯乙烯。

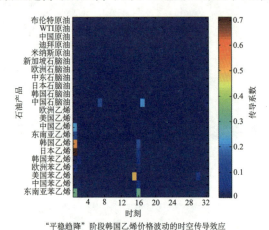

"平稳趋降"阶段韩国乙烯价格波动的时空传导效应

图6-17　韩国乙烯时空传导效应

资料来源:根据 Matlab 计算结果而绘制而成。

图6-18描述了日本乙烯价格波动时对整个产业链市场在不同时刻的时空传导效应。其中横坐标是价格波动发生后的时间阶数,纵坐标是受到日本乙烯价格波动影响的产品,色块图表示石化产品在哪一时刻受到日本乙烯价格波动的影响,色块图颜色表示传导系数大小。日本乙烯产品的价格波动仅在"平稳下降"和"震荡下降"阶段对其他产品产生影响。在日本乙烯产品价格波动的传导过程中,2天内亚太地区的乙烯产品,尤其是日本乙烯和韩国乙烯产品受到价格波动传导的强度最高。大量的苯乙烯产品会受到日本乙烯价格波动的影响。在"平稳下降"阶段,日本乙烯产品价格波动对乙烯和苯乙烯产品传导的过程是时断时续的,主要集中在1~2天,15~17天以及30~31天。而在"震荡下降"阶段

的传导过程则分布得更加均匀。

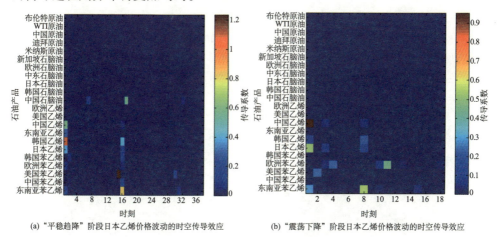

(a)"平稳趋降"阶段日本乙烯价格波动的时空传导效应　　　　(b)"震荡下降"阶段日本乙烯价格波动的时空传导效应

图6-18　日本乙烯时空传导效应

资料来源：根据 Matlab 计算结果而绘制而成。

图6-19描述了中国苯乙烯价格波动时对整个产业链市场在不同时刻的时空传导效应。其中横坐标是价格波动发生后的时间阶数，纵坐标是受到中国苯乙烯价格波动影响的产品，色块图表示石化产品在哪一时刻受到中国苯乙烯价格波动的影响，色块图颜色表示传导系数大小。中国苯乙烯产品的价格波动只在"震荡下降"阶段会对产业链中的其他产品产生影响。在整个传导过程中，第五天的中国乙烯和东南亚乙烯产品受到价格波动传导的强度最高，时间最短。在第五天中国苯乙烯价格波动的传导范围主要集中在亚太地区。对于苯乙烯产品，中国市场苯乙烯主要影响了东南亚以及欧美市场。而对于上游的乙烯产品，中国苯乙烯产品的传导范围主要集中在亚太市场。

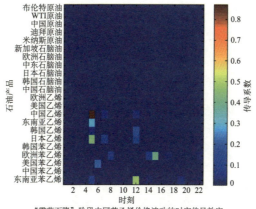

"震荡下降"阶段中国苯乙烯价格波动的时空传导效应

图6-19　中国苯乙烯时空传导效应

资料来源：根据 Matlab 计算结果而绘制而成。

图 6 – 20 描述了东南亚苯乙烯价格波动时对整个产业链市场在不同时刻的时空传导效应。其中横坐标是价格波动发生后的时间阶数，纵坐标是受到东南亚苯乙烯价格波动影响的产品，色块图表示石化产品在哪一时刻受到东南亚苯乙烯价格波动的影响，色块图颜色表示传导系数大小。东南亚苯乙烯产品的价格波动范围只存在于"平稳趋降"和"震荡下降"阶段。

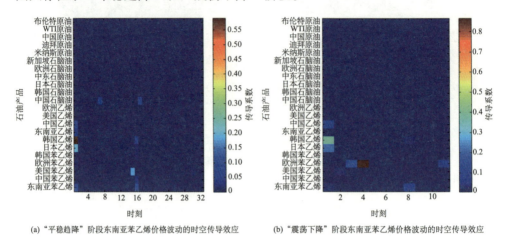

(a) "平稳趋降"阶段东南亚苯乙烯价格波动的时空传导效应　　　(b) "震荡下降"阶段东南亚苯乙烯价格波动的时空传导效应

图 6 – 20　东南亚苯乙烯时空传导效应

资料来源：根据 Matlab 计算结果而绘制而成。

在"平稳趋降"阶段，东南亚苯乙烯产品的价格波动在 2 天内就可以传导到亚太地区的乙烯和苯乙烯产品。此外上游的中国石脑油产品也会受到东南亚苯乙烯产品价格波动的影响。在"平稳趋降"阶段，乙烯产品与苯乙烯产品之间的联系紧密，且彼此之间价格波动传导的路径和过程相近程度很高。而在"震荡下降"阶段，东南亚苯乙烯产品的价格波动在传导时间上的分布主要集中在 1 ~ 4 天内以及 8 ~ 11 天。价格波动传导范围上，在这一阶段东南亚苯乙烯对欧洲苯乙烯产品有持续的影响，此外上游的乙烯产品中东南亚苯乙烯的影响范围主要是中国、日本和韩国。

第三节　石化产业链产品价格波动时空传导效应的
稳健性检验分析

最后对各个产品价格波动的传导过程进行了验证。选取了样本期后（2019 年 10 月 16 日到 2020 年 2 月 28 日）各个国家和地区产业链产品的价格数据作为验证阶段，按照时序波动传导的方法对验证期的数据进行计算，得到了各个产品在验证期内价格波动在整个产业链系统中的传导过程。之后按照动态时间规整

（Dynamic Time Warping）的方法，判断验证期内各个产品的价格波动特征与样本数据期内的价格波动特征的相关性，找到验证期内不同产业链产品所对应的波动特征，并将验证期内不同产业链产品价格波动的传导路径与对应的样本期相比较、验证。

动态时间规整（dynamic time warping）是一种计算不同维度的序列相似性的一种算法。其主要思想是将一段时间序列的波形按照一定的规则进行规整（Warping），从而使得该时间序列与参考序列之间的空间距离最短，即两段时间序列的波形尽可能地重合。当两段时间序列被拉伸到相同的长度后，就可以比较两段时间序列的相似性。该算法最初被板仓和梅崎（Itakura and Umezaki，1987）用来计算一段音频信号与参考音频信号的空间距离，即两端不同长度信号之间的相似性。后来这种方法被普遍应用到时间序列的处理中（Berndt and Clifford，1994；Giorgino，2009；Tomasi et al.，2004）。在结果验证阶段使用该方法去找到与验证数据相似程度最高的产业链产品价格波动阶段。

对于原始的时间序列 $\{x_{t_1}\}$ 和 $\{y_{t_2}\}$，它们的长度分别为 t_1 和 t_2。则存在规整路径 $W = \overline{\omega}_1, \overline{\omega}_2, \cdots, \overline{\omega}_k$，其中 k 是规整后的两条时间序列的长度，W 是两条时间序列规整时空间距离的组合。具体要求（Itakura and Umezaki，1987）如式（6-4）所示：

$$\max(t_1, t_2) \leqslant k \leqslant t_1 + t_2 \tag{6-4}$$

最优规整路径的寻找从起始的 $\overline{\omega}_1 = (1, 1)$ 开始，对 $\{x_{t_1}\}$ 和 $\{y_{t_2}\}$ 中的所有要素按照 t_1 和 t_2 单调递增的原则进行遍历，直到 $\overline{\omega}_k = (t_1, t_2)$ 整个过程结束。按照路径规整距离最小的原则确定最优的规整路径。其中路径规整矩阵 $D(i, j)$ 为式（6-5）：

$$D(i,j) = d(i,j) + \min(D(i-1,j), D(i,j-1), D(i-1,j-1)) \tag{6-5}$$

其中，$d(i, j)$ 表示时间序列 $\{x_{t_1}\}$ 和 $\{y_{t_2}\}$ 第 i 个值和第 j 个值之间的距离，$D(i, j)$ 表示时间序列 $\{x_{t_1}\}$ 和 $\{y_{t_2}\}$ 前 i 个值和前 j 个值之间的距离。最终使得距离 $D(t_1, t_2)$ 最小的路径即为最优路径。

在找到最优的规整路径后，通过计算石化产业链上 22 个产品的验证期数据与它们在不同阶段数据的相似性，最终验证期的产业链上 22 个产品与四个样本阶段产品价格相似度如表 6-1 所示。

表 6-1　　　　　验证期产品价格波动与样本期各阶段相似性比较

项目	与"平稳趋降"阶段价格波动相似性	与"震荡下降"阶段价格波动相似性	与"先增后减"阶段价格波动相似性	与"震荡趋稳"阶段价格波动相似性
布伦特原油	**0.955**	0.819	0.876	0.898
西德克萨斯中质原油	**0.946**	0.765	0.917	0.915
中国原油	**0.940**	0.813	0.903	0.835
迪拜原油	**0.957**	0.719	0.833	0.910

续表

项目	与"平稳趋降"阶段价格波动相似性	与"震荡下降"阶段价格波动相似性	与"先增后减"阶段价格波动相似性	与"震荡趋稳"阶段价格波动相似性
米纳斯原油	**0.936**	0.758	0.886	0.894
新加坡石脑油	**0.982**	0.779	0.882	0.939
欧洲石脑油	**0.981**	0.820	0.888	0.955
中东石脑油	**0.970**	0.789	0.906	0.947
日本石脑油	**0.977**	0.787	0.892	0.944
韩国石脑油	**0.981**	0.799	0.873	0.925
中国石脑油	0.005	0.268	**0.888**	0.734
欧洲乙烯	0.850	0.879	0.274	**0.922**
美国乙烯	0.849	**0.948**	0.765	0.847
中国乙烯	**0.977**	0.904	0.758	0.899
东南亚乙烯	0.863	0.854	0.752	**0.960**
韩国乙烯	**0.944**	0.765	0.807	0.852
日本乙烯	0.870	0.850	0.763	**0.961**
韩国苯乙烯	0.882	0.868	0.852	**0.975**
欧洲苯乙烯	0.826	**0.956**	0.717	0.955
美国苯乙烯	0.834	0.938	0.832	**0.954**
中国苯乙烯	0.897	0.742	0.827	**0.982**
东南亚苯乙烯	0.904	0.846	0.777	**0.920**

注：黑体数字代表通过检验和筛选并且满足 ARCH 项与 GARCH 项系数之和小于 1 限制条件的波动传导关系。

　　表 6 - 1 的结果表示各个石化产品的验证期数据与样本期数据相似性的值，其中验证期的原油产品都与"平稳趋降"阶段相似性最高，石脑油产品中中国石脑油产品与"先增后减"阶段的相似性最高，而其余的石脑油产品与"平稳趋降"阶段相似性最高。验证期与样本期乙烯产品相似性最高的阶段分布结果比较分散，其中中国乙烯和韩国乙烯的验证期与"平稳趋降"阶段价格波动特征相似性最高，美国乙烯的验证期与"震荡下降"阶段价格波动相似性最高，东南亚乙烯和日本乙烯的验证期与"震荡趋稳"阶段价格波动相似性最高。

　　计算了验证期内各个产品的动态时序传导关系后，将石化产品在验证期的动态传导关系与它们在样本期的传导关系相比较。22 个石化产品在验证期中，得到了布伦特原油、西德克萨斯中质原油、中国原油、迪拜原油、米纳斯原油、欧洲石脑油、中东石脑油、中国石脑油、韩国乙烯和东南亚乙烯共 10 个产品价格波动对整个石化产业链系统的影响路径。这 10 个产品中，5 个原油产品和欧洲石脑油、中东石脑油、韩国乙烯与"平稳趋降"阶段相似性最高，中国石脑油产品与"先增后减"阶段相似性最高，东南亚乙烯产品与"震荡趋稳"阶段相似性最高。

第四节　本章小结

通过对产业链中不同产品的时空传导效应进行刻画，分析了产业链不同产品的价格波动对整个产业链石化产品在不同时间上造成的冲击。同时比较了这些价格波动冲击在四个阶段传导过程中的异同。通过研究发现石化产品价格波动的冲击随着时间的推移而逐渐递减，冲击最强的时刻往往发生在初始产品价格波动后的 2 天内。根据价格动态均衡理论中的"蛛网模型"理论，再考虑到石油产品的供给价格弹性绝对值小于需求价格弹性绝对值，因此石化产业链产品价格波动过程呈现收敛的态势，当某一产品价格受到冲击而偏离了均衡点的时候，随着时间的推移，石化产品价格将逐渐回到新的均衡点。

同时在时序上，产业链石化产品的价格波动往往出现"时序波动集聚性"的特征，即整个时序传导过程集中在少数几个时间点上，如 1 ~ 2 天、7 ~ 8 天以及 16 ~ 19 天。一般的金融时间序列存在"波动集聚性"，本书通过考虑"动态性"的问题发现了"时序波动集聚性"。但是也有个别产品受到其他产品价格波动冲击的过程在时序上分布均匀，如中国石脑油和欧洲苯乙烯产品，在比较广的时间范围内都会受到价格波动的影响，"时序集聚性"的特征不如其他产品明显。

随后本章选取了样本期后 2019 年 10 月 16 日到 2020 年 2 月 28 日的原油、石脑油、乙烯和苯乙烯产品日数据作为验证数据。通过动态时间规整的方法计算了与各个产品验证期相似程度最高的样本期阶段。随后比较了样本期与验证期各个产品价格波动时空传导过程。结果说明原油产品的价格波动传导结果在验证期与样本期中的表现较为一致，两种石脑油产品的样本期与验证期结果并未呈现出典型的一致性，石脑油产品价格波动的传导过程并不是稳健的。乙烯产品的价格波动传导中，受到传导影响的主要集中在亚太地区，这与样本期的结果一致。由于验证期石化产品价格波动传导的过程未得出苯乙烯产品的计算结果，所以未进行样本期与验证期苯乙烯产品价格波动传导的检验。

近年来，能源产品金融化的趋势逐渐加强，对于石油产品来说这种趋势更加明显，以布伦特原油期货和西德克萨斯中质原油期货等为代表的期货产品是金融市场投资者关注的焦点。石油产品金融化的发展也使得原油期货价格影响到了市场中的现货价格，原油现货价格出现了偏离基本面的情况。卡夫曼和康纳利（Kaufmann and Connelly，2020）证明在 2007 年 4 月到 2008 年 3 月的原油价格暴涨和随后的 2010 年 1 月到 2011 年 1 月的原油价格波动都出现了原油价格偏离基本面的情况，而导致这种偏离的原因为金融市场的投机泡沫。金融市场尤其是期货市场对原油价格产生影响的机理在于投资者预期原油期货价格上涨会导致对原油库存的需求增加，从而导致原油现货价格上涨（田利辉和谭德凯，2015）。

但是，以供求关系为基础的原油贸易作为影响原油现货价格的基本面因素，在原油现货价格发现（price discovery）的过程中起着基础作用。卡夫曼和乌尔曼（Kaufmann and Ullman，2009b）在对2000~2004年的油价增长进行解释时认为OPEC的配额改变影响了油价供求关系的基本面，从而影响了原油价格。

在实际的市场中，投机泡沫与市场基本面的不断变化、突发的地缘政治事件和天气等因素的相互作用下，原油现货价格也处在不断波动的过程中。同时，由于原油市场的一体性（Bhanja et al.，2021；Kaufmann and Banerjee，2014），理论上不同国家和地区之间的原油产品价格存在一个相互作用最终收敛到一致水平的过程。在这个过程中，各个原油产品价格之间相互影响、相互作用，存在价格波动传导的现象。

原油作为一种能源产品，具有在国际市场上、不同国家和地区之间进行交易的商品属性以及能源金融性不断发展带来的金融属性。原油产品本身的政治性也会对原油的两种属性产生影响从而影响原油价格（Kashcheeva and Tsui，2015）。两种属性作用下的现货市场原油价格发生波动并在不同国家和地区之间进行传导，从而对全球各国家和地区的原油市场产生影响。这个价格波动传导的过程同时存在时间上的动态性，即传导过程随着时间的变化而变化。这种动态性反映在：原油产品间是否存在价格波动关系是在随着时间变化而动态变化的，它们价格波动的传导关系强度也是动态变化的。此外，某国家和地区原油现货价格受到价格波动的影响后又可能对其他的原油现货产品价格产生影响，甚至会反过来对原油的"实体贸易属性"和"金融投机属性"产生影响，这使得价格波动传导的过程更为复杂。

更加细化来看，现实中原油市场价格波动传导的复杂过程又可以分为不同的方面。一是在基本面因素和金融属性因素对油价波动产生影响的过程中，两种属性要素各自扮演的作用以及属性之下的各个地理空间在油价波动中起作用的过程是复杂的；二是在现实情况中，油价波动传导的过程是不同原因综合起作用的结果，把不同属性的原因拆开分析淡化了油价波动传导过程的复杂性；三是在原油价格发生波动传导时，不同时间上不同原油产品之间的价格影响关系处于动态变化的过程中，这个动态变化的过程也是复杂的。

第七章
结论与展望

第一节 结论与建议

本书针对石化产业链产品价格波动的时空传导效应问题，构建了石化产业链产品价格波动的时空传导模型，从产业链、国家和地区、时间三个维度研究了石化产业链产品价格波动的时空传导效应。在时间维度上，提出并定义了"多时间属性"的概念，从"阶段性"和"动态性"两方面刻画石化产业链产品价格波动的时变性。在产品价格波动空间传导维度上，将传统的计量分析方法与网络分析方法相结合，在刻画石化产业链产品一对一价格波动关系的同时又分析了单个产品在整个市场中的作用。最后将时间和空间维度融合在一起，分析了产业链上各个石化产品价格受到冲击发生价格波动时，这种冲击是如何在产业链市场中传导的，以及这种传导是如何随着时间变化而变化的。经过研究有如下结论。

第一，石化产品价格波动传导过程存在产业链上产品、国家和地区上的不平衡性。基于"要素禀赋"理论、产业链上下游价格传导理论和原油价格冲击的供给冲击与需求冲击理论，通过构建石化产业链价格波动空间传导模型和空间传导网络模型，研究发现在产业链中，整体的价格波动传导趋势是上游产品的价格波动影响下游产品，但是国家和地区性的原油产品却往往受到下游石脑油产品价格波动的影响。产业链上下游之间价格传导理论论证了上下游产品之间价格传导的过程，在石化市场，由于上游原材料——原油产品的极端重要性，使得在这一产业链中上游产品对下游产品的价格波动传导成为主流，其中，两大基准原油价格布伦特原油和西德克萨斯原油价格对其他国家和地区石化产品的价格波动传导最为明显。市场上的供给与需求变动都会对原油产品价格产生影响。对于石化产业链上游的原油产品来说，供给端与需求端共同作用导致了原油价格的波动。在石化产品价格震荡时期，中国原油、米纳斯原油甚至迪拜原油价格都会受到下游石脑油产品价格波动的影响，这些石脑油产品主要集中在亚太地区。

在区域间，石化产品价格波动传导和范围速度存在非对称性，亚太地区石化产业链产品价格波动向欧美市场传导的速度慢、范围窄，而欧美市场石化产业链产品价格波动向亚太市场石化产品传导的速度快、范围广。亚太地区的石化产品价格波动往往只局限在亚太市场内进行传导，只有产业链下游的个别乙烯产品价格波动会影响到欧洲市场。在亚太市场的价格波动传导过程中，产业链上各个石化产品的价格关系极为紧密，传导系数要高于欧美市场石化产品向亚太市场传导的系数。同时，东亚三国与东南亚地区彼此经济联系紧密，这种紧密性在石化产业链下游的乙烯产品中表现明显。

仅通过产量来看，亚太地区发达的石化工业以及较高的石化产品产能显示了该地区在下游乙烯、苯乙烯等石化产品上的地位。但是在产品价格上，石化产业链产品价格波动的影响力依然存在空间上的不平衡，中国、日本和韩国上游原材料对外依存度较高，使得国际市场石化产品的价格波动很容易对本国石化产品造成影响。这与其自身的要素禀赋有关，在产业链下游，资本密集同市场广阔使得中国、日本和韩国的乙烯市场在价格波动中的主导作用明显。现货市场中，因为国家和地区间供求关系而决定的贸易关系也影响着贸易品之间价格的传导，因此不同要素禀赋的产品在市场中也展现出了不同的价格影响能力。

第二，产业链产品价格波动的时空传导过程中，初次传导的速度和强度最高，随后的价格波动传导过程在波动中收敛。基于价格波动动态均衡理论和时序网络的分析方法，通过构建石化产业链产品价格波动时序传导模型，研究发现当石化产品价格受到冲击发生价格波动并向其他产品传导的过程中，初次传导的时间往往在产品价格波动发生后的 1~2 天。初次传导的传导强度也往往是最大的，随后随着时间的推移，产品初始的价格冲击对整个产业链系统的影响越来越小。这个过程符合"收敛型"蛛网模型的分析过程。

在石化产品价格波动较为平稳的阶段，产业链上游原油产品的价格波动可以在 1~2 天内传导到各个国家和地区下游市场的石脑油、乙烯和苯乙烯产品。而在价格波动较为剧烈的震荡期，产业链产品的价格波动传导范围则局限在生产过程接近的产业链环节。

无论是在石化产品价格波动的平稳期还是震荡期，石化产品价格波动的初次传导过程都是最值得关注的。在平稳期，整个石化产业链上各个产品都要做好受到上游产品尤其是原油产品价格波动冲击的准备。在震荡期，石化产品价格波动对与它生产过程联系紧密的产业链产品影响巨大，对产业链条上距离较远的产品影响并不大。

第三，产业链产品时空传导过程中存在"时序波动集聚性"，石化产品发生价格波动向其他产品传导时，整个时序传导过程集中在少数几个时间点上。通过构建石化产业链产品价格波动传导时序网络模型，仿真 22 种石化产品价格波动时对整个市场的冲击，发现"时序波动集聚"的时间点根据产品的不同和所在阶段产品价格震荡程度的不同有所差异，但大部分聚焦在价格波动发生后的 1～2 天，7～8 天以及 16～19 天。个别产品受到其他产品价格波动冲击的过程在时序上分布均匀，如中国石脑油和欧洲苯乙烯产品，在比较广的时间范围内都会受到价格波动的影响。

"时序波动集聚性"说明虽然石化产品价格波动对市场的影响是持续性的，但是存在一些特殊的时间点。在一个石化产品价格波动对市场产生持续传导并收敛的过程中，其他产品在这些特殊时间点上受到价格波动影响的概率很高。

针对以上分析结论，提出三个建议。

第一，除了增加原油战略储备外，基础石化产品的储备也应该纳入战略储备体系，以应对世界政治经济形势变化可能导致的原油断供情况。中国的石化产品产量巨大，议价能力强。但是作为石化产品上游原料的原油对外依存度却很高。在这种情况下下游石化工业的产能越高，遇到极端情况供应链断裂时对我国经济的伤害也越大。除了增加原油战略储备外，基础石化产品的储备也应该纳入战略储备体系，以应对世界政治经济形势变化可能导致的原油断供情况。在原油供应受到影响而动用战略储备时，受到优先保障的是在经济中更为重要的燃料用成品油，那么紧迫性相对较弱，但重要性却丝毫不弱、与国民经济各个部门相联系的各类石化产品供应就很难得到保证。因此增加基础石化产品，例如，石脑油的战略储备是重要的。

第二，在常态化的石化产品生产过程中，应结合中国的要素禀赋，并顺应石脑油来源多样化的趋势，提高煤制石脑油、气制石脑油的比例。这同样是为了应对原油进口受到威胁而发生的供应链断裂危机。石脑油来源多样化有助于在原油进口受到威胁时保证下游各类基础石化产品的供应，同时这也是符合我国煤炭资源丰富，天然气对外依存度相对较低的资源条件。

第三，对于投资者和关心石油价格的从业者来说，石化产品价格波动后的 1～2 天是传导最剧烈的。后续的价格波动影响只局限在少数时间点，如 7～8 天，16～19 天。投资者和从业者应该重点关注石化产品价格波动发生后的这些时刻，关注价格波动带来的机会与风险。

第二节　不足与展望

现有研究有两点不足。

第一，在考虑不同国家和地区之间产品价格波动传导的空间与时间效应时，并未考虑美元汇率的因素。在石化产品的国际贸易，尤其是原油产品的贸易以美元来进行结算，这就导致了美元汇率的波动会对各国贸易活动造成影响，进而影响国家和地区间以及不同时间上产品价格的波动传导关系。例如，高湘昀（Gao et al.，2014）就研究过美元/人民币汇率波动对我国进口原油造成的"外汇负担"问题。本书关注的重点是当石化市场中一个产品价格发生波动的时候，对其他产品的时空传导效应。汇率的波动会对现实中的传导过程造成影响，但在现有22种产品中，除了中国石脑油产品之外的其他产品都采用美元计价，所以这时的汇率因素对研究结果的影响变小了。

第二，本书只针对石化产业链条中原油、石脑油、乙烯和苯乙烯这一个具体链条。原油产品及其衍生出来的成品油产品、其他化工产品过于庞杂，因此并未纳入考量。

下一步的研究将针对上述不足之处予以讨论，并根据石化产业链市场的发展对现有研究进行改进，展望有三点。

第一，将新冠疫情以来石化市场价格剧烈波动的情况纳入分析框架。新冠疫情以来，原油市场、石化产品市场波动剧烈，美联储量化宽松以及之后为应对通货膨胀采取的加息缩表政策对原油市场产生剧烈影响，俄乌冲突等地缘政治因素也对全球能源市场造成供给冲击。以上市场因素和非市场因素都会造成石化产品价格波动，并影响其价格波动传导的过程。因此，在未来的分析过程中，将对疫情以来的石化产业链市场进行分析，研究极端情况下石化产品价格波动价格时序传导过程。

第二，油价波动可能由多种因素导致，例如供给冲击、需求驱动以及投机活动都会导致石化产业链产品价格波动。不同性质的因素导致的油价波动传导过程可能会有差异。在本书中，这种异质性的油价波动传导过程并未被纳入考量，在后续研究中将对此展开分析。

第三，相对于测算石化产品价格波动的传导过程，更为重要的是找到价格波动传导背后的驱动机理。下一步的研究将对石化产品价格波动传导的影响因素，以及油价波动传导机制进行讨论。

参考文献

[1] 陈淼, 李王欣欣. 外部冲击影响我国价格水平的传导机制分析: 以国际油价为例 [J]. 宏观经济研究, 2015, (8): 95-105.

[2] 陈晓昀. 国内乙烷裂解制乙烯项目应关注问题探讨 [J]. 乙烯工业, 2019, 31 (2): 6-10+5.

[3] 程安, 常清. 油价与我国石油公司股价间的动态关系研究 [J]. 华南理工大学学报 (社会科学版), 2016, 18 (1): 1-11.

[4] 付莲莲, 邓群钊, 翁异静. 国际原油价格波动对国内农产品价格的传导作用量化分析——基于通径分析 [J]. 资源科学, 2014, 36 (7): 1418-24.

[5] 高鸿业. 西方经济学 (宏观部分·第六版) [M]. 北京: 中国人民大学出版社, 2014.

[6] 郝晓晴, 安海忠, 陈玉蓉, 等. 基于复杂网络的国际铁矿石贸易演变规律研究 [J]. 经济地理, 2013, 33 (1): 92-97.

[7] 何琬, 卢小舒. 煤炭价格与石油价格的波动溢出效应分析 [J]. 工业技术经济, 2011, 30 (11): 66-70.

[8] 何文忠. 国际原油价格对中国股票市场的"溢出效应"及其传导机制研究 [D]. 上海复旦大学, 2012.

[9] 贺力平, 樊纲, 胡嘉妮. 消费者价格指数与生产者价格指数: 谁带动谁? [J]. 经济研究, 2008, 43 (11): 16-26.

[10] 黄书培, 安海忠, 高湘昀, 等. 供给与需求驱动型原油价格变动对股票市场的多时间尺度影响研究 [J]. 中国管理科学, 2018, 26 (11): 62-73.

[11] 鞠建东, 林毅夫, 王勇. 要素禀赋、专业化分工、贸易的理论与实证——与杨小凯、张永生商榷 [J]. 经济学 (季刊), 2004 (4): 27-54.

[12] 李春发, 周小颢. 国际原油与国内成品油价格传导机制实证研究——以柴油价格为例 [J]. 价格月刊, 2016 (4): 7-11.

[13] 李华姣. 基于异质网络模型的全球能源投资与竞争合作格局研究 [D]. 北京: 中国地质大学 (北京), 2016.

[14] 林伯强, 牟敦国. 能源价格对宏观经济的影响——基于可计算一般均衡 (CGE) 的分析 [J]. 经济研究, 2008, 43 (11): 88 - 101.

[15] 刘玥, 曾庆婷. 国际石油价格波动对国内煤炭价格的影响 [J]. 中国矿业, 2014, 23 (2): 31 - 34, 43.

[16] 欧阳志刚, 潜力. 国际因素对中国通货膨胀的非线性传导效应 [J]. 经济研究, 2015, 50 (6): 89 - 102.

[17] 任泽平. 能源价格波动对中国物价水平的潜在与实际影响 [J]. 经济研究, 2012, 47 (8): 59 - 69, 92.

[18] 孙坚强, 崔小梅, 蔡玉梅. PPI 和 CPI 的非线性传导: 产业链与价格预期机制 [J]. 经济研究, 2016, 51 (10): 54 - 68.

[19] 孙昱东. 石油及石油产品基础知识 [M]. 北京: 石油工业出版社, 2013.

[20] 田利辉, 谭德凯. 原油价格的影响因素分析: 金融投机还是中国需求? [J]. 经济学 (季刊), 2015, 14 (3): 961 - 982.

[21] 王红秋, 张彦, 王春娇, 等. 世界乙烯工业的回顾与展望 [J]. 乙烯工业, 2014, 26 (2): 1 - 3 + 5.

[22] 王森, 石刚. 企业间互供石脑油价格研究 [J]. 石油化工技术经济, 1998 (1): 8 - 13.

[23] 魏一鸣, 焦建玲, 梁强, 等. 油价长期高位对我国社会经济的影响与对策 [J]. 中国科学院院刊, 2008 (1): 11 - 15.

[24] 闻少博. 基于价差的原油市场基本面与原油价格传导关系研究 [D]. 北京: 中国地质大学 (北京), 2019.

[25] 吴金闪, 狄增如. 从统计物理学看复杂网络研究 [J]. 物理学进展, 2004 (1): 18 - 46.

[26] 夏斌, 高善文. 全球化背景下中国的价格传导系数显著下降 [J]. 中国金融, 2004 (11): 16 - 18.

[27] 徐媛媛, 严哲人, 王传美, 等. 原油价格与粮食价格的传导效应研究——基于滚动协整分析法 [J]. 农业现代化研究, 2017, 38 (4): 605 - 613.

[28] 许江, 程中克, 王小强, 等. 不同种类石脑油的裂解产物分布及收率对比分析 [J]. 石油与天然气化工, 2019, 48 (3): 23 - 27.

[29] 杨子晖, 赵永亮, 柳建华. CPI 与 PPI 传导机制的非线性研究: 正向传导还是反向倒逼? [J]. 经济研究, 2013, 48 (3): 83 - 95.

[30] 张斌, 徐建炜. 石油价格冲击与中国的宏观经济: 机制、影响与对策 [J]. 管理世界, 2010 (11): 18 - 27.

[31] 张成思. 长期均衡、价格倒逼与货币驱动——我国上中下游价格传导

机制研究 [J]. 经济研究, 2010, 45 (6): 42 – 52.

[32] 张大永, 曹红. 国际石油价格与我国经济增长的非对称性关系研究 [J]. 经济学 (季刊), 2014, 13 (2): 699 – 722.

[33] 张树亮, 刘娟. 中国汽柴油批发价格和零售价格的非对称实证研究——基于 2012—2016 年数据的 APT – ECM 模型分析 [J]. 中国石油大学学报 (社会科学版), 2017, 33 (5): 1 – 6.

[34] ABDELRADI F, SERRA T. Asymmetric price volatility transmission between food and energy markets: The case of Spain [J]. Agricultural Economics, 2015, 46 (4): 503 – 513.

[35] ADELMAN M A. Is the World Oil Market 'One Great Pool'? —Comment [J]. The Energy Journal, 1992, 13 (1).

[36] ALQUIST R, KILIAN L. What do we learn from the price of crude oil futures? [J]. Journal of Applied Econometrics, 2010, 25 (4): 539 – 573.

[37] AMUZEGAR J. Managing the oil wealth: OPEC's windfalls and pitfalls [M]. IB Tauris, 2001.

[38] ASCHE F, GJøLBERG O, VöLKER T. Price relationships in the petroleum market: an analysis of crude oil and refined product prices [J]. Energy Economics, 2003, 25 (3): 289 – 301.

[39] BARABASI A L, ALBERT R. Emergence of scaling in random networks [J]. Science, 1999, 286 (5439): 509 – 12.

[40] BARRAT A, BARTHELEMY M, PASTOR-SATORRAS R, et al. The architecture of complex weighted networks [J]. Proceedings of the National Academy of Sciences of the United States of America, 2004, 101 (11): 3747 – 3752.

[41] BARUNíK J, KOCENDA E, VáCHA L. Volatility Spillovers Across Petroleum Markets [J]. Energy Journal, 2015, 36 (3): 309 – 329.

[42] BERNDT D J, CLIFFORD J. Using dynamic time warping to find patterns in time series; proceedings of the KDD workshop, F, 1994 [C]. Seattle, WA.

[43] BHANJA N, NASREEN S, DAR A B, et al. Connectedness in International Crude Oil Markets [J]. Computational Economics, 2021,

[44] BOLLERSLEV T. Generalized autoregressive conditional heteroskedasticity [J]. Journal of Econometrics, 1986, 31 (3): 307 – 327.

[45] BORENSTEIN S, CAMERON A C, GILBERT R. Do gasoline prices respond asymmetrically to crude oil price changes? [J]. The Quarterly Journal of Economics, 1997, 112 (1): 305 – 339.

[46] BORYSOV S S, BALATSKY A V. Cross-Correlation Asymmetries and Caus-

al Relationships between Stock and Market Risk [J]. Plos One, 2014, 9 (8): 11.

[47] BOUOIYOUR J, SELMI R, HAMMOUDEH S, et al. What are the categories of geopolitical risks that could drive oil prices higher? Acts or threats? [J]. Energy Economics, 2019, 84 (104523).

[48] BP. London: British Petroleum Co., 2019.

[49] BRACEWELL R. Pentagram notation for cross correlation. The Fourier transform and its applications [J]. New York: McGraw-Hill, 1965, 46 (243).

[50] BRANDES U. A faster algorithm for betweenness centrality [J]. Journal of mathematical sociology, 2001, 25 (2): 163 – 177.

[51] BROWN S P, YüCEL M K. Energy prices and aggregate economic activity: an interpretative survey [J]. The Quarterly Review of Economics and Finance, 2002, 42 (2): 193 – 208.

[52] CALDARA D, CAVALLO M, IACOVIELLO M. Oil price elasticities and oil price fluctuations [J]. Journal of Monetary Economics, 2019, 103: 1 – 20.

[53] CAPORALE G M, KATSIMI M, PITTIS N. Causality links between consumer and producer prices: Some empirical evidence [J]. Southern Economic Journal, 2002, 68 (3): 703 – 711.

[54] CHANG C L, MCALEER M, TANSUCHAT R. Analyzing and forecasting volatility spillovers, asymmetries and hedging in major oil markets [J]. Energy Economics, 2010 (32): 1445 – 1455.

[55] CHARLES A, DARNE O. The efficiency of the crude oil markets: Evidence from variance ratio tests [J]. Energy Policy, 2009, 37 (11): 4267 – 4272.

[56] CHEN H, LIAO H, TANG B J, et al. Impacts of OPEC's political risk on the international crude oil prices: An empirical analysis based on the SVAR models [J]. Energy Economics, 2016 (57): 42 – 49.

[57] CHEN L H, FINNEY M, LAI K S. A threshold cointegration analysis of asymmetric price transmission from crude oil to gasoline prices [J]. Economics Letters, 2005 (89): 233 – 239.

[58] CLARK T E. Do producer prices lead consumer prices? [J]. Economic Review-Federal Reserve Bank of Kansas City, 1995 (80): 25.

[59] CRETI A, DUC KHUONG N. Energy markets' financialization, risk spillovers, and pricing models [J]. Energy Policy, 2015 (82): 260 – 263.

[60] DEMIRBAS A, ALIDRISI H, BALUBAID M. API gravity, sulfur content, and desulfurization of crude oil [J]. Petroleum Science and Technology, 2015, 33 (1): 93 – 101.

［61］ DING H, KIM H G, PARK S Y. Do net positions in the futures market cause spot prices of crude oil? ［J］. Economic Modelling, 2014.

［62］ DU L, YANAN H, WEI C. The relationship between oil price shocks and China's macro-economy: An empirical analysis ［J］. Energy Policy, 2010, 38 (8): 4142 – 4151.

［63］ EDERINGTON L H, FERNANDO C S, HOELSCHER S A, et al. Characteristics of petroleum product prices: A survey ［J］. Journal of Commodity Markets, 2019, 14: 1 – 15.

［64］ ENGLE R F. Autoregressive conditional heteroscedasticity with estimates of the variance of United Kingdom inflation ［J］. Econometrica: Journal of the Econometric Society, 1982: 987 – 1007.

［65］ ENGLE R F, KRONER K F. Multivariate simultaneous generalized ARCH ［J］. Econometric theory, 1995, 11 (1): 122 – 150.

［66］ EZEKIEL M. The cobweb theorem ［J］. The Quarterly Journal of Economics, 1938, 52 (2): 255 – 280.

［67］ FAMA E F. Efficient capital markets: a review of theory and empirical work*［J］. The Journal of Finance, 1970, 25: 383 – 417.

［68］ FAMA E. The Behavior of Stock-Market Prices ［J］. The Journal of Business, 1965, 38 (34).

［69］ FAMA, EUGENE F. Efficient Capital Markets: II ［J］. The Journal of Finance, 1991, 46 (5): 1575 – 1617.

［70］ FATTOUH B. An anatomy of the crude oil pricing system ［M］. Oxford institute for energy studies, 2011.

［71］ FATTOUH B. The dynamics of crude oil price differentials ［J］. Energy Economics, 2010, 32 (2): 334 – 342.

［72］ FRECH H, LEE W C. The welfare cost of rationing-by-queuing across markets: Theory and estimates from the US gasoline crises ［J］. The Quarterly Journal of Economics, 1987, 102 (1): 97 – 108.

［73］ FREEMAN L C. Centrality in social networks conceptual clarification ［J］. Social networks, 1978, 1 (3): 215 – 239.

［74］ GAO X, AN H, FANG W, et al. The transmission of fluctuant patterns of the forex burden based on international crude oil prices ［J］. Energy, 2014.

［75］ GARDEBROEK C, HERNANDEZ M A. Do energy prices stimulate food price volatility? Examining volatility transmission between US oil, ethanol and corn markets ［J］. Energy Economics, 2013.

［76］GIORGINO T. Computing and Visualizing Dynamic Time Warping Alignments in R：The dtw Package［J］. Journal of Statistical Software，2009，31（7）：1 – 24.

［77］GLOESER-CHAHOUD S，HARTWIG J，WHEAT I D，et al. The cobweb theorem and delays in adjusting supply in metals' markets［J］. System Dynamics Review，2016，32（3 – 4）：279 – 308.

［78］GONG X，LIN B Q. Time-varying effects of oil supply and demand shocks on China's macro-economy［J］. Energy，2018，149（4）：24 – 37.

［79］GULEN S G. Regionalization in the world crude oil market：Further evidence［J］. Energy Journal，1999，20（1）：125 – 139.

［80］HAMILTON J D. Historical Oil Shocks［J］. National Bureau of Economic Research Working Paper Series，2011，No. 16790.

［81］HAMMOUDEH S M，EWING B T，THOMPSON M A. Threshold cointegration analysis of crude oil benchmarks［J］. Energy Journal，2008，29（4）：79 – 95.

［82］HAN S，ZHANG B S，TANG X，et al. The relationship between international crude oil prices and China's refined oil prices based on a structural VAR model［J］. Petroleum Science，2017.

［83］HOLME P. Network reachability of real-world contact sequences［J］. Physical Review E-Statistical，Nonlinear，and Soft Matter Physics，2005，71：1 – 8.

［84］HOLME P，SARAMäKI J. Temporal networks［J］. Physics Reports，2012，519（3）：97 – 125.

［85］ISSAWI C. The 1973 oil crisis and after［J］. Journal of Post Keynesian Economics，1978，1（2）：3 – 26.

［86］ITAKURA F，UMEZAKI T. Distance measure for speech recognition based on the smoothed group delay spectrum；proceedings of the ICASSP'87 IEEE International Conference on Acoustics，Speech，and Signal Processing，F，1987［C］. IEEE.

［87］JIAO J L，GAN H H，WEI Y M. The Impact of Oil Price Shocks on Chinese Industries［J］. Energy Sources，Part B：Economics，Planning，and Policy，2012，7（4）：348 – 356.

［88］JIA X L，AN H Z，FANG W，et al. How do correlations of crude oil prices co-move? A grey correlation-based wavelet perspective［J］. Energy Economics，2015，49：588 – 598.

［89］JOETS M. Energy price transmissions during extreme movements［J］. Economic Modelling，2014，40：392 – 399.

［90］KASHCHEEVA M，TSUI K K. Political oil import diversification by financial and commercial traders [J]. Energy Policy, 2015, 82: 289 – 297.

[91] KAUFMANN R K, BANERJEE S. A unified world oil market: Regions in physical, economic, geographic, and political space [J]. Energy Policy, 2014, 74: 235 – 242.

[92] KAUFMANN R K, CONNELLY C. Oil price regimes and their role in price diversions from market fundamentals [J]. Nature Energy, 2020, 5 (2): 141 – 149.

[93] KAUFMANN R K, DEES S, KARADELOGLOU P, et al. Does OPEC matter? an econometric analysis of oil prices [J]. Energy Journal, 2004.

[94] KAUFMANN R K, DEES S, MANN M. Horizontal and vertical transmissions in the US oil supply chain [J]. Energy Policy, 2009, 37 (2): 644 – 650.

[95] KAUFMANN R K, ULLMAN B. Oil prices, speculation, and fundamentals: Interpreting causal relations among spot and futures prices [J]. Energy Economics, 2009a,

[96] KAUFMANN R K, ULLMAN B. Oil prices, speculation, and fundamentals: Interpreting causal relations among spot and futures prices [J]. Energy Economics, 2009b, 31 (4): 550 – 558.

[97] KILIAN L. Not all oil price shocks are alike: Disentangling demand and supply shocks in the crude oil market [J]. American Economic Review, 2009, 99 (3): 1053 – 1069.

[98] KRISTOUFEK L. Are the crude oil markets really becoming more efficient over time? Some new evidence [J]. Energy Economics, 2019, 82 (2): 53 – 63.

[99] KRUGMAN P. Increasing Returns and Economic Geography [J]. Journal of Political Economy, 1991, 99 (3): 483 – 499.

[100] LIMA C, RELVAS S, BARBOSA-PóVOA A P F D. Downstream oil supply chain management: A critical review and future directions [M]. Computers and Chemical Engineering. Elsevier Ltd. 2016: 78 – 92.

[101] LI Q, CHENG K, YANG X. Response pattern of stock returns to international oil price shocks: From the perspective of China's oil industrial chain [J]. Applied Energy, 2017.

[102] LIU L. Cross-correlations between crude oil and agricultural commodity markets [J]. Physica A: Statistical Mechanics and its Applications, 2014, 395 (2): 93 – 302.

[103] LIU S, GAO X, FANG W, et al. Modeling the Complex Network of Multidimensional Information Time Series to Characterize the Volatility Pattern Evolution [J]. Ieee Access, 2018 (6): 29088 – 29097.

［104］LJUNG G M，BOX G E. On a measure of lack of fit in time series models ［J］. Biometrika，1978，65（2）：297 – 303.

［105］MARTI G，NIELSEN F，BIŃKOWSKI M，et al. A review of two decades of correlations，hierarchies，networks and clustering in financial markets［J］. 2021：245 – 274.

［106］MARTI G，VERY P，DONNAT P，et al. A proposal of a methodological framework with experimental guidelines to investigate clustering stability on financial time series［J］. 2015 Ieee 14th International Conference on Machine Learning and Applications（Icmla），2015：32 – 37.

［107］MASIH M，ALGAHTANI I，DE MELLO L. Price dynamics of crude oil and the regional ethylene markets［J］. Energy Economics，2010，32（6）：1435 – 1444.

［108］MASLYUK S，SMYTH R. Cointegration between oil spot and future prices of the same and different grades in the presence of structural change［J］. Energy Policy，2009，37（5）：1687 – 1693.

［109］MENSI W，HAMMOUDEH S，YOON S M. Structural breaks，dynamic correlations，asymmetric volatility transmission，and hedging strategies for petroleum prices and USD exchange rate［J］. Energy Economics，2015，48：46 – 60.

［110］NIAEI A，TOWFIGHI J，SADRAMELI S M，et al. The combined simulation of heat transfer and pyrolysis reactions in industrial cracking furnaces［J］. Applied Thermal Engineering，2004，24（14 – 15）：2251 – 2265.

［111］OHLIN B. Interregional and international trade［M］. Harvard University Press，Cambridge，1935.

［112］ONNELA J P，CHAKRABORTI A，KASKI K，et al. Dynamics of market correlations：Taxonomy and portfolio analysis［J］. Physical Review E，2003，68（5）.

［113］OPEC. Vienna，Austria：Organization of the Petroleum Exporting Countries，2019.

［114］OU B L，ZHANG X，WANG S Y. How does China's macro-economy response to the world crude oil price shock：A structural dynamic factor model approach ［J］. Computers & Industrial Engineering，2012，63（3）：634 – 640.

［115］PERRON P，YABU T. Estimating deterministic trends with an integrated or stationary noise component［J］. Journal of Econometrics，2009a，151（1）：56 – 69.

［116］PERRON P，YABU T. Testing for shifts in trend with an integrated or stationary noise component［J］. Journal of Business & Economic Statistics，2009b，27

(3)：369 - 396.

［117］ PODOBNIK B，GROSSE I，HORVATIĆD，et al. Quantifying cross-correlations using local and global detrending approaches ［J］. European Physical Journal B，2009，71：243 - 250.

［118］ POLANCO MARTíNEZ J M，ABADIE L M，FERNáNDEZ-MACHO J. A multi-resolution and multivariate analysis of the dynamic relationships between crude oil and petroleum-product prices ［J］. Applied Energy，2018，228（15）：50 - 60.

［119］ SAHEBISHAHEMABADI H. Strategic and Tactical Crude Oil Supply Chain：Mathematical Programming Models ［D］. Karlsruhe，Karlsruher Institute for Technologe（KIT）Diss，2013.

［120］ SALISU A A，OLOKO T F. Modeling oil price-US stock nexus：A VARMA-BEKK-AGARCH approach ［J］. Energy Economics，2015，50：1 - 12.

［121］ SAMPSON A，SHAY P. Seven sisters ［M］. Viking Press New York，1975.

［122］ SAMUELSON P A. International trade and the equalisation of factor prices ［J］. The Economic Journal，1948，58（230）：163 - 184.

［123］ SENSOY A，TABAK B M. Dynamic spanning trees in stock market networks：The case of Asia-Pacific ［J］. Physica A：Statistical Mechanics and its Applications，2014，414：387 - 402.

［124］ SILVER J L，WALLACE T D. The lag relationship between wholesale and consumer prices：An application of the Hatanaka-Wallace procedure ［J］. Journal of Econometrics，1980，12（3）：375 - 387.

［125］ SKEET I. Opec：Twenty-Five Years of Prices and Politics ［M］. CUP Archive，1991.

［126］ SONG Y J，JI Q，DU Y J，et al. The dynamic dependence of fossil energy，investor sentiment and renewable energy stock markets ［J］. Energy Economics，2019，84.

［127］ SU C W，WANG X Q，TAO R，et al. Do oil prices drive agricultural commodity prices? Further evidence in a global bio-energy context ［J］. Energy，2019，172：691 - 701.

［128］ TABAK B M，CAJUEIRO D O. Are the crude oil markets becoming weakly efficient over time? A test for time-varying long-range dependence in prices and volatility ［J］. Energy Economics，2007，29（1）：28 - 36.

［129］ TANG W，WU L，ZHANG Z X. Oil price shocks and their short-and long-term effects on the Chinese economy ［J］. Energy Economics，2010（32）.

［130］ TOMASI G，VAN DEN BERG F，ANDERSSON C. Correlation optimized warping and dynamic time warping as preprocessing methods for chromatographic data [J]. Journal of Chemometrics, 2004, 18 (5): 231 – 241.

[131] TSENG C H, CHENG S T, WANG Y H, et al. Artificial neural network model of the hybrid EGARCH volatility of the Taiwan stock index option prices [J]. Physica a-Statistical Mechanics and Its Applications, 2008, 387 (13): 3192 – 3200.

[132] WATTS D J, STROGATZ S H. Collective dynamics of 'small-world' networks [J]. Nature, 1998, 393 (6684): 440 – 442.

[133] WEINER R J. Is the World Oil Market "One Great Pool"? [J]. The Energy Journal, 1991, 12 (3): 95 – 107.

[134] WEI Y, GUO X. An empirical analysis of the relationship between oil prices and the Chinese macro-economy [J]. Energy Economics, 2016, (56): 88 – 100.

[135] WEI Y-M, LIAO H. Empirical Research About the Effects of Price on Oil Demand [M] //WEI Y-M, LIAO H. Energy Economics: Energy Efficiency in China. Cham: Springer International Publishing. 2016: 233 – 247.

[136] WLAZLOWSKI S, GIULIETTI M, BINNER J, et al. Price dynamics in European petroleum markets [J]. Energy Economics, 2009, 31 (1): 99 – 108.

[137] ZAVALETA A, WALLS W D, RUSCO F W. Refining for export and the convergence of petroleum product prices [J]. Energy Economics, 2015, 47: 206 – 214.

附录 A
石化产业链产品价格结构断点示意图

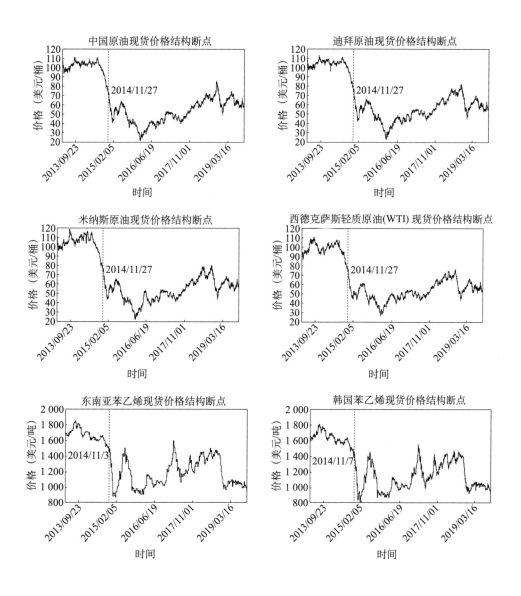

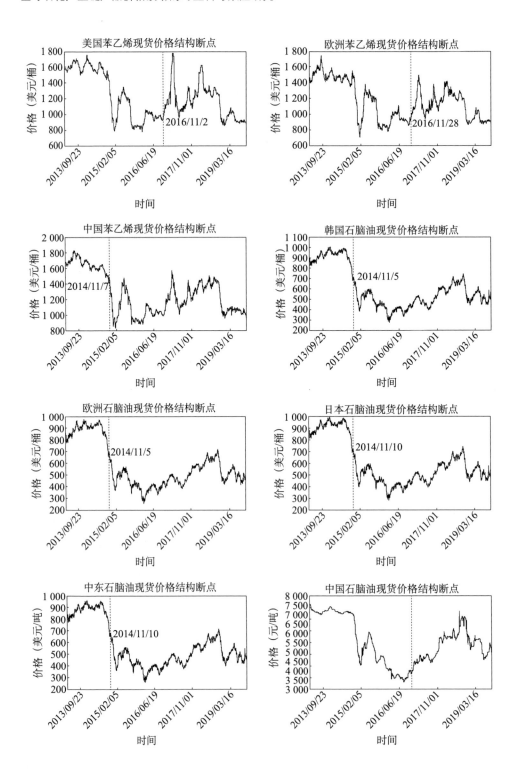

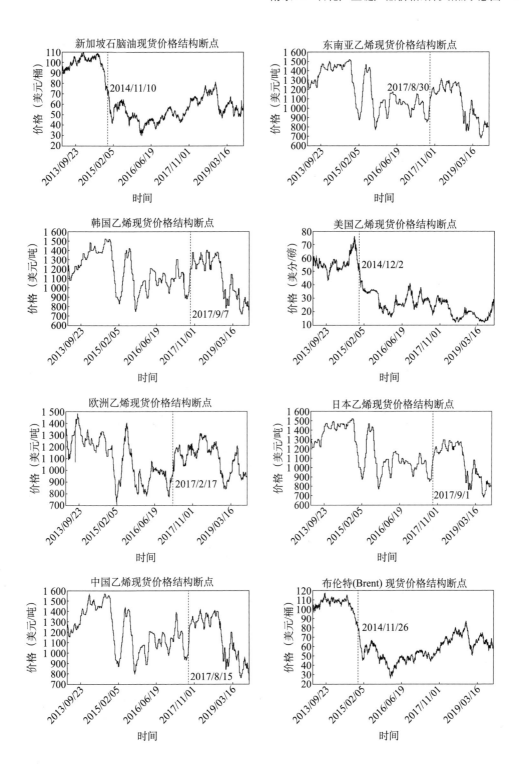

附录 B

通过互相关检验的石化产业链产品领先滞后关系阶数

表 B－1 "平稳趋降"阶段领先滞后关系阶数

领先滞后关系	阶数	领先滞后关系	阶数	领先滞后关系	阶数	领先滞后关系	阶数
布伦特原油→西德克萨斯中质原油	0	日本乙烯→新加坡石脑油	6	东南亚苯乙烯→欧洲乙烯	347	新加坡石脑油→布伦特原油	0
布伦特原油→中国原油	0	中东石脑油→中国原油	1	中国乙烯→美国乙烯	73	欧洲石脑油→布伦特原油	0
布伦特原油→迪拜原油	0	日本石脑油→欧洲石脑油	1	东南亚乙烯→美国乙烯	76	中东石脑油→布伦特原油	0
布伦特原油→米纳斯原油	0	韩国石脑油→欧洲石脑油	1	美国乙烯→韩国乙烯	15	韩国石脑油→布伦特原油	0
布伦特原油→新加坡石脑油	0	中国石脑油→欧洲石脑油	5	日本乙烯→美国乙烯	192	欧洲石脑油→WTI原油	0
布伦特原油→欧洲石脑油	0	欧洲石脑油→欧洲乙烯	315	韩国苯乙烯→美国乙烯	12	迪拜原油→中国原油	0
布伦特原油→中东石脑油	0	美国乙烯→欧洲石脑油	9	欧洲苯乙烯→美国乙烯	182	米纳斯石脑油→中国原油	0
布伦特原油→日本石脑油	1	中国乙烯→日本石脑油	3	美国苯乙烯→美国乙烯	195	新加坡石脑油→中国原油	0
布伦特原油→韩国石脑油	0	东南亚乙烯→韩国石脑油	3	中国乙烯→美国乙烯	12	中东石脑油→中国原油	0
中国原油→布伦特原油	23	韩国石脑油→欧洲石脑油	1	东南亚乙烯→美国乙烯	207	日本石脑油→中国原油	0
中国原油→西德克萨斯中质原油	1	日本乙烯→欧洲石脑油	6	中国乙烯→东南亚乙烯	0	韩国石脑油→中国原油	0

续表

领先滞后关系	阶数	领先滞后关系	阶数	领先滞后关系	阶数	领先滞后关系	阶数
迪拜原油→西德克萨斯中质原油	1	中东石脑油→日本石脑油	0	韩国乙烯→中国乙烯	1	米纳斯原油→迪拜原油	0
米纳斯原油→西德克萨斯中质原油	1	中东石脑油→韩国石脑油	0	中国乙烯→日本乙烯	0	新加坡石脑油→迪拜原油	0
新加坡石脑油→西德克萨斯中质原油	1	中国石脑油→中东石脑油	27	韩国苯乙烯→中国乙烯	1	欧洲石脑油→迪拜原油	0
西德克萨斯中质原油→欧洲石脑油	0	欧洲乙烯→中东石脑油	70	中国乙烯→欧洲苯乙烯	0	中东石脑油→迪拜原油	0
中东石脑油→西德克萨斯中质原油	1	中东石脑油→美国乙烯	186	美国苯乙烯→中国乙烯	312	日本石脑油→迪拜原油	0
日本石脑油→西德克萨斯中质原油	1	中国乙烯→中东石脑油	2	中国苯乙烯→中国乙烯	1	韩国石脑油→迪拜原油	0
韩国石脑油→西德克萨斯中质原油	1	东南亚乙烯→中东石脑油	6	东南亚乙烯→中国乙烯	5	新加坡石脑油→米纳斯原油	0
中国石脑油→西德克萨斯中质原油	82	韩国乙烯→中东石脑油	11	东南亚乙烯→日本乙烯	0	中东石脑油→米纳斯原油	0
中国原油→迪拜原油	0	日本乙烯→中东石脑油	1	日本乙烯→中国乙烯	0	日本石脑油→米纳斯原油	0
中国原油→米纳斯原油	0	日本石脑油→欧洲石脑油	0	韩国苯乙烯→东南亚乙烯	15	新加坡石脑油→中东石脑油	0
中国原油→新加坡石脑油	0	中国石脑油→日本石脑油	27	欧洲苯乙烯→东南亚乙烯	15	中东石脑油→新加坡石脑油	0
中国原油→欧洲石脑油	1	日本石脑油→欧洲乙烯	321	美国苯乙烯→东南亚乙烯	14	日本石脑油→新加坡石脑油	0
中国原油→日本石脑油	0	日本石脑油→美国乙烯	186	中国苯乙烯→东南亚乙烯	15	韩国石脑油→新加坡石脑油	0
中国原油→韩国石脑油	0	中国乙烯→日本石脑油	2	东南亚苯乙烯→东南亚乙烯	15	日本石脑油→中东石脑油	0
中国石脑油→中国原油	23	东南亚乙烯→韩国石脑油	11	韩国苯乙烯→日本乙烯	0	韩国石脑油→中东石脑油	0
迪拜原油→米纳斯原油	0	韩国石脑油→日本石脑油	17	韩国苯乙烯→韩国乙烯	15	日本石脑油→韩国石脑油	0
迪拜原油→新加坡石脑油	0	日本石脑油→中国原油	6	欧洲苯乙烯→韩国乙烯	187	东南亚乙烯→中国乙烯	0
迪拜原油→欧洲石脑油	0	中国石脑油→韩国乙烯	27	美国苯乙烯→韩国乙烯	14	日本乙烯→中国乙烯	0
迪拜原油→中东石脑油	0	韩国石脑油→欧洲乙烯	345	中国苯乙烯→韩国乙烯	15	欧洲苯乙烯→中国苯乙烯	0
		韩国石脑油→美国乙烯	186	韩国乙烯→东南亚苯乙烯	0	韩国乙烯→东南亚乙烯	0

续表

领先滞后关系	阶数	领先滞后关系	阶数	领先滞后关系	阶数	领先滞后关系	阶数
迪拜原油→日本石脑油	0	韩国苯乙烯→日本乙烯	2	韩国苯乙烯→日本乙烯	15	日本乙烯→东南亚乙烯	0
迪拜原油→韩国石脑油	0	欧洲苯乙烯→日本乙烯	2	欧洲苯乙烯→日本乙烯	77	日本乙烯→韩国乙烯	0
中国石脑油→韩国石脑油	218	美国苯乙烯→日本乙烯	11	美国苯乙烯→日本乙烯	14	东南亚乙烯→韩国苯乙烯	0
米纳斯原油→新加坡石脑油	0	中国苯乙烯→日本乙烯	6	中国苯乙烯→日本乙烯	15	欧洲苯乙烯→韩国苯乙烯	0
米纳斯原油→欧洲石脑油	1	东南亚苯乙烯→日本乙烯	348	东南亚苯乙烯→日本乙烯	15	中国苯乙烯→韩国苯乙烯	0
米纳斯原油→中东石脑油	0	韩国苯乙烯→欧洲苯乙烯	213	韩国苯乙烯→欧洲苯乙烯	0	美国苯乙烯→韩国苯乙烯	0
米纳斯原油→日本石脑油	0	韩国苯乙烯→美国苯乙烯	6	韩国苯乙烯→美国苯乙烯	1	中国苯乙烯→欧洲苯乙烯	0
米纳斯原油→韩国石脑油	0	韩国苯乙烯→中国苯乙烯	16	韩国苯乙烯→中国苯乙烯	0	迪拜原油→布伦特原油	0
中国石脑油→米纳斯原油	188	东南亚苯乙烯→韩国苯乙烯	6	东南亚苯乙烯→韩国苯乙烯	4	米纳斯原油→布伦特原油	0
新加坡石脑油→欧洲石脑油	1	欧洲苯乙烯→韩国苯乙烯	16	欧洲苯乙烯→韩国苯乙烯	0	东南亚乙烯→新加坡石脑油	2
新加坡石脑油→中东石脑油	0	东南亚苯乙烯→欧洲苯乙烯	136	东南亚苯乙烯→欧洲苯乙烯	0	韩国苯乙烯→新加坡乙烯	17
新加坡石脑油→日本石脑油	0	东南亚苯乙烯→美国苯乙烯	332	东南亚苯乙烯→美国苯乙烯	1	美国乙烯→新加坡乙烯	324
中国石脑油→新加坡石脑油	27	东南亚苯乙烯→中国苯乙烯	332	东南亚苯乙烯→中国苯乙烯	1	中国苯乙烯→新加坡乙烯	2
新加坡石脑油→欧洲乙烯	345	东南亚苯乙烯→中国苯乙烯	332	东南亚苯乙烯→中国苯乙烯	4	欧洲苯乙烯→新加坡乙烯	317
韩国苯乙烯→美国乙烯	186	西德克萨斯中质原油→布伦特原油	347	西德克萨斯中质原油→布伦特原油	0		

表 B - 2 "震荡下降"阶段领先滞后关系阶数

领先滞后关系	阶数	领先滞后关系	阶数	领先滞后关系	阶数	领先滞后关系	阶数
布伦特原油→西德克萨斯中质原油	0	日本乙烯→新加坡石脑油	6	欧洲乙烯→东南亚苯乙烯	245	米纳斯原油→中国原油	0
中国原油→布伦特原油	1	中东石脑油→欧洲石脑油	1	中国乙烯→美国乙烯	10	新加坡原油→中国原油	0

续表

领先滞后关系	阶数	领先滞后关系	阶数	领先滞后关系	阶数	领先滞后关系	阶数
迪拜原油→布伦特原油	1	日本石脑油→欧洲石脑油	1	东南亚乙烯→美国乙烯	8	中东石脑油→中国原油	0
米纳斯原油→布伦特原油	1	韩国石脑油→欧洲石脑油	1	美国乙烯→韩国乙烯	162	日本石脑油→中国原油	0
新加坡原油→布伦特原油	1	中国石脑油→欧洲石脑油	7	美国乙烯→日本乙烯	162	韩国石脑油→中国原油	0
布伦特原油→欧洲石脑油	0	欧洲石脑油→欧洲乙烯	186	美国乙烯→韩国苯乙烯	269	米纳斯原油→迪拜原油	0
中东石脑油→布伦特原油	1	美国乙烯→欧洲乙烯	153	美国乙烯→欧洲苯乙烯	134	新加坡原油→迪拜原油	0
日本石脑油→布伦特原油	1	中东乙烯→欧洲乙烯	4	美国乙烯→美国苯乙烯	154	中东石脑油→迪拜原油	0
韩国石脑油→布伦特原油	1	日本乙烯→欧洲乙烯	88	美国乙烯→中国苯乙烯	269	日本石脑油→迪拜原油	0
中国石脑油→布伦特原油	7	东南亚乙烯→韩国乙烯	119	美国乙烯→东南亚苯乙烯	340	韩国石脑油→迪拜原油	0
中国原油→西德克萨斯中质原油	1	日本乙烯→欧洲石脑油	7	中国乙烯→东南亚乙烯	0	新加坡石脑油→米纳斯原油	0
迪拜原油→西德克萨斯中质原油	1	中东石脑油→日本石脑油	0	中国乙烯→韩国乙烯	0	中东石脑油→米纳斯原油	0
米纳斯原油→西德克萨斯中质原油	1	中东石脑油→中国石脑油	0	中国乙烯→日本乙烯	0	日本石脑油→米纳斯原油	0
新加坡原油→西德克萨斯中质原油	1	中国石脑油→中东石脑油	6	中国乙烯→韩国苯乙烯	4	韩国石脑油→米纳斯原油	0
西德克萨斯中质原油→欧洲石脑油	0	欧洲乙烯→中东石脑油	25	中国乙烯→欧洲苯乙烯	174	中东石脑油→新加坡石脑油	0
中东石脑油→西德克萨斯中质原油	1	美国乙烯→中东石脑油	163	美国苯乙烯→中国乙烯	1	日本石脑油→新加坡石脑油	0
日本石脑油→西德克萨斯中质原油	1	中东乙烯→中国乙烯	0	中国乙烯→中国苯乙烯	4	韩国石脑油→新加坡石脑油	0
韩国石脑油→西德克萨斯中质原油	1	东南亚乙烯→韩国乙烯	6	东南亚苯乙烯→中国苯乙烯	7	中国石脑油→新加坡石脑油	0
中国石脑油→西德克萨斯中质原油	7	韩国石脑油→韩国乙烯	119	东南亚乙烯→韩国乙烯	0	日本石脑油→中东石脑油	0
中国原油→迪拜原油	0	日本乙烯→中国石脑油	6	东南亚乙烯→日本乙烯	0	韩国石脑油→中东石脑油	0
中国原油→米纳斯原油	0	日本石脑油→米纳斯原油	0	东南亚乙烯→韩国苯乙烯	4	中国乙烯→中东石脑油	0
中国原油→新加坡石脑油	0	中国石脑油→日本石脑油	6	东南亚乙烯→欧洲苯乙烯	174	韩国石脑油→日本石脑油	0

续表

领先滞后关系	阶数	领先滞后关系	阶数	领先滞后关系	阶数	领先滞后关系	阶数
中国原油→欧洲石脑油	1	欧洲乙烯→日本石脑油	9	东南亚乙烯→美国苯乙烯	174	中国乙烯→日本石脑油	0
中国原油→中东石脑油	0	美国乙烯→日本石脑油	36	东南亚乙烯→中国苯乙烯	4	中国乙烯→韩国石脑油	0
中国原油→日本石脑油	0	日本石脑油→中国石脑油	0	东南亚苯乙烯→东南亚乙烯	7	东南亚乙烯→中国乙烯	0
中国原油→韩国原油	0	东南亚乙烯→日本石脑油	6	韩国乙烯→日本乙烯	0	韩国乙烯→中国乙烯	0
中国石脑油→中国原油	6	韩国乙烯→日本石脑油	6	韩国乙烯→韩国苯乙烯	9	日本乙烯→中国乙烯	0
迪拜原油→中国原油	0	日本乙烯→日本石脑油	6	欧洲乙烯→韩国乙烯	2	韩国乙烯→东南亚乙烯	0
迪拜原油→米纳斯原油	0	中国石脑油→韩国石脑油	6	韩国乙烯→美国苯乙烯	3	日本乙烯→东南亚乙烯	0
迪拜原油→新加坡石脑油	1	欧洲乙烯→韩国石脑油	9	韩国乙烯→中国苯乙烯	9	日本乙烯→韩国乙烯	0
迪拜原油→欧洲石脑油	0	美国乙烯→韩国石脑油	196	韩国乙烯→东南亚苯乙烯	0	东南亚苯乙烯→韩国乙烯	0
迪拜原油→中国石脑油	0	韩国石脑油→中国石脑油	0	日本乙烯→韩国苯乙烯	4	美国苯乙烯→欧洲乙烯	0
迪拜原油→日本石脑油	0	东南亚乙烯→韩国石脑油	6	日本乙烯→欧洲苯乙烯	55	中国苯乙烯→欧洲乙烯	0
迪拜原油→韩国石脑油	6	韩国乙烯→韩国石脑油	6	日本乙烯→美国苯乙烯	1	中国苯乙烯→美国乙烯	0
中国石脑油→新加坡石脑油	0	日本乙烯→韩国石脑油	6	日本乙烯→中国苯乙烯	4	东南亚苯乙烯→新加坡石脑油	6
米纳斯原油→欧洲石脑油	1	中国石脑油→欧洲乙烯	80	日本乙烯→东南亚苯乙烯	0	美国苯乙烯→美国乙烯	11
米纳斯原油→中东石脑油	0	美国石脑油→中国乙烯	15	韩国乙烯→欧洲苯乙烯	0	欧洲苯乙烯→中国乙烯	254
米纳斯原油→日本石脑油	0	中国石脑油→中国乙烯	149	韩国乙烯→美国苯乙烯	0	欧洲石脑油→西德克萨斯中质原油	0
米纳斯原油→韩国石脑油	1	中国石脑油→东南亚乙烯	95	欧洲苯乙烯→中国乙烯	0		
新加坡石脑油→欧洲石脑油	0	韩国石脑油→日本乙烯	147	欧洲苯乙烯→美国乙烯	0		
新加坡石脑油→中东石脑油	0	美国乙烯→欧洲乙烯	95	欧洲苯乙烯→中国乙烯	0		
新加坡石脑油→日本石脑油	0	欧洲乙烯→中国乙烯	69	欧洲石脑油→西德克萨斯中质原油	2		

续表

领先滞后关系	阶数	领先滞后关系	阶数	领先滞后关系	阶数	领先滞后关系	阶数
新加坡石脑油→韩国石脑油	0	欧洲乙烯→东南亚乙烯	69	美国苯乙烯→中国苯乙烯	0	迪拜原油→中国乙烯	0
中国石脑油→新加坡石脑油	6	欧洲乙烯→韩国乙烯	67	东南亚苯乙烯→美国苯乙烯	1	新加坡石脑油→中国乙烯	0
欧洲乙烯→新加坡石脑油	9	欧洲乙烯→日本乙烯	67	东南亚苯乙烯→中国苯乙烯	3	欧洲乙烯→欧洲苯乙烯	243
美国乙烯→新加坡石脑油	36	欧洲乙烯→新加坡石脑油	254	西德克萨斯中质原油→布伦特原油	0	欧洲石脑油→布伦特原油	0

表 B－3　"先增后减"阶段领先滞后关系阶数

领先滞后关系	阶数	领先滞后关系	阶数	领先滞后关系	阶数	领先滞后关系	阶数
布伦特原油→西德克萨斯中质原油	0	韩国乙烯→新加坡石脑油	6	中国苯乙烯→欧洲苯乙烯	40	欧洲石脑油→西德克萨斯中质原油	0
中国原油→布伦特原油	1	日本乙烯→新加坡石脑油	6	欧洲苯乙烯→东南亚苯乙烯	20	迪拜原油→中国原油	0
迪拜原油→布伦特原油	1	欧洲石脑油→中东石脑油	0	中国乙烯→美国乙烯	17	米纳斯原油→中国原油	0
米纳斯原油→布伦特原油	1	欧洲石脑油→日本石脑油	0	东南亚乙烯→美国乙烯	49	新加坡石脑油→中国原油	0
新加坡石脑油→布伦特原油	1	欧洲石脑油→韩国石脑油	0	韩国乙烯→美国乙烯	17	中东石脑油→中国原油	0
布伦特原油→欧洲石脑油	0	中国石脑油→欧洲石脑油	1	日本苯乙烯→美国苯乙烯	44	日本石脑油→中国原油	0
中东石脑油→布伦特原油	1	欧洲乙烯→欧洲石脑油	50	美国乙烯→韩国苯乙烯	97	韩国石脑油→中国原油	0
日本石脑油→布伦特原油	1	欧洲石脑油→美国乙烯	1	美国乙烯→欧洲乙烯	1	米纳斯原油→迪拜原油	0
韩国石脑油→布伦特原油	1	中国乙烯→欧洲石脑油	6	美国苯乙烯→美国乙烯	29	新加坡石脑油→迪拜原油	0
中国石脑油→布伦特原油	1	东南亚乙烯→欧洲石脑油	6	东南亚苯乙烯→美国乙烯	97	中东石脑油→迪拜原油	0
中国原油→西德克萨斯中质原油	1	韩国苯乙烯→欧洲石脑油	16	中国乙烯→韩国乙烯	47	日本石脑油→迪拜原油	0
迪拜原油→西德克萨斯中质原油	1	日本石脑油→中质原油	7	中国乙烯→东南亚乙烯	0	韩国石脑油→迪拜原油	0
米纳斯原油→西德克萨斯中质原油	1	中东石脑油→中质原油	0			新加坡石脑油→米纳斯原油	0

续表

领先滞后关系	阶数	领先滞后关系	阶数	领先滞后关系	阶数	领先滞后关系	阶数
新加坡石脑油→西德克萨斯中质原油	1	中东石脑油→韩国石脑油	0	中国乙烯→日本乙烯	0	中东石脑油→米纳斯原油	0
西德克萨斯中质原油→欧洲石脑油	0	中国石脑油→中东石脑油	1	中国乙烯→韩国苯乙烯	56	日本石脑油→米纳斯原油	0
中东石脑油→西德克萨斯中质原油	1	欧洲石脑油→中东石脑油	13	欧洲苯乙烯→中国乙烯	10	韩国石脑油→米纳斯原油	0
日本石脑油→西德克萨斯中质原油	1	美国乙烯→中东石脑油	6	美国苯乙烯→中国乙烯	3	欧洲石脑油→新加坡石脑油	0
韩国石脑油→西德克萨斯中质原油	1	中国乙烯→中东石脑油	5	中国乙烯→中国苯乙烯	56	中东石脑油→新加坡石脑油	0
西德克萨斯中质原油→中国石脑油	101	东南亚石脑油→中东石脑油	6	东南亚苯乙烯→中国乙烯	41	日本石脑油→新加坡石脑油	0
中国原油→迪拜原油	0	韩国石脑油→中东石脑油	6	东南亚苯乙烯→日本乙烯	0	韩国石脑油→新加坡石脑油	0
中国原油→米纳斯原油	0	日本石脑油→中东石脑油	6	东南亚苯乙烯→欧洲苯乙烯	80	中东石脑油→欧洲石脑油	0
中国原油→新加坡石脑油	0	日本石脑油→韩国石脑油	0	东南亚苯乙烯→中国乙烯	61	日本石脑油→欧洲石脑油	0
中国原油→欧洲石脑油	1	中国石脑油→日本石脑油	1	美国苯乙烯→东南亚乙烯	3	韩国石脑油→欧洲石脑油	0
中国原油→中东石脑油	0	欧洲乙烯→日本石脑油	13	东南亚苯乙烯→中国乙烯	56	日本石脑油→中东石脑油	0
中国原油→日本石脑油	0	美国乙烯→日本石脑油	12	东南亚苯乙烯→东南亚乙烯	55	韩国石脑油→中东石脑油	0
中国原油→韩国石脑油	0	中国乙烯→日本石脑油	5	韩国乙烯→中国乙烯	0	韩国石脑油→日本石脑油	0
东南亚石脑油→中国原油	1	东南亚乙烯→日本石脑油	5	韩国苯乙烯→中国苯乙烯	28	东南亚乙烯→中国乙烯	0
迪拜原油→中国原油	0	韩国乙烯→日本石脑油	6	欧洲苯乙烯→韩国苯乙烯	35	韩国乙烯→中国乙烯	0
迪拜原油→米纳斯原油	0	中国石脑油→韩国石脑油	6	韩国乙烯→美国苯乙烯	90	日本乙烯→中国乙烯	0
迪拜原油→新加坡石脑油	1	欧洲石脑油→韩国石脑油	1	韩国乙烯→中国苯乙烯	28	韩国乙烯→东南亚乙烯	0
迪拜原油→欧洲石脑油	0	美国乙烯→韩国石脑油	13	东南亚苯乙烯→韩国苯乙烯	33	韩国乙烯→韩国乙烯	0
迪拜原油→中东石脑油	0	中国乙烯→韩国石脑油	6	日本乙烯→韩国苯乙烯	21	日本乙烯→韩国乙烯	0
迪拜原油→日本石脑油	0	中国乙烯→韩国石脑油	5			欧洲苯乙烯→韩国乙烯	0
迪拜原油→韩国石脑油	0						

续表

领先滞后关系	阶数	领先滞后关系	阶数	领先滞后关系	阶数	领先滞后关系	阶数
中国石脑油→迪拜原油	73	东南亚乙烯→韩国石脑油	6	日本乙烯→欧洲苯乙烯	95	美国苯乙烯→韩国苯乙烯	0
米纳斯原油→新加坡石脑油	0	韩国乙烯→韩国石脑油	6	日本乙烯→美国苯乙烯	96	中国苯乙烯→韩国苯乙烯	0
日本石脑油→新加坡石脑油	1	日本乙烯→韩国石脑油	6	日本乙烯→中国苯乙烯	80	美国苯乙烯→欧洲苯乙烯	0
米纳斯原油→欧洲石脑油	0	欧洲乙烯→中东石脑油	13	日本乙烯→东南亚苯乙烯	6	中国苯乙烯→欧洲苯乙烯	0
米纳斯原油→中东石脑油	0	中国石脑油→美国石脑油	28	韩国苯乙烯→欧洲苯乙烯	0	中国苯乙烯→美国苯乙烯	0
米纳斯原油→日本石脑油	0	中国石脑油→中国乙烯	12	韩国苯乙烯→中国苯乙烯	0	中国乙烯→新加坡石脑油	5
米纳斯原油→韩国石脑油	1	东南亚乙烯→中国石脑油	51	东南亚苯乙烯→韩国苯乙烯	3	东南亚乙烯→新加坡石脑油	5
新加坡石脑油→欧洲石脑油	0	韩国乙烯→欧洲石脑油	36	欧洲苯乙烯→美国苯乙烯	0	韩国乙烯→欧洲乙烯	40
新加坡石脑油→中东石脑油	0	日本乙烯→中国石脑油	51	美国苯乙烯→欧洲苯乙烯	3	欧洲乙烯→欧洲乙烯	145
新加坡石脑油→日本石脑油	0	欧洲乙烯→美国乙烯	41	东南亚苯乙烯→欧洲苯乙烯	0	美国乙烯→欧洲乙烯	28
新加坡石脑油→韩国石脑油	0	韩国乙烯→中国乙烯	14	美国苯乙烯→中国苯乙烯	2	西德克萨斯中质原油→布伦特原油	0
中国石脑油→新加坡石脑油	73	欧洲乙烯→东南亚乙烯	11	东南亚苯乙烯→中国苯乙烯	3	欧洲石脑油→布伦特原油	0
欧洲乙烯→新加坡石脑油	13	韩国乙烯→欧洲乙烯	74				
美国乙烯→新加坡石脑油	6	欧洲乙烯→日本乙烯	5				

表 B－4　"震荡趋稳"阶段领先滞后关系阶数

领先滞后关系	阶数	领先滞后关系	阶数	领先滞后关系	阶数	领先滞后关系	阶数
布伦特原油→西德克萨斯中质原油	0	新加坡石脑油→西德克萨斯中质原油	75	欧洲乙烯→东南亚苯乙烯	168	米纳斯原油→中国原油	0
中国原油→布伦特原油	1	中东石脑油→欧洲石脑油	1	中国乙烯→美国苯乙烯	223	新加坡石脑油→中国原油	0
迪拜原油→布伦特原油	1	日本石脑油→欧洲石脑油	1	东南亚苯乙烯→美国苯乙烯	21	中东石脑油→中国原油	0

续表

领先滞后关系	阶数	领先滞后关系	阶数	领先滞后关系	阶数	领先滞后关系	阶数
米纳斯原油→布伦特原油	1	韩国乙烯→美国乙烯	1	韩国乙烯→美国乙烯	170	日本石脑油→中国原油	0
新加坡石脑油→欧洲石脑油	1	日本乙烯→美国乙烯	25	日本乙烯→美国乙烯	223	韩国石脑油→中国原油	0
布伦特原油→欧洲石脑油	0	美国乙烯→韩国苯乙烯	32	美国乙烯→韩国苯乙烯	217	米纳斯原油→迪拜原油	0
中东石脑油→欧洲石脑油	1	美国乙烯→欧洲苯乙烯	139	美国乙烯→欧洲苯乙烯	264	新加坡石脑油→迪拜原油	0
日本石脑油→美国乙烯	1	美国乙烯→美国苯乙烯	78	美国乙烯→美国苯乙烯	129	中东石脑油→迪拜原油	0
韩国石脑油→布伦特原油	1	美国乙烯→中国苯乙烯	12	美国乙烯→中国苯乙烯	217	日本石脑油→迪拜原油	0
中国石脑油→布伦特原油	1	美国乙烯→东南亚苯乙烯	140	美国乙烯→东南亚苯乙烯	54	韩国石脑油→迪拜原油	0
欧洲石脑油→日本乙烯	1	中国乙烯→东南亚乙烯	0	中国乙烯→东南亚乙烯	0	中国石脑油→迪拜原油	0
中东原油→西德克萨斯中质原油	1	中国乙烯→韩国乙烯	0	中国乙烯→韩国乙烯	0	新加坡石脑油→米纳斯原油	0
迪拜原油→西德克萨斯中质原油	1	中国乙烯→日本乙烯	289	韩国苯乙烯→中国乙烯	13	中东石脑油→米纳斯原油	0
米纳斯原油→西德克萨斯中质原油	1	韩国苯乙烯→中国乙烯	25	中国乙烯→欧洲乙烯	58	日本石脑油→米纳斯原油	0
新加坡石脑油→西德克萨斯中质原油	1	中国乙烯→欧洲乙烯	182	中国苯乙烯→美国乙烯	57	韩国石脑油→米纳斯原油	0
西德克萨斯中质原油→欧洲中质原油	0	中国乙烯→美国乙烯	139	中国苯乙烯→中国乙烯	13	中东石脑油→新加坡石脑油	0
美国乙烯→西德克萨斯中质原油	0	中国苯乙烯→中国乙烯	140	东南亚苯乙烯→中国乙烯	16	日本石脑油→新加坡石脑油	0
中东石脑油→欧洲中质原油	1	东南亚苯乙烯→中国乙烯	108	东南亚乙烯→韩国乙烯	0	韩国石脑油→新加坡石脑油	0
韩国石脑油→东南亚乙烯	1	东南亚乙烯→韩国乙烯	75	韩国苯乙烯→日本乙烯	0	日本石脑油→中东石脑油	0
中国乙烯→中东石脑油	1	韩国苯乙烯→日本乙烯	0	东南亚苯乙烯→欧洲苯乙烯	13	韩国石脑油→中东石脑油	0
中国原油→迪拜原油	0	东南亚苯乙烯→欧洲苯乙烯	289	东南亚苯乙烯→美国苯乙烯	58	韩国石脑油→中东石脑油	0
中国原油→米纳斯原油	0	东南亚苯乙烯→美国苯乙烯	9	东南亚苯乙烯→中国乙烯	57	东南亚乙烯→中国乙烯	0
中国原油→新加坡石脑油	0						
欧洲乙烯→日本石脑油	1						

续表

领先滞后关系	阶数	领先滞后关系	阶数	领先滞后关系	阶数	领先滞后关系	阶数
中国原油→中东石脑油	0	日本石脑油→美国乙烯	28	中国苯乙烯→东南亚乙烯	13	韩国乙烯→中国乙烯	0
中国原油→日本石脑油	0	日本石脑油→中国乙烯	139	东南亚苯乙烯→东南亚乙烯	16	日本乙烯→中国乙烯	0
中国原油→韩国石脑油	0	日本原油→韩国石脑油	140	韩国苯乙烯→日本乙烯	0	韩国乙烯→东南亚乙烯	0
中国石脑油→日本原油	2	韩国石脑油→日本石脑油	108	韩国苯乙烯→中国乙烯	12	日本乙烯→东南亚乙烯	0
迪拜原油→中国原油	0	日本石脑油→日本乙烯	75	韩国苯乙烯→欧洲苯乙烯	62	日本乙烯→韩国乙烯	0
迪拜原油→米纳斯原油	0	韩国石脑油→中国石脑油	289	韩国乙烯→美国苯乙烯	314	美国苯乙烯→韩国苯乙烯	0
迪拜原油→欧洲石脑油	1	韩国石脑油→欧洲石脑油	26	中国乙烯→韩国苯乙烯	12	中国苯乙烯→韩国苯乙烯	0
迪拜原油→中东石脑油	0	韩国石脑油→东南亚乙烯	28	韩国乙烯→东南亚苯乙烯	10	美国苯乙烯→欧洲苯乙烯	0
迪拜原油→日本石脑油	0	韩国石脑油→日本乙烯	139	韩国苯乙烯→日本乙烯	12	中国苯乙烯→美国苯乙烯	0
迪拜原油→韩国石脑油	0	韩国石脑油→东南亚乙烯	140	日本乙烯→欧洲苯乙烯	54	新加坡石脑油→东南亚苯乙烯	140
迪拜原油→中国石脑油	0	韩国石脑油→韩国乙烯	18	日本乙烯→美国苯乙烯	63	韩国苯乙烯→新加坡石脑油	18
米纳斯原油→新加坡石脑油	0	韩国石脑油→日本乙烯	75	中国苯乙烯→日本乙烯	12	欧洲乙烯→美国苯乙烯	374
米纳斯原油→欧洲石脑油	1	欧洲乙烯→欧洲石脑油	222	东南亚苯乙烯→日本乙烯	16	欧洲乙烯→中国苯乙烯	130
米纳斯原油→中东石脑油	0	美国乙烯→中国石脑油	29	欧洲苯乙烯→韩国苯乙烯	1	欧洲石脑油→西德克萨斯中质原油	0
米纳斯原油→韩国石脑油	0	中国乙烯→中国石脑油	58	韩国苯乙烯→中国苯乙烯	0	迪拜原油→中国原油	0
米纳斯原油→中国石脑油	0	东南亚乙烯→中国石脑油	58	东南亚苯乙烯→韩国苯乙烯	3	新加坡石脑油→美国苯乙烯	28
新加坡原油→欧洲石脑油	1	韩国乙烯→中国石脑油	59	欧洲苯乙烯→美国苯乙烯	0	新加坡石脑油→中国苯乙烯	139
新加坡石脑油→中东石脑油	0	日本乙烯→美国乙烯	58	欧洲苯乙烯→中国苯乙烯	1	欧洲苯乙烯→韩国苯乙烯	130
		欧洲乙烯→美国乙烯	191			欧洲苯乙烯→欧洲乙烯	8

续表

领先滞后关系	阶数	领先滞后关系	阶数	领先滞后关系	阶数	领先滞后关系	阶数
新加坡石脑油→日本石脑油	0	欧洲乙烯→中国乙烯	106	东南亚苯乙烯→欧洲苯乙烯	1	西德克萨斯中质原油→布伦特原油	0
新加坡石脑油→韩国石脑油	0	欧洲乙烯→东南亚乙烯	107	美国苯乙烯→中国苯乙烯	0	欧洲石脑油→布伦特原油	0
新加坡石脑油→中国石脑油	289	欧洲乙烯→韩国乙烯	60	东南亚苯乙烯→美国苯乙烯	1		
新加坡石脑油→欧洲乙烯	25	欧洲乙烯→日本乙烯	5	东南亚苯乙烯→中国苯乙烯	3		